법과 인간 사이 2

법과 인간 사이 2

초판 1쇄 발행 2025년 6월 10일

지은이 박정인
펴낸이 장길수
펴낸곳 지식과감성#
출판등록 제2000-000081호

교정 한장희
디자인 오정은
편집 오정은
검수 이주연, 정윤솔
마케팅 김윤길

주소 서울시 금천구 벚꽃로298 대륭포스트타워6차 1212호
전화 070-4651-3730~4
팩스 070-4325-7006
이메일 ksbookup@naver.com
홈페이지 www.knsbookup.com

ISBN 979-11-392-2653-9(04810)
값 15,000원

- 이 책의 판권은 지은이에게 있습니다.
- 이 책 내용의 전부 또는 일부를 재사용하려면 반드시 지은이의 서면 동의를 받아야 합니다.
- 잘못된 책은 구입하신 곳에서 바꾸어 드립니다.

지식과감성#
홈페이지 바로가기

법과 인간 사이 2

박정인

목차

코로나로 무너진 예술 분야 예산집행의 유연성을 간청하며 ················ 9
여성가족정책에 대해 다시 생각한다 ··· 13
문화적 상대주의를 수용하는 다문화 지원 정책이 필요하다 ············· 17
그들의 존재를 누가 감히 불법이라고 말하는가 ···························· 21
악의 평범성 ·· 24
운명에 대한 모두의 배려 ·· 29
기득권은 무례하다 ··· 33
아픈 사람의 인권에 대하여 ··· 37
장애인콜택시 운전원 처우개선이 필요하다 ·································· 40
나는 왜 인권을 위해 노력하는 사회운동가를 존경하는가 ··············· 45
우리의 조상과 사료를 대하는 자세를 성찰하며 ···························· 48
교육복지사업 종사자들의 처우를 개선하라 ·································· 50
클래식 분야도 문화예술진흥정책이 필요하다 ······························· 52
장애인 고용을 위한 나눔 챌린지 ··· 57
코로나19로 무너진 돌봄에 대한 사회적 관심이 필요하다 ··············· 60
국가 연구사업비가 제대로 쓰일 수 있도록 국민의 관심이 필요하다 ········ 64
발달장애인 고용 촉진과 고용 보호를 위한 법 제정 논의가 필요하다 ······· 71
감시사회, 당신은 안전한가, 국민 모니터링 제도가 필요하다 ··········· 75
약자를 향한 우리의 변명은 정말 부끄럽지 않은 것일까 ················· 79
형식적인 배려가 되지 않기 위하여 ·· 82
아동학대, 우리는 대응할 준비가 되어 있는가 ······························ 95
인권보호는 문화의 발전을 가져온다 ··· 100
「미스트롯2」 김태연을 지키려면 ·· 109

계절학교,「교육기본법」에 명문화 규정이 필요하다 ·················· 116

장애인 정책을 중심으로 바라본 이번 대선 ························· 120

공공대출권 제도 도입, 출판사업자들의 이익 챙기기로 볼 수 없다 ················ 130

세상에 버릴 사람은 아무도 없다 ······································ 138

원자력 손해 책임집중 제도의 개선과 탈핵 선언을 촉구한다 ················ 141

가상현실, 일상의 피난처가 아닌 삶의 연장이다 ······················ 145

1인 가구 장례문화에 대한 공론화가 필요하다 ························· 149

복지서비스와 AI 기술의 활용 방향에 관하여 ························· 153

자율주행차 산업, 법적 리스크 분석이 우선 ··························· 158

국가에 대한 예의 ······································· 161

여자들에게 출산을 강요하지 말고 성문을 열어라 ····················· 165

가족의 조건 ··· 170

당신에게 학교는 어떤 곳입니까 ······································· 174

미술품 재판매보상청구권, 미술시장 호재일까? 악재일까? ················· 179

장애인에 대한 예의 ······································· 183

영화「그녀에게」를 보고 ·· 187

새 교육감의 조건 ······································· 194

항생제의 시대, 생물 다양성이 답이다 ······························· 199

AI 시대, 인간은 무엇을 준비하여야 하는가 ··························· 204

입장권 티켓 불공정 거래를 방지하기 위한 티켓법 제정을 촉구하며 ················ 208

아시아 스포츠 발전, 청소년 스포츠 교류가 먼저 ······················ 214

학원형 기획사 사기, 법 공백 채울 논의 필요하다 ······················ 218

청년 생존전략, 디지털 리터러시 교육에 있다 ························· 223

동덕여대 폭력 시위, 남녀공학 반대가 설립 취지인가 ··················· 227

일본 문화 속에서 우리 이십 대가 찾고 있는 것들 ······················ 232

'공정 스포츠' 위한 법·정책 연구 부족하다 ····························· 237

헌법개정, 바로 지금 적기다 ………………………………………… 241
내부자 기술 유출, 어떻게 접근해야 하나 ……………………… 246
공공연구기관, 강력한 보안 법제 도입 필요하다 …………… 250
연구보안, 소 잃고 외양간 고치는 일이라도 제대로 하면 된다 ……… 253
인공지능 예술은 세렌디피티인가 ………………………………… 258
AI 교과서 도입, 급할수록 돌아가라 ……………………………… 262
영화감독에게 공정하고 상식적인 보상 입법을 촉구하며 ……… 265
AI 디지털 교과서, 2차적 저작물 저작권 문제 대두 …………… 268
수도권 위협하는 北 오물풍선, 우리의 대응은? ………………… 272
'고령화 시대', 약가 결정제도 도입 필요하다 ……………………… 277
'식탁 혁명', 정보보안 없이 이루어지지 않는다 ………………… 280
법적 해석 미룬 AI 미술, 창작과 유통 혼란 초래 ………………… 283
NPE 등록제 도입, 중소기업 기술 보호의 열쇠 ………………… 287
우주발사체 기술유출…「연구보안법」 시급성 대두 …………… 289
특허 괴물 전략 변화… 법적 대응 필요성 대두 ………………… 293
코로나19 재유행, 백신 민족주의의 역사적 교훈 ……………… 297
보안비용만 커진 대한민국, 중심은 없다 ………………………… 302
대통령실 위치의 딜레마… 안보와 소통의 균형 ………………… 305

코로나로 무너진 예술 분야 예산집행의 유연성을 간청하며

사람은 풀 한 포기 물 한 모금이 없으면 죽는 연약한 존재이다. 하지만 가장 아름다운 것, 완벽한 것을 향해 끝없이 전진하는 유일한 신의 피조물이며 거룩하고 위대한 존재이고, 그러한 예술적 표현이 인간을 다른 생명과 명확히 다른 위대한 존재로서 구분 지어 준다.

요즘 문화융성 시대, 문화정부의 시대라고들 하지만 「예술법」에 있어서 공공부문은 과연 어느 범위까지 문화를 지원하거나 개입하여야 하는가. 특히 각 협회나 지방자치단체들이 내는 볼멘소리의 주요 내용은, 정부 예산을 쓴다는 이유만으로 정부의 예산, 회계, 인사 규칙을 엄격히 따르다가 본 목적을 달성하는 유연성이 떨어진다는 것이다. 즉, 굳이 쓰지 않아도 되는 예산을 계획했으니 무조건 써야 한다는 중앙정부식 예산집행 방법을 특수한 경우나 상황이 변경된 때에도 적용됨으로써 원래의 목적이었던 문화예술의 지원과 향유는 뒤로 밀리는 꼴이라는 것이다.

최근 들어 코로나로 대부분 예술지원 예산들이 변경 및 승인되고 있고 국가의 규정은 자유롭고 창의적이며 다양하고 가변적인 상황에 탄력적으로 예술계의 상황에 대응하지 못해서 그 결과 국가지원을 받고 있는 예술가와 공무원들 사이에 갈등이 커진 경우를 자주 만나게 된다.

문화예술 지원사업은 생각지도 못하는 저작권자가 나타나 저작권료를 주어야 하거나 불시에 가처분이 신청되어 편성이나 상영, 상연 시기가 미루어지거나 생각보다 이용자의 숫자가 목표에 달성되지 않고 준비 과정에서 스태프나 보조 연기자들이 늘어나고 재료비가 앙등하며 진행비가 늘어나는 등의 문제로, 정부의 획일적인 예산지침을 수용하기 어려울 때가 많다.

그러할 때마다 중앙정부 공무원들은 지방자치단체나 협회에서 모두 동일하게 써도 문제없게 규정을 고쳐 달라고 자문을 요청하기도 하는데 나는 혈세 사용에 대해 표준을 추구할 뿐이지 완벽한 표준은 있을 수 없다고 생각한다. 국민이 세금을 낼 때 보건복지부는 얼마 쓰고 여성가족부는 얼마 쓰라고 정한 적이 없다. 그렇다면 타당한 목적에 따라 예산을 단체나 개인에게 집행할 때보다 더 유연하게, 목적의 달성을 위해 1년이 아닌 여러 해에 걸쳐 다양한 승인을 통해 예산을 유용하게 쓸 수 있게 해야 한다. 올해에 긴급한 일로 불용액이 있으면 차기 연도에 그대로 불입해 주는 등의 여러 유연성이 요구된다. 파티에 나갈 때는 파티복을 입고 잠을 잘 때는 잠옷을 입어야 하는데 왜 모든 국민이 공무원이 되어 동일한 방식으로 동일한 환경에서 예산을 집행한다고 하여야 하는가.

사람들은 표준이라는 편의성 있는 말에 참 위로를 쉽게 받나 보다. 우리 인간의 삶에 표준이라는 것은 없다. 그러므로 때에 따라 최소 생활비와 최소 기관운영비는 요구되지만 매해 동일한 표준으로 금액을 무조건 소진하는 방식의 예산집행에 대해서는 더 좋은 방법이 없는지 목적 달성식 예산집행 방향성을 두고 고민해 볼 때이다.

공무원이 되면 절차나 형식에 집착할 수밖에 없는 현실이 있음은 이해하지만 정량적 성과보다 정성적 성과에 대해 보다 고민하고 논의하여 예산의 운용을 공무원의 신뢰 아래 연간 내에서가 아니라 연간 3~5년 내와 같이 보다 해당 분야의 전문가를 만드는 방법으로 이해하여 효율적으로 예산을 사용하도록 독려해야 한다.

　사실 뉴욕을 비롯하여 해외 많은 국가에서, 아니 우리나라에서도 중앙정부 및 지방자치 단체에서 문화정책이라는 업무를 따로 담당하는 기관과 부서를 두는 것을 당연시해 왔다. 그러한 부서가 있다고 해서 사람들의 문화향유권이 증가하는 것은 아니다. 어디까지나 문화는 복지의 차원에서 이해되어야 하고 법령의 정비에 대해 문화입법과 복지입법은 함께 영향을 분석하여 목적이 달성되었는지를 살펴보는 시각이 필요하다.

　그중에서도 공연예술은 현장 예술이고 사람들이 모일 기회가 차단되는 작금의 코로나 사태와 같은 경우 불용액으로 인하여 해당 단체나 개인이 아예 직업을 바꾸어야 하는가를 고민하는 현재에 올해와 같이 예산을 집행하면 차기 연도의 사업 축소를 우려하는 업계의 우려가 크다.

　이러한 측면에서 문화예술 행정가의 유연한 집행방식이 창의적으로 승인되어야 한다. 공무원이라는 단체가 집행하고 있으니 무조건 그에 따른 예산집행지침을 따르라고 강요하기보다는 문화예술 입법과 정책은 사회복지법제의 연장선이라는 것을 잊지 말고 예술을 감상하는 향유층의 만족을 중심으로 예산집행의 성과지표가 생겨나길 바란다.

　지나치게 공무원들이 길든 방식의 예산집행을 민간에게 요구하면 진정한 복지로서의 예술이라는 꽃은 시들어 버린다. 태양(정부)은 어디까지나 그 자리에 있어야 하지 꽃(민간)에 다가가면 꽃은 시들어 버리므로 문화예술 예산집행에 있어 중앙정부의 성과지표를 지나치게 강요하지는 말아야 할 것이다. 예술과 법은 친화적이어야 하고 인간다움을 지키기 위해 지원정책에 있어 기준을 함께 만들어야 하는 파트너이지만 중앙정부는 정부의 중앙 기조에 잘 부응하는 지방자치단체를 격려하는 수준에서 각 지자체가 처한 문화복지의 독자성 형성을 지원하는 수준에 그쳐야 한다.

그리하여 문화의 다양성을 존중한다면서 국가지원금을 받는 모든 예술가를 표준화하려는 모든 법들에 반대한다. 문화가 복지라고 할 때 단순하게 예술가에게 연금을 주는 형식이 아닌 대다수 예술가의 예술지원정책에 그동안 국가가 경제성과지표로 들이댔던 잣대는 모두 소거하고 재고하기를 바란다. 예술가가 그 사업을 통하여 행복하여야 그것을 나누는 이용자도 함께 행복할 수 있음에도 불구하고, 엄격한 예산집행 잣대로 인해 사랑받는 예술가가 지속적으로 지역사회에 문화예술을 제공할 수 없게 된다면 그 법은 더 이상 예술에게 우산이 되어 주는 잣대가 아니다.

법은 인간이 누구나 행복함을 깨닫게 해 주기 위해 예술지원정책을 만드는 것이고, 문화복지의 본 목적을 잃은 문화예술지원, 코로나나 긴급사태 등으로 무너진 예술계의 예산집행을 일률적인 성과지표로 차기 연도에 불이익하게 하는 것은 지양해 주기를 진심으로 간청한다.

위례시민연대, 인권과 세상, 2020. 4. 7.

여성가족정책에 대해 다시 생각한다

　대한민국의 출산율은 2018년 출생 통계에 따르면 0.98명이라고 하니 가임여성 1명당 1명도 낳지 않는다는 것이다.
　정부는 출산장려정책으로 여러 가지를 실행하며 최선을 다하고 있지만 보다 근본적인 부분을 볼 필요가 없다. 필자는 두 개의 대학에 겸임교수로 있으며 대부분의 학생들은 20대이다.
　그런데 학생들이 연애를 하질 않는다. 학습능력을 증진시키기 위해서는 많은 학습을 통해 시행착오를 겪어야 하고 쇼핑능력을 증진시키기 위해서는 물건을 많이 사 봐야 하는데 20대 학생들이 연애를 하지 않으니 결혼하는 확률도 떨어질 수밖에 없고 결혼을 하지 않으니 보수적인 국가인 우리나라에서 출산율도 적을 수밖에 없는 것이다.
　양성평등정책으로 사회의 잘못된 인식을 교정하는 것도 중요하다. 하지만 여성가족정책의 가장 근본은 가족을 성립하도록 돕고 지원하며 가족이 된 이후로는 가족이 유지될 수 있게 지원하는 것이라고 믿는다.
　일단 가족 성립에 있어서 여성가족부의 역할을 다시 생각해 볼 필요가 있다. 현재 우리 사회는 성숙한 남녀가 만날 기회가 적고 그들이 서로를 만나는 것을 두려워하고 있다. 여혐, 남혐 등 극도의 젠더갈등뿐 아니라 서로 사랑하기에도 부족한 20대, 30대가 서로를 무한경쟁의 상대로 보고 있는 것이다. 이것이 장기화되면 이 사회의 미래는 어떻게 될 것인가.

「결혼중개업의 관리에 관한 법률」 규정에 따르면 국내 결혼은 신고하도록 하고, 국제결혼은 등록과 지도점검을 하는 등의 관리를 여성가족부가 하고 있으므로 가족의 성립은 우리 관할이 아니라고 할지도 모르겠다. 심지어 이러한 법들의 생리를 들여다보면 이 법령에서 국내 결혼은 장려지원 내용이 아예 없고 결혼중개지원정책이 존재하지 않으니 이 법은 여성가족 다문화지원과 관련한 관할 법령으로 아예 국내 결혼을 증대시킬 마음은 포기한 것으로까지 느껴진다.

다문화지원을 통해 국제결혼중개를 관리하는 것도 중요하지만 일단 국내 남녀들이 결혼하여 궁극적으로 가족을 만들 수 있도록 우리가 충분히 사회적 무드를 조성하였는지 먼저 살펴보아야 할 것이다. 그리고 그 역할의 시발점은 국가의 복지국가원리에 있다.

국내 남녀들이 결혼을 많이 하고 가족을 성립하게 하기 위해서는 국가는 이제 적극적으로 결혼중개업자가 되는 것도 마다하여서는 안 될 것이다. 각 지자체에서 운영하고 있는 문화원과 교양프로그램은 20대 30대 가임기 남녀가 들을 만한 것이 없다.

그러므로 그들의 만남이 일단은 많이 이루어질 수 있도록 주중과 주말에 20대, 30대 남녀들의 기호를 조사하고 그들에게 필요한 교육이나 취미 등의 프로그램을 제공하여 많이 만날 수 있는 기회를 만들어야 하는 것이다.

우리는 사회, 경제적 약자의 개념이 장애인이거나 한부모 가정 등 표리로 떠오르는 개념에 집착하고 있다. 하지만 진정한 복지국가에서는 자신이 하고 싶은 일이 있어도 기회가 주어지지 않는 일반인 모두, 즉 정보소외계층도 약자라고 보아야 한다.

혼인을 하고 싶어도 결혼중개비용이 만만치 않고 그러한 결혼중개업자를 이용한 만남에 주저하여 남녀 만남의 기회가 전혀 주어지지 않는 대다수의 20대, 30대의 상황을 뻔히 알면서도 우리 사회가 출산율 타령을 하며 그들을 곱지 않은 시선으로 보는 것은 복지국가가 할 일을 다했다고 볼 수 없는 것이다.

비록 그 결과 출산율이 상당히 증가하지는 않더라도 우리 사회는 가족의 성립을 위해 최선을 다해 모든 방법을 동원하여 출산율을 높이려고 노력하여야 한다.

그러므로 여성가족부는 모든 지자체의 20~30대 남녀들도 향유할 수 있는 문화복지프로그램과 만남부터 가족의 성립과 그 후 유지까지 지원할 수 있는 생애주기 대책을 마련하고 가족지원법「출산율 증가를 위한 특별법(안)」제정에 대해서도 심각하게 고민해야 할 것이다.

가족이 성립된 이후의 자녀의 보육정책도 중요하지만 일단 가족의 성립을 전제로 만나는 모든 20대, 30대 남녀의 사랑에 빠진 사람들을 사회가 심적으로 지지하고 가족으로 넘어갈 수 있는 기회를 주기 위한 무드 조성도 중요하다.

여성가족부는 여성영화제뿐만 아니라 가족 관련 영화제를 지원하고 지방자치단체의 각 극장이 가족의 소중함을 느낄 수 있는 영화, 공연 등을 장려하며 가족을 이룬 자가 되고 싶도록 가족 간의 소통을 계속하는 가족신문전시회(가안) 등 다양한 가족 관련 전시 등도 지원하여야 할 것이다.

여성가족부는 그동안 문화체육관광부, 보건복지부에게만 미루어 둔 가족을 위한 문화복지에 있어서 적극적으로 정책을 펴도록 하고 각 연령층 중 가족을 성립시키는 "20대, 30대"가 만남을 이룰 수 있는 모임들을 지원하고 그들이 남녀 간의 소통에 있어서 더 이상 두려워하지 않도록 도와야만 그러한 만남 중 가족의 성립은 증가하고 출산율은 증가할 것이라

기대해 볼 수 있다.

  지역사회도 복지관들을 비롯한 다양한 공공시설을 그들이 폭넓게 사용할 수 있도록 제공하고 장애인 가정에만 지원하고 있는 긴급돌봄을 확대하여 모든 가정에서도 긴급하게 부모가 일이 생기는 경우 긴급 돌봄을 지원받을 수 있도록 하여 가족의 성립을 미래의 불안 때문에 포기하는 20대, 30대 남녀의 마음을 먼저 두드리고 그들의 이야기를 경청하여야 할 것이다.

  모든 인간은 보살핌과 지원이 필요하다. 20대, 30대 청춘이라도 하더라도.

위례시민연대, 인권과 세상, 2020. 3. 18.

문화적 상대주의를 수용하는 다문화 지원 정책이 필요하다

출산율이 급감하는 것에 대해 국가는 많은 출산 장려 정책을 제안하고 있지만, 그 이면에는 진짜 한국인은 누구인가라는 담론에 대해 한국에서 태어나는 사람이라는 부분에 집착하는 논리가 엿보인다.

지구상 살고 있는 여러 민족 중 유전적으로 단일한 혈통으로 구성된 민족은 없으며 한민족 역시 수많은 외침과 전쟁 속에서 여러 민족의 피가 섞일 수밖에 없었다.

고조선은 건국 과정에서 북방과 황하 지역의 사람들과 홍익인간 이념으로 나라를 세웠고 광개토대왕비에는 부여 왕자들이 한나라 왕세자빈을 맞이하였다고 하고 있으며 고구려 주몽은 주변 나라들을 병합하여 나라를 세움에 있어 다른 핏줄을 받아들여 영토를 확장해 나갔다.

즉, 삼족오(三足烏)는 세 발 달린 그릇과 까마귀를 신성시하는 부족을 통합하기 위한 전략이었다. 삼국유사 역시 신라가 이미 남방 세력과 해상 교류가 있었을 뿐만 아니라 한민족의 핏줄에는 이미 타민족의 피가 섞여 100% 순수한 단일 혈통은 아니었음을 단적으로 밝혀 주고 있다.

6.25 전쟁 이후 우리는 단군신화를 절대화하게 되었고 고조선, 삼국시대, 고려시대, 조선시대로 이어지는 순수혈통을 주장하는 민족주의가 고도화되었다. 이것은 일제강점기 내부 결속을 위한 방안의 하나로 동질성을 강조하는 부분이 되었고 해방 이후 저항적 민족주의를 통해 단일민

족주의라는 관념이 굳어졌다. 그러나 전 세계 200여 개 국가 중 아이슬란드와 함께 유일하게 단일문화를 고수하는 한국은 이미 160만 외국인들이 우리와 함께 생활하고 있어 다인종·다문화사회로 접근하고 있다.

「문화다양성 보호와 증진에 관한 법률」은 2014년 5월 28일 법률 제12691호로 유네스코의 「문화적 표현의 다양성 보호와 증진에 관한 협약」 제9조에 따른 국가보고서를 작성하여 위원회의 심의를 거친 후 유네스코에 제출하여야 할 의무로서 제정되었다. 총 15조로 구성되어 있는 이 법률은 정부는 문화다양성에 대한 국민의 이해를 증진하기 위하여 매년 5월 21일을 문화다양성의 날로 하고, 문화다양성의 날부터 1주간을 문화다양성 주간으로 한다고 규정되어 있다.

문화적 상대주의는 민족과 사회환경에 따라 객관적이고 보편타당한 기준이 없으며 주류 문화는 비주류 문화가 있기 때문에 공존에서 빛나는 가치가 생성된다.

세르반테스는 『돈키호테』에서 "우리 가문에는 유명한 포도주 감정가 두 사람이 있어요. 한번은 이 두 분이 포도주를 감정했는데 한 분이 약간 쇠 맛이 난다고 했고요. 두 번째 분은 코로 냄새를 맡더니 산양 가죽 냄새가 조금 난다고 했지요. 주인은 두 사람의 평가에 코웃음을 쳤지만 나중에 술통을 다 비우고 보니까 산양 가죽 끈이 달린 열쇠가 그 바닥에 있었대요."라고 말한다.

시대에 따라 존중받지 못하는 예술이 있긴 하다. 난해하거나 민족주의를 내세우거나 선량한 풍속의 기준은 시대에 따라 조금씩 달라지기 때문이다. 그러나 다양한 해석과 다양한 표현이 존재해야 세상은 보다 진실에 가까워지고 가장 소박한 정의는 진실을 공유함에 있게 된다.

다문화는 모든 문화를 무조건적으로 받아들이라는 의미가 아니다. 문화적 차이에 따른 사회, 경제적 불평등을 극복하도록 개인과 사회가 노력하여야 한다는 의미이다.

그들 눈에 비친 대한민국이 너무 아름답거나 너무 끔찍하더라도 그것이 있는 그대로 존중되는 너그러움이 필요하다. 그러한 관용이야말로 수준 있는 문화의 전제조건이고 세계를 무력이 아닌 문화로 우리에게 스며들게 하는 부분이다. 문화에 주류는 누가 정하는 것이 아니며 그 나라 민족성의 성숙함을 방증한다. 언젠가 자신이 비주류가 될 때 겪게 될 공포를 좋아할 사람이 어디 있는가? 특정의 소수자 집단이 무시되거나 차별받는 것을 방지하고 차이에 근거한 정치, 사회, 경제, 문화적 갈등을 해소해 가도록 노력하여야 한다. 「다문화가족지원법」이 여성가족부 소관 법률로 있고 「문화다양성의 보호와 증진에 관한 법률」은 문화체육관광부 소관 법률에 있지만 양 부처는 긴밀하게 협업하여 다문화가족에게 문화예술교육과 표현의 기회를 주는데 세심한 배려가 요구된다.

특히 다문화가족의 정의에 대해 「다문화가족지원법」 제2조에 나타나 있는데(다문화가족은 「재한외국인 처우 기본법」 제2조제3호의 결혼이민자와 「국적법」 제2조에 따라 출생 시부터 대한민국 국적을 취득한 자로 이루어진 가족을 말한다. 또한 「국적법」 제4조에 따라 귀화허가를 받은 자와 「국적법」 제2조에 따라 출생 시부터 대한민국 국적을 취득한 자로 이루어진 가족을 말한다) 문화다양성 보호와 증진에 있어서는 가족 여부를 따지지 말고 정체성에 있어서 다문화 담론 등을 통하여 더 많은 문화예술의 교육과 표현을 이끌어 내는 정책을 마련하길 기대해 본다.

그들의 표현을 너그럽게 받아들이지 못하는 문화는 그들에게 일상의 소외를 가져오며 그들이 어학으로 표현에 장애를 겪지 않도록 다문화 인구가 있는 지역의 문화회관과 문화원 등에서는 「지역문화진흥법」상 한국어와 각국의 역사를 지역 주민들이 공부하여 그들을 이해할 수 있고 다문화인들이 문화예술교육 프로그램을 접근하는 데 어려움이 없도록 대량 보급하여 그들에게 귀 기울이고 함께 소통할 수 있는 세상으로 나아가야 할 것이다.

위례시민연대, 인권과 세상, 2020. 3. 11.

그들의 존재를 누가 감히 불법이라고 말하는가

"네 이웃을 너 자신처럼 사랑해야 한다."(마르 12,31)

이주민과 병자, 난민 등의 지위는 영원히 고정적인 것이 아니다. '우리'라는 집단에 속하지 않았다는 이유만으로 그들을 외롭게 하고 그들을 멸시하며 차별하는 것은 우리 안의 부끄러운 우월감 때문이다.

모든 지식은 나누어 써야 한다. 의료에 관한 한 예외는 아니다. 2018년 법무부 자료에 따르면 국내 체류 외국인은 236만 7,607명이다.

결코 작은 수가 아니고 이 중 미등록 이주자(불법 체류자)는 35만 5,126명이다.

예전보다는 조금 나아졌다고 할 수 있겠지만 여전히 국내 체류 외국인, 그중에서도 불법체류자의 인권은 심각한 차별을 겪고 있고 그중 중요한 것은 의료 서비스이다. 불법체류자의 신분이 되는 것은 너무나 간단하다. 사람들이 생각하기에는 많은 불법체류자가 관광으로 와서 한국에 눌러앉은 사람이라고 생각하지만 결코 그렇지 않다.

대부분의 불법체류자는 이주 노동자들의 신분에서 너무도 간단하게 고용주에게서 해고당하는 방법으로 불법체류자의 신세가 된다.

2004년 8월, 시행된 고용허가제는 이주 노동자들이 최대 4년 10개월 동안 한국에서 일할 수 있도록 하고 있으나 모든 결정권이 사업주에게 있기 때문에 고용주가 이주노동자를 기계로 거의 취급하며 노동력 제공의 대상으로서 4년 10개월을 알뜰하게 활용한 뒤 그들은 대부분 연장 없이 비자가 끝나 고국으로 돌아가게 된다. 그리하여 그들의 4년 10개월이라는 시간 동안 부당한 대우를 받든 말든 비자는 박탈될 수밖에 없는 것이다. 즉, 고용주의 동의 없이 회사를 옮기면 비자를 박탈당하여 추방되기 때문에 이주노동자들의 부당한 대우와 차별은 그저 감내하여야만 하는 "사장님 나빠요." 수준에서 머물러 왔다.

보건복지부는 외국인 근로자 의료서비스 지원사업을 하여 미등록 이주노동자(불법체류자)와 같은 의료보장제도에 의해서 의료혜택을 받을 수 없는 사람들에게 의료 서비스를 제공하는 제도로 진료비 90%를 지원하고 있지만 국내 체류한 지 90일이 넘어야 하고 질병이 국내에서 발병했다는 의사 소견서와 사업장에서 근로했거나 근로하고 있는 사실을 확인받아야 하며 여권, 외국인등록증, 여행자증 등 신원 증빙도 명확히 하여야 하므로 미등록 이주노동자의 의료서비스는 거의 불가능에 가깝다고 지적되어 왔다.

이와 같이 법에서 보호되지 못하는 불법체류자 등은 예리코 클리닉(춘천교구 가산성당)과 같은 종교후원단체의 의료서비스를 제공받아 왔다. 한국의 땅에 도착한 이주노동자의 운명은 100년 전 한반도의 운명과도 퍽 닮았다. "과부 마음은 과부가 안다."라는 속담과도 같이 피부색은 달라도 의료사각지대에서 아픈 이들의 고통에 함께 울어 줄 수 있는 공감 능력은 이 땅의 더 많은 사람들이 나누어 가질 수 있다.

고용허가제를 개선하여 동종업계의 노동 이전을 수용해 주는 노동허가제로 개정하여 불법체류자를 줄이고 의료서비스의 요건을 완화하거나 예리코 클리닉 같은 의료서비스 프로그램을 운영하는 곳을 지원하자는 말은 너무 먼 나라의 이야기일까. 국내 열악한 노동환경을 도우러 온 이주노동자들의 처우를 개선하는 것은 결코 동정이 아니라 사마리아인법과 같은 관점에서 접근하여야 한다. 이것은 이 땅에서 노동을 제공하는 사람들의 존중에 대한 문제이기 때문이다. 사마리아인은 자기가 돕는 사람이 누구인지 분별하며 돕는 것이 아니다.

  노동을 고용주가 인정하면 이주노동자이고 고용주가 불인정하면 불법체류자, 살아 있는 모든 자들은 쉬어 가야 하고 병약하면 고칠 수 있어야 한다. 그들의 존재를 누가 감히 불법이라 말하는가. 인간은 누군가에게 좋고 싫은 판단을 받기 위해 세상에 온 것이 아니다. 그저 사회질서를 위해 금지된 행위가 있을 뿐이다.

  민들레는 민들레답게 고목나무는 고목나무답게 자기 모습을 지키며 살아간다.

위례시민연대, 인권과 세상, 2019. 12. 14.

악의 평범성

전쟁이 막 끝난 1960년대의 한국과 오늘날의 한국은 분명 다르다. 그래서 이젠 악이라고 하는 것이 "우리 편 아니면 저기 편" 이렇게 말할 수 있게 명확하게 갈리는 것은 아니다.

즉, 악이라고 생각해 온 측면의 이야기를 함께 듣게 되면서 다양한 욕망과 정보가 교차하는 지점에서 어디까지나 "우리 편 아니면 저기 편"이라고 할 수 있는 것은 순진하기보다는 무지하다는 말이 맞다.

지금은 스토리상 어느 편에 서는가보다는 왜 그편이 낫다고 생각하는지 그래서 얻고자 하는 목표가 무엇인지를 묻는 것이 더 중요하다. 이른바 386 세대라고 부르는 자들이 사회적으로 지배적 지위를 가지고 있는 것이 사실이고 그들 아래의 세대와 386의 자녀 세대는 386 세대에게서 이를 확보해 오지 않으면 그 지위는 영원히 가져올 수 없다.

이것은 386 세대 그 자체가 악이라는 것이 아니라 동시대를 사는 다른 세대 시민들의 연대와 소통이 절실한 이유가 되기도 하고 이 땅 아래 모든 자들에게 법이 평등하게 적용되어야 하는 이유이기도 하다.

또한 시민들의 연대성을 위한 비판과 성찰을 증가시키기 위하여는 기득권이 된 세대에게서 지위를 찾아오는 목적도 중요하지만 시민으로서 교육을 통해 이러한 과정은 정당한 권리를 통해 도모하여야 할 것이다.

한나 아렌트는 20세기 가장 위대한 정치 사상가이다. 그녀는 독일계 유대인으로 하이데거의 『존재와 시간』에 담긴 사상에서도 영향을 받았으나 야스퍼스의 『현대의 정신적 상황』에서 더 큰 영향을 받았다. 실존주의 철학자들이 한목소리로 말하듯 자유를 누리기 위해 인간은 끊임없이 비판하고 성찰하여야 한다. 그리하여 사유하지 않는 것, 그 자체가 악이라고 그녀는 주장한다. 그러나 사유의 내용과 범위는 어디까지일까?

한나 아렌트는 『예루살렘의 아이히만: 악의 평범성에 대한 보고서』에서 자신의 스승 하이데거의 표현을 다수 인용하였다. "인간은 죽음을 향한 존재"이고 "죽음만이 현존재의 실존의 표지가 되는데 왜냐하면 그 누구도 나를 위해 죽을 수는 없기 때문이다."라고 하였다.

아렌트는 위의 하이데거의 논리에 이어 결국 "어떠한 인간의 삶도 자연 속 광야에서 살아가는 은둔자의 삶조차도 다른 인간의 현존을 직간접적으로 입증해 줄 수 있는 세계가 없다면 가능하지 않다."라고 말하며 인간과 타인과의 관계에 대해 존재론을 설명하였다. 그리하여 이것은 타인의 삶과 죽음에 우리는 일정 부분 책임이 있으며, 무언가 행위한다는 것은 탄생성의 조건에 대해 인간적인 응답을 한다는 것이다.

그러므로 인간은 어머니가 그에게 생명을 부여하는 날에 단 한 차례 탄생하는 것이 아니라 각각의 생명은 스스로 자신으로 하여금 재탄생할 의무가 있다는 것이다.

새로운 시작을 가능하게 하는 것은 어디까지나 이성의 보편성이라고 주장하는 사르트르는 헤겔의 이성은 현실적인 것에 비하여 장 프랑수아 리오타르는 현실적인 것이 항상 이성적인 것은 아니며 결국 사유의 양식인 상식으로 인간은 스스로 판단하여야 하기에 홀로코스트는 현실적이나 이성적이지 않다고 하였다.

아렌트는 전 세계 부의 대부분을 유대인이 소유하고 있으며 유독한 존재라는 편견 아래 유럽에서 다른 곳으로의 유대인 이주정책을 천명했던 시기, 유대인은 유대인으로 존재하지 않을 수 없고 사회적 탈출구가 없는 존재에게 정체성을 벗기는 방법을 오직 죽음으로 제시한 홀로코스트는 많은 사람들의 악의 평범성에 기초된 행위라는 것을 명확히 하였다.

히틀러의 지시로 저지른 흉악한 악행이 업무상 군인의 행위로서 정상적이고 평범하게 오랜 기간 느껴졌던 것은 어리석음 때문이 아니라 사유의 불능 때문이라는 것이다.

소통이란 차이 때문에 있는 것이고 차이가 없으면 소통의 필요도 없고 인간이 사회적 동물이라는 사실도 인정할 필요가 없다는 것을 몰랐다. 우리 모두가 똑같다면 우리는 서로 이해할 수 있지만 이해가 잘되지 않는 것은 우리가 다르기 때문이고 그 차이점을 사유하는 것을 포기하는 것 자체가 악이기에, 인간이 할 수 있는 사유도 그것을 기반으로 한 의지도, 판단도 인간이 할 수 없는 일을 하게 되는 것이다.

인간이 생각할 능력을 잃어버리면 의지를 가질 능력도 사라지고 행위도 사라지며 행위 중에서 도덕적인 행위를 할 확률도 줄어든다. 다른 사람과 나의 차이를 인정하되 보편적으로 서로 좋을 지키겠다는 보편적 합의는 어떠한 상황에서도 혼돈과 질서를 사유하는 분별력을 기초로 하여야 하는 것이다.

아이히만은 칸트에 대해 언급하면서 『실천이성비판』에서와 같이 "나의 의지의 원칙이 항상 일반적 법의 원칙이 될 수 있도록 해야 했다."라고 하면서 당시의 악법을 충실히 따랐을 뿐이고 권력에 있는 자들에게 자신의 최상의 재능이 상관들에 의해 오용되었다고 주장하였으며 좋은 정부의 신하가 되는 것은 행운이고 나쁜 정부의 신하가 되는 것은 불운이며 자신은 운이 없었을 뿐이라고 항변하였다.

그러나 아렌트는 "8,000만 독일인이 피고처럼 행동했다 하더라도 그것이 변명이 될 수는 없을 것"이라고 하였다. 아렌트는 아이히만의 3가지 무능함 즉, 말하기의 무능함, 생각의 무능함, 타인의 입장에서 생각하기의 무능함을 주장하면서 인류는 생명 그 자체만으로도 인위적 세계의 바깥에 존재하며, 인간은 생명을 통해 모든 다른 살아 있는 유기체와 관계를 맺기 때문이라고 『인간의 조건』에서 쓰고 있다.

더 나아가 임마누엘 레비나스는 이타주의, 타자를 향하는 윤리, 남을 위해 사는 것이 나를 위해 사는 것이라는 존재 윤리가 기반이 될 때 비로소 인간 사유의 미래, 철학의 희망이 있다고 하였다. 그리하여 다름을 인정하여 내가 할 수 있는 일은 내가 하고 다른 사람이 할 수 있는 일은 다른 사람이 하여 우리는 모든 것을 할 수 있고 한 단계 조화로움 속에서 나아갈 수 있다는 것이다.

악이라고 하는 것이 끔찍한 외연으로 항상 존재하는 것은 아니다. 나날이 기술과 상품과 언론과 서비스는 점점 더 우리를 획일적으로 만들고 생각할 필요가 없게 만든다.

사유 없는 복종과 지지가 폭력을 불러왔던 시기를 떠올리며 우리는 폭력이 만드는 차이(다름)의 삭제에 대해 묵상하여야 한다. 이것은 결국 우리 생명을 위협하는 값비싼 대가로 돌아올 것이기 때문이다.

그러므로 우리는 타인의 관점에서 생각할 능력이 사라지는 자신을 항상 경계하며 단순한 순종과 지지는 폭력이나 분쟁, 전쟁을 일상적인 인간의 삶의 한 측면으로 사유 없이 수용해 버리던 과거의 아이히만, 우리 모두의 안에 아이히만을 인정하는 것임을 알아야 한다.

이미 세계대전을 보았고 그 결과 배상책임국가가 여전히 세계의 패권 아래 놓여 있는 현재에 "어떤 특정한 범죄가 처음으로 발생한다면 그 범죄의 재출현은 최초의 출현보다 훨씬 가능성이 높고 실패를 벗어날 확률이 높다."라는 이 책의 메시지가 소름 끼치도록 무서운 것은 악에 물들어가는 나, 세상에 자꾸만 길들여져 가는 나를 거울 앞에서 발견하기 때문이다.

위례시민연대, 인권과 세상, 2019. 11. 26.

운명에 대한 모두의 배려

『시대의 소음』이라는 책이 있다. 쇼스타코비치가 모두가 주목할 만한 음악 세계를 만든 것은 어쩌면 스탈린 시대가 만들어 낸 운명이라는 내용이다. 우리 모두 운명이 있다. 그것은 이면의 원리는 모르지만, 부모가 많은 것을 결정해 주기 때문이기도 하다. 즉, 유년 시절에는 DNA와 부모가 조성해 주는 가정 환경에서 자유로운 아동이 많지 않기 때문이다.

학교 밖 청소년들과 근로 청소년들, 결식(빈곤) 학생들과 탈북 학생들, 다문화 학생들과 운동선수 학생들과 장애 학생들, 성소수자 학생들에게 주목하여야 할 이유가 여기에 있다. 그중 오늘은 근로 청소년들과 장애 학생들에 대한 진정한 배려에 대해 생각해 보고자 한다.

하지만 때로는 배려의 의미를 제대로 이해하지 못한다는 것이 독이 될 때가 있다.

초등학교 '도움반'(특수학급)에 재학한 많은 장애인 학생들은 중학교, 고등학교 때 일반 학교를 거의 가지 못한다. 집에서 가장 가까운 중학교에 특수학급이 있더라도, 해당 학교가 "이미 장애인 학생 수용 가능 인원이 과밀인 데다 교실이나 교사 인력 등이 부족하다."라며 난색을 표하는 경우가 많다. 상대적으로 거리가 가까운 또 다른 중학교에는 도움반이 없다. 나머지 학교들은 너무 멀다. 초등학교에는 다닌 장애인이지만 중학교는 갈 곳 없는 것이 현실이고 특수학교는 이미 초등학교 과정 때부터 꽉

찬 상황이다. 「장애인 등에 대한 특수교육법」은 장애인은 학교 배정과 관련해 비장애인보다 우선권이 있으며 장애인이 일반 학교에 진학할 경우 학교는 이를 거부해서는 안 된다고 하고 있지만 이 모든 것은 선언적일 뿐 현실은 법이 정한 규정과는 거리가 멀다. 또한 일반 학교를 다니고 있는 대부분의 장애인은 학교에서 진행하는 1박 2일 현장체험학습을 비롯하여 다양한 체험에 참가하지 못한다. 담임교사는 부모에게 "아이가 하룻밤 자고 오는 것을 신체적으로나 정신적으로 견뎌 내지 못할 것 같다."라며 불참할 것을 요구하고 부모는 대부분 이를 거역할 수 없다.

즉, 잠깐 3~4시간 이내의 소풍 같은 경우는 어머니가 직접 따라간다면 소풍을 관람인처럼 경험할 수는 있지만 1박 2일 같은 체험에서는 학부모가 학생들 사이에 있는 것 자체를 불편해한다는 것이다.

특수학교에 다니는 학생들 역시 세월호 참사 이후 수학여행이나 체험학습을 가기 위해서는 재학생 또는 학부모의 70% 동의(해외는 90% 동의 시)가 필요하게 되면서 안전을 중요시해 벌어진 일이라고는 하지만 특수학교는 70% 동의를 쉽게 얻지 못해 체험학습이나 수학여행이 어려운 학년이 종종 있다. 한 학급에 30명인 일반 학교에서는 '70% 동의'를 쉽게 채울 수 있지만 한 반에 4~6명이 수용되는 특수학교에서는 재적학생의 70% 찬성을 얻기란 쉽지 않다.

특히 여학생이 많거나 한 반에 한두 명이라도 건강상의 이유 등으로 불참 의사를 밝히면 전체가 갈 수 없는 결과가 발생한다. 정작 장애인을 위해 만들어진 특수학교에서도 아이들의 다양한 체험활동이 배제되고 있는 셈이다.

장애인이라는 이유로 당일 체험학습이나 1박 2일 활동을 거부하는 것은 어떤 사유로든 불법이다. 「장애인 등에 대한 특수교육법」 제4조 2항

각호 및 제38조의2에 따르면 수업 및 자치활동, 그 밖의 교내외 활동에 대한 참여를 배제할 경우 300만 원 이하의 벌금에 처할 수 있다.

또한 「장애인 차별금지 및 권리구제 등에 관한 법률」 제13조 4항에 따르면 교육책임자는 특정 수업이나 실험·실습, 현장견학, 수학여행 등 학습을 포함한 모든 교내외 활동에서 장애를 이유로 장애인의 참여를 제한, 배제, 거부해서는 안 된다고 정하고 있다. 그렇다면 현실에서 정책의 구현이 가능하도록 국가가 솔루션을 모을 때이다.

근로 학생 또한 학교에서의 지도와 배려, 지역사회의 각성이 요구된다. 중고등학교에서 수업 중에 잠을 자는 학생이 많은 주된 원인은 아르바이트를 하는 학생이 많기 때문이다. 부모의 이혼과 별거 등으로 아르바이트를 해서 생활비와 용돈을 벌어야 하는 학생들이 계속 늘어나면서 중고등학생들은 기본적 권리와 인격적 대우도 제대로 받지 못한 채 노동 현장에 투입된다.

원칙적으로 중고등학생 고용사업장은 반드시 가족관계증명서와 친권자(또는 후견인) 동의서를 비치하여야만 하며 18세 미만 아동은 유해, 위험 업종 종사가 금지된다. 사용자는 임금, 근로시간, 휴일, 휴가, 취업 장소와 종사할 업무가 명시된 근로계약서를 직접 교부해야 하며 임금은 돈으로 본인에게 전액을 매월 1회 이상 일정한 날짜에 지급하여야 한다. 성인과 달리 1일 근로시간은 7시간이며, 1주일에 40시간을 초과할 수 없으며 당사자와 합의에 따라 1일 1시간, 1주일 6시간 한도에서만 연장할 수 있다. 연기, 운동 등 특별한 재능에 의한 노동도 예외 없이 청소년의 야간근로(오후 10시~다음 날 오전 6시)와 휴일근로는 금지된다. 그러므로 이러한 원칙을 넘어서는 근로 학생들을 성인들은 제대로 보호하고 있는지 우리는 성찰해 볼 필요가 있다.

모든 생물은 후대를 지키기 위해 살아간다. 우리의 본능 역시 그러하다. 교육환경에서 운명에 어쩌지 못하는 우리의 자녀들이 차별받고 배려받지 못하고 있다면 그것은 우리의 성찰이 부족한 탓이고 그들에게 생명으로서 해명조차 부끄러울 것이다.

우리 눈동자가 검은 부분으로 세상을 보는 것은 어둠 속에서 성찰할 때에만 세상을 구별할 수 있는 밝음이 생기기 때문이다.

위례시민연대, 인권과 세상, 2019. 11. 13.

기득권은 무례하다

 옛날에 베르사유에 사는 앙투와네트 왕비가 백성이 굶주리고 있다고 하자 "빵이 없으면 브리오슈를 먹으라고 하라."라고 하였다지만 이미 인권 의식이 있다는 법대 교수들조차도 인권의 인자도 이해하지 못한다는 생각이 든다.
 A 교수는 장애인문화예술정책에 대해 내가 발제한 자리에서 장애인 가족으로서 장애인의 예술 향유권과 교육권이 얼마나 처참한지 말하였더니 "장애인 가족인 척하지 않는 게 좋다." 그리고 "절대로 힘들고 고통스러운 것을 타인에게 내비치지 마라. 불편하다."라고 하였다.
 장애인 가족인데 어떻게 장애인 가족이 아니라고 하라는 말인지도 모르겠다. 게다가 나는 생글생글 웃는 얼굴이라서 쉽게 남들에게 힘들고 고통스러운 것을 내비치지도 않는다. 나는 단순히 학술 발표를 한 것뿐인데 빈자나 약자들의 이야기 자체를 경청하고 싶지 않다는 뜻으로 말하는 A 교수의 평가를 들으며 기득권을 향한 장애인 인권을 고양시켜 보려는 내 의도는 차갑게 무산되었다.
 국가위원회에서 만난 B 교수 역시 나를 엄청나게 좌절시킨 교수이다. 보통 때 그분의 책을 즐겨 읽고 인품이 높은 교수라 믿었기에 나에게 관심을 상세히 보이니 장애인들이 처한 상황에 대해 몇몇 설명을 하였고 정책에서 쉽게 입안되지 않으니 힘을 보태 달라고 하였더니 나에게 "스스로 하라. 로스쿨에 가서 변호사가 되어 직접 하면 되지 않는가."라고 하면서 "박사님은 스스로 기득권이 되어 하면 될 것을 누구에게 왜 부탁을 하는가. 변호사시험을 보지 않은 것을 장애인 자녀를 키우는 것으로 핑계를 삼지 말고 직접 하는 게 좋다."라고 하였다. 그래서 "로스쿨을 가고 변호사시험에만 몰두하는 동안 장애인 자녀는 어떻게 하는가, 변호사들은 변호사의 몫이 있고 나는 나의 몫과 나의 길이 있다."라고 항변하였더니 "모 과학자는 남편이 그만두고 아이를 본다."라고 하면서 "너도 그렇게 해라."라고 조언하였다. 그 교수는 변호사 자격이 있는 사람이었다. 즉, 변호사가 만능이라고 생각하는 것이었다. 물론 훌륭한 변호사들이 많은 것을 알고 있다. 하지만 약자들의 생활개선을 변호사만 할 수 있다는 그 자만감은 무엇인가.

그때 생각했다. 약자의 삶을 머리로만 이해하는 자들, 기득권은 무례하다고.

끝없는 동정을 원하는 게 아니다. 약자들의 이야기를 경청할 준비도 안 되어 있으면서 장애인 관련 학술대회에 오지 말았어야 하고 자신의 솔루션만 밀어붙일 거면 자애로운 척하면서 말할 필요도 없는 것이다.

어떻게 해도 있는 자들은 없는 자들이 처한 상황을 알 수 없다고 그들과 얘기해 봤자라고 말하던 한 장애인단체의 운동가 이야기가 오버랩되었다. 그래도 학문하는 분들이니까 나는 마음을 주었고 기대가 있었다.

나는 명색이 법학을 평생 학문과 밥벌이로 하는 사람들조차 경청이라는 것이 전제되지 않는데 어떤 기득권이 우리 약자들의 이야기를 들어 줄 것인가 생각해 보았다.

정책을 하는 사람들은 이해관계에 지쳐서 피로할 수 있다. 나는 그들에게 섭섭한 적도 있었지만 이해한다. 한쪽 이야기만 들으면 안 되는 것이 공무집행 아닌가.

하지만 지식의 순결을 외치는 학자들이 약자를 위해 보편적인 이론을 연구하지 않으면서 강자를 위한 연구를 굳이 인문학에서 할 필요가 있는가. 그냥 발견만 하면 될 일일 텐데 말이다.

그리하여 학자들이 나이 들수록 고집만 세지고 경청조차 하지 않고 약자의 인생을 아무렇게나 재단하고 조언하고 자신의 솔루션을 따르지 않으면 한심하다고 치부하는 모습에서 나는 약자로 살아야 하는 비루함을 느낀다.

그래서 약자들끼리 서로 위로만 하다가 약자들 중에 누군가 히어로가 나와 기득권이 되어 주기를 바랐던 약자들의 그 열망 그 자체가 서러웠다.

약자들 중 선거를 통해 기득권이 되면 그는 또 기득권다운 행동을 하면서 살아야 하는 어쩔 수 없는 늪에 빠진다. 약자들 편만 설 수 없고 약자 이외의 다른 사람들의 표도 걱정하여야만 되기 때문이다. 그래서 맘 놓고 약자의 대변인은 약자를 위해 행동하지 못하게 된다.

그래서 약자들을 정말 위한다면 약자들을 떠나지 않고 약자들 곁에서 차라리 목쉬게 외치고 있는 자들, 사회운동가들만이 인권을 바꿀 수 있다는 생각이 든다.

기득권은 어떻게 설명해도 약자들을 루저로 생각한다. 단순히 세상에 뿌려진 불운 중에 우연히 그 불운에 다가서 버린 자신의 삶을 버리지 않고 개척하고자 하는 수많은 약자들에게 힘을 보태 주기는커녕 제대로 경청하거나 관찰하지도 않고 약자들의 인생을 한심하게 만드는, 힘을 빠지게 하는 기득권들의 말, 행동, 눈빛들.

그들 앞에서 백치처럼 상처 입고 백치처럼 분노가 치밀지만 어쩌겠는가. 인간은 그렇게 불완전하게 태어나서 불완전하게 죽는 자신이 경험하지 못한 세상에 대해 그저 상상만 하는 존재에 불과한걸.

위례시민연대, 인권과 세상, 2019. 11. 5.

아픈 사람의 인권에 대하여

타자의 욕망을 욕망하며 살아가는 것이 우리라고 하지만 병원 제도에 대해 생각해 보는 것은 아픈 사람, 현재 고통 속에 있는 사람의 인권의 문제이기 때문에 결코 가볍지 않다.

현대 의학은 정상성이라는 기준으로 질병을 판단하고 통계적 수치에 의해 이루어진다. 사람들을 표본집단으로 필요한 수치를 수집하고 이 수치의 평균을 낸 다음, 이를 중심으로 자료들이 얼마나 흩어져 있는지 알아보는 것이다. 즉, 정규분포곡선에서 상위 5%와 하위 5%에 해당되면 비정상으로 규정되어 질병 상태로 분류되는 것이다. 이에 대해 질병이라는 통지를 하게 되고 삶은 의학이라는 학문의 실험 대상으로 전락한다. 분명 질병도 그 사람의 한 부분인데 인간이 삶을 영위하는 데 필요한 신체적 규범인데 혈압의 경우 생명을 유지하고 제대로 살아가려면 정상 수치로 되는 혈압 상태가 요구된다는 것인데 그 흔하다는 규범이 모든 사람에게 통용될 수 있는 규범은 아닐지도 모른다. 어떤 사람은 평균 맥박수가 70 이하이지만 전혀 건강에 문제를 느끼고 있지 않을지도 모른다. 정상이냐 아니냐의 구분에 대해 획일적인 의학이 말하는 질병이 나의 신체 규범에 부합하는지는 생각해 볼 필요가 있다. 흔하다는 것이 곧 내 삶에 적합한 규범은 아닐지도 모르기 때문이다. 맥박수가 70 이하라 비정상이라고 하지만 그것은 결코 규범이 없는 상태가 아니다. 질병 역시 한 사람이 겪어 나가야 하는 정상성이 될 수도 있는 것이다. 건강이란 단지 질병이 없는 상태를 가리키지 않는다. 질병을 인간 중심으로 생각하지 않고 인간에게서 질병을 소거하여야 한다고 생각할 때 무리한 신체의 압력이 될 수도 있다.

우리는 하나의 생명으로서 삶이 보내는 신호들을 읽다가 질병을 통지받기도 한다. 넘치는 의학 정보의 세례로 타자가 욕망하는 욕망으로서 자신의 삶에 무엇이 이로운지 생각하는 진짜 이기주의에 대한 성찰을 내가 아닌 병원에 맡기고 있는지 모른다.

병원에서 의사의 환자를 낫게 하겠다는 인정 욕망은 자본주의 중심의 병원 상품이 자리하고 있기 때문이다. 청춘은 예찬받아 마땅하지만 그렇다고 늙는 자연스러움이 청춘에 비해 부족한 것은 아니다. 누군가에게 선택받아야만 한다는 노이로제에서 벗어나 매일 사용되고 닳아지는 방식으로 우리의 신체를 생각해서는 안 될 것이다.

생로병사는 모든 생명체가 시간의 원칙을 받아들이는 모습이다. 이 가을이 겨울이 되는 것처럼 우리의 의도와 상관없이 작은 모습에서 건장한 신체로, 쪼글쪼글한 모습으로 바뀌어 가는 동안 삶은 낡아 가는 기계 같다는 생각에 사로잡힐지 모른다.

우리는 인간이기 때문에 남들이 청춘에 집착하니 청춘을 같이 갈망할지 모른다. 하지만 청춘에 매달리는 우리 마음을 제대로 돌아볼 때 기계는 시간으로 낡아 가지만 삶은 시간에 따라 달라지는 아름다움을 발견할 것이다. 아픔은 새로운 세계를 깨어나게 하고 자신의 방식으로 질문을 인생에 던지게 해 주며 질문은 삶에게 목적성을 만들어 주는 스승이다.

우리도 희망이 0이 된 순간을 떠올리며 병원 제도의 무력함을 생각한다. 수술을 받고 자신의 몸을 타자의 결정에 내맡기고 화학요법을 거듭하며 끝없이 삶을 희망하는 인생과 수술과 치료를 거부하고 그 암이라는 것을 자신의 친구로 받아들이고 일상생활을 계속해 나가며 고통과 한 몸이 되어 일상을 이어 나가다 죽는 인생 그 두 인생 사이에 진정한 희망과 절망은 무엇일까.

병원 제도는 어디까지나 인간의 선택 아래에 놓여 있어야 하고 강요하고 판단을 통제하는 방식으로 운영되어서는 안 된다. 잘 죽어 가기로 결정한다는 것은 잘 살아가기를 선택하는 의미이다.

의학은 우리 인간 삶의 능력을 빼앗지 않고 치료가 모든 고통을 제거하는 근원이라는 이미지 연출을 하지 말아야 한다. 기술만이 고통을 처리하는 수단이 아니며 진통제 권하는 사회야말로 삶을 왜곡시키는 것이기 때문이다. 아픈 사람의 고통과 병은 삶과 분리된 독립된 실체가 아니다. 스스로 병원 놀이의 객체가 된다는 관점만으로는 인권을 바라볼 수 없다.

고통을 통과하는 여러 가지 방법 중 하나로만 제시되어야 하는 것이며 삶은 새로운 균형을 찾기 위해 인간에게 자신의 삶에서 고통과 질병을 다루는 능력을 인정하여야 한다.

우리가 고통이나 질병에 있어서 컨베이어 벨트에 실린 물건들처럼 환자가 되어 병원에서 정해 주는 치료 경로들을 옮겨 다닐 때 의학은 인간이 아니라 질병을 중심으로 분류하여 물건으로 취급할 수밖에 없다.

우리는 지금부터 생각해야 한다. 굳이 의료분쟁에 있어 환자가 이길 수 없는 여러 통계나 얼마나 우리가 아프다 죽는지를 검토하는 통계나 각종 법적 권리를 들먹일 필요가 없다. 두통만 와도 바로 약을 먹는 자신을 돌아보며 잠시 우리 몸의 자연 균형을 믿으며 어떻게 아플 것이고 어떻게 죽을 것인가 나에게 병원은 무엇인지 생각해 보는 시간이 있어야만 환자의 인권에 대해 의학도 다시 돌아보게 될 것이다.

위례시민연대, 인권과 세상, 2019. 10. 30.

장애인콜택시 운전원 처우개선이 필요하다

서울특별시에는 600명의 장애인콜택시 운전원이 있다. 나는 차가 없어 활동지원사 선생님이 자폐성 장애인인 아들을 돌봐 주지 않을 때에는 장애인콜택시를 항상 이용해 왔다.

이용자의 보호자로서 운전원 선생님들과 함께 다니면서 그들이 느끼는 고충은 정말 크다.

1. 장애인이지만 양심이 없는 사람으로 인해 다른 장애인이 고통받는 것은 국가의 질서유지 의무를 다하지 않은 것으로 조속한 입법이 필요하다.

A 운전원은 법원 앞에 내려 달라고 하고는 10분 안에 나오겠다고 한 뒤 나오지 않는 장애인을 기다리다가 거의 3시간을 허비한 적이 있다. 잠시 하차하겠다는 장애인이 하차 후 휴대폰을 꺼 버렸기 때문에 운행 완료가 되지 않아 이 장애인으로 인해 당일 이도 저도 못하는 상황이 발생한다고 한다.

B 운전원 역시 도착하면 10분 이내로 승차하여 주어야 함에도 불구하고 금방 나온다고 하면서 오랜 시간 지체하는 장애인으로 인해 다른 자동차가 필요한 장애인이 고통받는다고 말한다.

이것은 어떤 이유에서도 공공서비스는 거부가 불가하다는 부분에 대해

시민으로서 권리를 남용하는 데에 기인한 것이다.

모든 권리는 제한 없이 허용될 수 없다. 시민의 조건은 또 다른 시민의 권리를 침해하지 않는다는 전제하에서 국가의 공공서비스를 받을 수 있는 것이다.

이러한 점에서 국가가 운전원의 일방적인 서비스만을 중심으로 규정하여 만든 승차 거부 불가 지침은 그 정도에 대한 논의조차 아예 없는 것이므로 국가로서 행정지도 및 입법 의무를 해태한 것이라고 볼 수 있다.

진정한 인권은 타인의 인권을 존중하지 않는 경우 제한되어야 하며, 타인의 인권을 존중하지 않는 의사까지 존중받아야 하는 것은 아니다. 문명의 시대 권리와 책임은 쌍두마차이기 때문이다.

2. 장애인콜택시 운전원으로서 열악한 근로조건 개선에 대한 사회적 관심이 필요하다.

내가 아들과 장애인콜택시로 이동하면서 운전원분들에게 물어보았는데 10대 중 8대의 운전원이 이용자에게 폭력을 당했다고 말했다.

특히 내가 아들과 탄 C, D, E 운전원은 자주 뵙는 분이었는데 폭언과 신체적 폭력, 시비를 거는 경우에 있어서 구체적인 사례를 들을 수 있었다.

그러다 보니 운전원분들은 콜센터에서 순서대로 배차하기 때문에 이전에 폭력을 행사한 가해자를 기피할 수 없는 시스템으로 인하여 폭력을 행사한 장애인을 또 만날 수밖에 없었다.

그래서 그럴 때를 대비하여 무노동, 무임금인 한 시간 휴게 시간을 아껴 두었다가 그러한 가해자가 배차되는 경우 너무도 무섭기 때문에 휴게 시간 알림을 고객센터에 보내서 그다음 콜택시로 넘어가게 한다고 한다.

그래서 원하는 시간에 제대로 식사를 할 수 없고 폭력 장애인을 회피하는 수단으로 휴게 시간을 쓰기 때문에 식사를 제대로 할 수가 없다고 말했다. 특히 여자 장애인운전원에게 성희롱을 하는 장애인도 상당히 있었고 장애인운전원이 원치 않는데도 지나치게 개인정보를 묻는 경우가 많았다.

콜택시가 승용차인 경우는 비용을 자부담하여 안전보호대를 설치하여야 하므로 다소 낮은 월급에 상당히 부담이 되고 있을 뿐만 아니라 안전보호대를 설치한 경우 시비를 거는 장애인도 많았다고 한다.

특히 콜택시 배차시스템에 있어서 순번제를 철칙으로 하는 시스템으로 인하여 병원, 복지관, 교육기관처럼 시간을 앞다투는 장애인이 제시간에 병원, 복지관, 교육기관에서 서비스를 받을 수 없고 시간의 긴급성이 없는 장애인의 나들이 같은 경우까지 순번제 배차로 인해 그 컴플레인은 그대로 운전원에게 돌아온다고 했다.

일정한 입증자료나 장소, 시간적으로 긴급성이 있는 경우 우선 배차를 선택할 수 있는 시스템이 상당히 필요해 보인다.

장애인 행정 부서는 가장 행정에 있어 기피 부서일 뿐 아니라 최대 2년 정도 근무하면 다른 곳으로 이직하기 때문에 장애인 운전원 처우를 생각해 주는 공무원은 단 한 명도 없었다는 것이 그들의 주장이다.

특히 교육기관, 병원, 복지관 등 장애인편의시설에서조차 주정차 우선혜택을 주지 않아 잠시라도 쉴 휴게공간이 존재하지 않아 화장실을 사용하기에도 어려울 뿐 아니라 영업 택시의 노란 넘버가 아닌 일반 승용차 넘버로 차 번호판을 받기 때문에 모든 곳에서 일반 승용차와 같은 취급을 받고 있다. 특히 빠른 운행을 원하면서 고속도로 순환도로 일부 유료 이용 시 장애인 고객은 이에 대한 통행료 부담에 대해서는 난색을 표하고 있어서 최대한 국도만을 활용하다 보니 적은 차량으로 오랜 시간을 평균 운행하고 있어 긴급한 장애인이 이용할 수 없는 이 시스템은 장애인 운전원의 인권을 장애인 인권과 함께 고려한 시스템인지 묻고 싶다.

특히 수우미양가 5개로 나누는 장애인콜택시 운전원 평가제로 압박하는 부분에 있어 그러한 평가 기준과 평가가 궁극적으로 누구를 위한 것인지 서울시에게 묻고 싶다. 누가 누구를 감히 평가한다는 것인가. 장애인과 장애인 운전원 둘 다 이 나라의 소중한 시민인데. 서울시는 플랫폼을 제공한 자에 불과한데 말이다. 그렇다고 서울시가 우위에 있는가. 서울시는 장애인과 장애인운전원의 세금으로 그 자리에 있는 것이다. 공무원 시험을 본 자와 그렇지 않은 자로 구별되면 공무원은 시민을 평가할 수 있는가?

오늘도 복지관에는 장애인콜택시 서비스의 평가를 묻는 설문지를 든 분들이 "장애인콜택시 이용해 보셨어요?"라고 묻는다. 이러한 설문이 장애인들을 위해 정부가 장애인콜택시 운전원을 평가하도록 하여 장애인을 상당히 보호하는 것처럼 보인다.

하지만 장애인콜택시 운전원도 법 아래 국민이고 별다른 평가를 시민들에게 받을 필요는 없다. 장애인에 대한 공공서비스를 묻기 전에 장애인과 관련된 직업을 가진 분들과 장애인의 동행자들에게 우리는 어떠한 대우를 하고 있는지 돌아보아야 한다.

그분들이 그런 취급을 받아도 좋다는 오만은 바로 장애인에 대해서도 같은 취급을 하겠다는 의미이다.

궁극적으로 시민을 위한 시스템이 부재하도록 한 것은 정부이다.

정부는 장애인에 대한 서비스 책임을 장애인운전원에게 덮어씌우지 말자. 지금이라도 장애인단체와 승차 거부 기준을 논의하고 더 많은 장애인이 합리적으로 장애인콜택시를 이용할 수 있도록 노력하여 열심히 성실하게 사는 장애인콜택시 운전원의 처우에 눈감지 말길 바란다. 고충이 많은 직업을 선택해 준 국민에게 감사의 인사는 못할망정 그들이 식사도 제대로 하지 못하고 장애인편의시설에서조차 제대로 된 처우도 못 받는 것은 너무하지 않은가?

   정부는 장애인 행정전문가를 보다 인사체계에서 전문성으로 우대하여 장애인운전원을 비롯하여 누수된 장애인정책을 챙겨 한 나라의 인권 척도인 장애인이 살기 좋은 나라가 되는 방법을 강구하길 바란다.

                                      위례시민연대, 인권과 세상, 2019. 9. 21.

나는 왜 인권을 위해 노력하는 사회운동가를 존경하는가

인간과 나무는 크게 다르지 않다. 빛을 향해 높은 곳으로 오를수록 더 깊은 땅속에 뿌리를 박는다.

공생의 고수인 나무가 지구의 절반을 조용히 덮은 이유는 어디에 있을까. 그들은 침묵 속에 서로 뽐내지 않으며 때로는 자기희생, 내려놓음, 나눔과 섬김 그래서 무한의 세계를 향해 갈 수 있는 방법을 터득한 생명체이다.

인간이 인권을 배우는 목적도 나무처럼 살고자 하는 것이다. 조금이라도 인간이 이 땅에 무한의 세계를 향해 살아가려면 때로는 서로 배려하고 때로는 서로 양보하지 않으면 공멸이라는 것을 본능적으로 알기 때문인 것이다.

인권이란 1789년 프랑스대혁명 당시 제헌국회가 발표한 인간과 시민의 권리에서 유래하여 이후 'Human Rights'로 표기하고 전 세계가 이해하고 있는 관념이다.

인권의식이란 일상적 생활에서 일어나는 인간관계를 인권적 관점으로 바라보고 인권 침해에 대하여 문제의식을 가지고 그 원인을 파악 해결하려는 의지와 행동을 말한다. 즉, 인권을 향한 지식, 가치, 사회참여라는 세 가지 요건을 완성하였을 때 비로소 인권 의식이 있는 행동으로 파악할 수 있는 것이다. 그중 인권 의식으로 사회참여와 연대를 통해 구체적

실천 의지를 가지고 변화하는 시대에 적합한 방식으로 법규를 제안하고 이를 시민에게 설명하여 함께 합의해 나가는 노력은 매우 귀한 것이다.

이미 세상은 좌파와 우파의 싸움이라기보다는 이기주의와 이타주의 행위 양식 간의 변명과 충돌이 계속되어 왔다. 이기주의자들은 인권을 향해 노력하는 과정 속에서 어떠한 대가도 챙길 수 없는 사람들인 이타주의자들을 자신의 앞가림도 하지 못하는 한심한 사람이라는 낙인을 찍는다. 한편 이타주의자들은 눈앞에서 부조리를 보았기 때문에 어떻게든 해결하고 싶은 본능일 뿐이고 그것을 한심하게 바라보는 이기주의자들이 아무것도 하지 않으면서 비난까지 할 필요는 없는 거 아니냐고 비난한다.

어찌했든 누군가는 발생하고 있는 인권이 침해되는 문제들에 대하여 대응하여야 하고 현대사회 시민의 조건은 변화를 촉구하려는 사람들을 지지할 필요까지는 없지만 그들을 막아설 권리는 없다는 것을 알아야 한다. 어디까지나 인간은 성장하고 있고 사회가 진보되어 가는 데 있어 방향과 속도를 결정하는 데 큰 역할을 하는 사람은 이타주의자들이기 때문이다.

이타주의자들의 운명이 필연적이었다는 이야기는 여기서 하지 않는다 하더라도 독립운동을 외친 사람이 있었기에 나라의 독립이 있고, 문제의식을 가지고 사회와 국가에 변화를 촉구한 사람이 있었기에 세상이 보다 나아진다는 것은 사실이다. 만일 아무도 인권의식을 가지고 행동하는 실천가가 없다면 분노사회, 갈등사회, 폭력사회의 골은 보다 깊어질 것이고 사회 곳곳에서 힘의 불균형으로 억압과 차별이 만연할 것이다.

인권 의식이 없었던 세상을 돌아보자. 유교문화와 가부장적 사회구조, 36년간 일제의 식민통치, 남북 분단과 장기간 군부독재로 상명하달식 조직문화의 만연, 경제적 고속성장으로 심각한 빈부격차와 황금만능주의,

고진감래형 학력과 학벌주의와 경쟁교육, 인성교육의 부실과 세계 자살률 1위의 오명, 그러한 대한민국의 성적표가 좋은 성적표라고 말하는 사람은 없다.

물론 인권 의식이 있는 사람들이 모두 사회운동을 하는 것은 아니다. 하지만 사회운동을 하는 사람들은 인권의식을 사회운동의 지표로 삼는 자이다. 2001년 5월 24일 국가인권위원회가 만들어지기 전, 2012년 1월 26일 서울학생인권조례가 만들어지기 전, 그 시절로 돌아가고 싶은 사람은 아무도 없다.

인권에 대해 특수성을 주장하는 학자도 존재한다. 각국이 처한 특수성이 있는 경우 인권은 법이 인정해 준 기본권 범위 안에서밖에 인정할 수 없다고 말이다. 하지만 인권은 어디까지나 모든 인간에게 적용되는 인간의 자유롭고 존엄하고 평등하다는 의미이고 보편적이어야 하며 일방만이 주장할 수 있는 것이 아닌 상호적인 것이며 약자와 소수자의 권리를 보호하는 데 보다 우리는 신경을 써야 하며 국가 권력이 언제나 당연한 것이 아니므로 사회 변화를 요구하는 데 소극적이어서는 안 될 것이다.

아직 우리 사회는 더 많은 사회운동가를 요구하고 있다. 어떻게 해야 그들이 좋은 사회운동가가 되어 분쟁이 있는 곳에 조정자가 되고 시민과 함께 소통하고 공감하는 대안을 만들어 나갈지는 모른다. 하지만 사회운동가들이 사회와 국가에 대해 지속적으로 더 나은 세상을 요구할 때 결국 모든 답은 인권에 있음을 잊어서는 안 된다.

위례시민연대, 인권과 세상, 2019. 8. 2.

우리의 조상과 사료를 대하는 자세를 성찰하며

　남양주 광해군 묘는 영락교회 공원묘지 철조망을 밀고 들어가면 묘의 후면이 나온다. 명당은커녕 뜬금없이 산 중턱 옆구리에 봉분한 묘는 비석도 깨어지고 어쩐지 왕릉이라고 하기에는 마음이 불편하다.
　우리가 역사를 대하는 방법, 우리가 조상과 사료를 대하는 방법이 고스란히 느껴지는 것 같아 마음이 아프다.
　연산군묘는 공원이라도 조성이 되어 있는데 이와 같은 보존은 어쩐지 마음이 처연해진다. 왕릉은 어쨌거나 보존되기도 하지만 사대부의 묘비는 문중에서 대부분 팔아 버리기도 해서 역사의 연구가 거의 불가능하다.
　「문화재보호법」상 등록문화재의 등록 기준은 지정문화재가 아닌 문화재 중 건설·제작·형성된 후 50년 이상이 지난 것으로 ① 역사, 문화, 예술, 사회, 경제, 종교, 생활 등 각 분야에서 기념이 되거나 상징적 가치가 있는 것 ② 지역의 역사·문화적 배경이 되고 있으며, 그 가치가 일반에 널리 알려진 것 ③ 기술 발전 또는 예술적 사조 등 그 시대를 반영하거나 이해하는 데에 중요한 가치를 지니고 있는 것이어야 한다. (「문화재보호법」 제53조) 광해군묘는 「문화재보호법」 제13조 및 경기도 문화재보호조례 제5조에 의거 남양주시 소재 국가지정문화재 사적 8개소인 광릉·휘경원, 사릉·광해군묘·성묘·안빈묘, 순강원, 영빈묘를 남양주시가 보존하고 있어야 한다. 심지어 진건읍 송릉리에 있는 임해군묘는 지도에는 나오지만 표지판조차도 없어 찾을 수 없다.

광해군은 후금에 조선군 파병의 불가피성을 설득하여 양해를 구하고 명의 추가 파병 요구에도 적절히 대응하는 등 중립외교를 통해 나라를 지키고자 하였다. 그러나 서인이 만들어 준 남양주의 광해군묘는 더없이 초라하기만 하다.

최근 미국과 중국 사이에서 양다리 외교를 펼치는 일본에 비해 우리 기업을 보호하고자 하는 어떤 노력도 정부가 내놓지 않는 모습을 볼 때나 승차 공유 타다와 택시가 정면충돌하는데도 중재자 역할을 하지 않는 정부를 볼 때면 파도에 대항하지 않고 파도를 타고자 했던 광해군의 중립외교가 그립다.

부디 연구와 후손을 위하여 문화재 보존의 역할만큼은 정부가 게을리하지 않기를 남양주시가 광해군묘와 임해군묘 등을 보다 잘 관리해 주길 바란다. 1가족 1문화재 지키기 운동도 지속적으로 확대되어 자기 주거지역과 가까운 문화재를 기억하고 후손들에게 잘 물려주게 되기를 기대한다.

위례시민연대, 뉴스레터 3호, 2020. 3. 2.

교육복지사업 종사자들의 처우를 개선하라

    위례시민연대는 현재 강동교육복지센터를 위탁 운영하고 있다. 교육복지센터는 「초중등교육법」 제28조 "학습부진아 등에 대한 교육 및 시책" 규정을 근거로 하여 1997년에 제정된 법으로서 학습부진아동의 학습능력 향상을 통하여 학교 교육의 목적을 달성할 수 있도록 시행되고 있다. 학습부진아는 법적으로 "1. 성격장애나 지적(知的) 기능의 저하 등으로 인하여 학습에 제약을 받는 학생 중 「장애인 등에 대한 특수교육법」 제15조에 따른 학습장애를 지닌 특수교육대상자로 선정되지 아니한 학생 2. 학업 중단 학생"을 의미한다.

    「초중등교육법」 시행령 제54조 제2항에서는 "학교의 장은 학습부진아 등에 대하여 교육감이 정하는 수업일수의 범위에서 체험학습 등 필요한 교육을 실시하거나 교육감이 적합하다고 인정하는 교육기관 등에 위탁하여 교육을 실시할 수 있다."라고 규정하고 있고 서울특별시교육청 교육복지 민관협력 활성화 조례 제6조에 '지역교육복지센터'라는 근거를 통해 위탁교육이 실시되고 있다.

    현재 교육복지센터의 직원들은 주 5일 상근하도록 되어 있고 출강 등을 하고자 할 때에도 위탁법인의 장에게 허락을 구하여야 하는 등 엄격하게 통제되고 있으며 센터직원 대부분이 사회복지사 자격증을 가지고 있으며 하고 있는 업무도 '학교 적응능력 향상', '학생정서지원', '가족역량강화'와 같은 복지사업을 수행하고 있다.

그럼에도 불구하고 교육복지센터의 인건비는 사업비의 76%를 넘을 수 없다고 서울특별시 교육청 지침이 내려오고 있어 최저임금에 준하는 수준의 인건비를 받고 있으며, 2019년도에는 동결되었고 2020년도에는 최저임금 2.87% 인상률이 적용되었으나 「사회복지사업법」상 2020년 사회복지시설 종사자인 사회복지사 인건비 가이드라인의 70% 정도에 불과한 임금을 받고 있다.

그러나 서울시교육청은 교육복지사업 종사자들의 인권의 견지 측면에서 동일한 노동의 질을 제공할 뿐 아니라 대부분 사회복지사들이 근무하는 교육복지센터의 인건비 상향 조정을 검토하여야 하며 이에 대한 조속한 입법 개정이 요구된다.

첫째, 교육부는 「초중등교육법」 시행령 제54조에 '지역교육복지센터' 규정을 명문화해야 한다.

둘째, 보건복지부장관은 「사회복지사 등의 처우 및 지위 향상을 위한 법률」 시행령 제2조 제4호와 「사회복지사업법」 시행령 제1조의2 제5호에 「초중등교육법」 시행령 제54조에 근거한 지역교육복지센터를 추가해야 한다.

어디까지나 교육복지사업은 배우는 사람과 가르치는 사람 모두 존중과 배려를 기반으로 기획되지 않고 누군가의 희생으로만 유지되어야 한다면 동법의 입법 목적은 달성되지 않는다.

교육복지센터 종사자들이 주 5일 상근을 하고 사회복지사 자격증을 가지고 교육복지 업무를 하면서 동일노동 동일임금의 법칙의 예외가 되어 무의미하고 불필요한 고통을 겪지 않도록 교육부와 보건복지부는 조속한 입법 개정을 촉구한다.

위례시민연대, 뉴스레터 4호, 2020. 4. 1.

클래식 분야도 문화예술진흥정책이 필요하다

　2017년 1월 3일 오후 8시 잠실 롯데콘서트홀은 쇼팽국제피아노콩쿠르 우승 후 첫 콘서트를 여는 피아니스트 조성진을 보기 위한 사람들로 북적였다.

　조성진은 2015년 10월, 제17회 쇼팽 국제피아노콩쿠르 우승으로 세계의 주목을 받은 피아니스트로 성장했으며 그가 롯데콘서트홀에서 사람들을 피아노 앞에 앉혀 숨죽이게 하는 나이가 당시 겨우 23살이라니 경탄하지 않을 수 없다. 1994년 서울에서 태어난 조성진은 6세부터 피아노를 배웠으며 2009년 11월 제7회 일본 하바마쓰 국제피아노콩쿠르 우승 당시 콩쿠르 역사상 가장 어린 나이의 우승자였다.

　이날 조성진은 '베르크 피아노 소나타 b장조 Op.1'과 '슈베르트 피아노소나타 19번 c장조 D.958'을 1부의 레퍼토리로 선택했고 2부는 '쇼팽의 발라드 No.1-4'를 레퍼토리로 선택했다.

　이어 1월 4일에는 1부의 레퍼토리는 같지만 2부에서 24개의 '전주곡(Preludes) Op.28'을 연주한다.

　1월 3일 공연의 앵콜은 첫 번째로 드뷔시의 'clair de lune', 두 번째로 브람스 '헝가리 무곡 1번'을 연주하였고 조성진은 이어 45분의 사인회를 가졌다.

　2012년부터 조성진은 파리에 거주하고 있다. 우리는 이 점을 주목할 필요가 있다. 모든 예술인은 교류와 소통 및 숙련의 장소로 프랑스를 많이 택하고 있다.

이는 조성진이 서울 태생임에도 불구하고 훌륭한 예술가가 되면 국내에 머물지 않는 이유에 대해 생각해 볼 부분이라고 생각한다. 그동안 클래식은 문화예술진흥정책의 밖에 있는 것으로 인식되어 왔다. 클래식을 하는 사람들은 부자들이고 사치스러운 예술 장르라는 TV 등에서 보여준 오래된 이미지로 인하여 항상 문화지원 밖에 있는 것으로 생각되었던 것이다.

「문화예술진흥법」은 문화예술 중 하나로 음악을 인정하고 있고(법 제2조 제1항 제1호) 문화산업은 문화예술의 창작물 또는 문화예술 용품을 산업 수단에 의하여 기획, 제작, 공연, 전시, 판매하는 것을 업으로 하고 있지만(법 제2조 제1항 제2호) 클래식은 실제 문화예술시책에서도 문화산업시책 마련의 대상에서도 아예 논외로 되어 있다.

대표적인 것이 공연계의 제작지원 사업인 방방곡곡 사업에서 클래식 공모지원 사업은 찾아보기 힘들며, 다른 분야는 계약서의 모델이 되는 표준계약서 논의가 활발하여 시장의 지배력으로 오는 일방적 지위 남용을 최소화하기 위해 노력하고 문화체육관광부 고시의 대상으로 활용하고 있지만 아티스트와 공연 제작자, 극장과 투자자, 소비자와의 약관에 이르기까지 클래식 산업계가 가져다 쓸 수 있는 표준계약서는 존재하지 않아 각자도생해 왔다.

국가와 지방자치단체는 문화예술 진흥에 관한 시책을 강구하고, 국민의 문화예술 활동을 권장, 보호, 육성하기 위해 필요한 재원을 적극 마련해야 하며(법 제3조 제1항) 이 시책을 마련하면 문화예술 기관 및 단체의 의견을 청취하게 되어 있지만 클래식계는 대표성을 가졌다고 볼 수 있는 단체조차 마련되어 있지 않아 그동안 문화예술 진흥에 관한 시책에 업계의 목소리를 전혀 반영하지 못하였다. 그에 따라 「문화예술진흥법」상 문화예술진흥기금을 신청, 활용하지도 못하였다.

클래식은 전 세계에서 사랑받는 보편적인 문화예술 음악 장르이며 연주자와 가창자의 높은 숙련도가 요구되는 분야라는 점에서 존중받고 이에 맞는 장기적인 교육과 유통지원 시책이 마련되어야 한다.

우선 클래식 친화력을 높이기 위한 청중 저변의 확대를 위한 음악평론가 양성 및 연주자 양성과 지원 등을 해야 하며 모든 고전음악에 관한 문제를 문화재단과 부자들의 사치로 여기고 안정적인 공급에 대해 국가가 아예 관심을 가지지 않았던 부분을 다시 생각해 보아야 한다. 그러한 가운데 연습실 부족과 음악평론인들과의 교류 및 전문적인 계약 지원, 다양한 비평의 목마름 등 예술가가 성장할 수 있는 곳으로 인정받지 못한 우리나라는 훌륭한 음악가들을 양성했음에도 불구하고 그들이 스스로 국적을 바꾸고 국내 에이전시가 아닌 해외 에이전시 소속으로 국내에서 연주하여야 했다.

클래식 공연은 수많은 사람의 인적 노무를 담보하기 때문에 계약의 완벽한 이행이 되는 부분은 기적에 오히려 가깝다. 그럼에도 불구하고 아티스트나 극장과 재단에 상대적으로 열위적 지위에 있는 공연 제작자는 공연계의 위험분산장치인 표준계약서, 보험, 공연 제작자 단체와 같은 최소한의 장치도 없이 계약의 교섭에 나서 왔다. 특히 해당 업계가 좁은 관계로 신뢰나 호감으로 공연 제작자들 대부분은 스스로 그러한 위험을 개인적으로 감당하여 왔다.

이는 다양한 클래식 공연, 친화력 높은 많은 클래식 공연이 쏟아지기 어려운 환경을 가져왔다. 그러므로 이러한 국가의 불개입은 장기적으로 클래식 분야의 생산성과 수요를 담보하지 못하기 때문에 법과 정책이 선도하고 업계가 스스로 안전장치를 모색하는 노력이 공존하여 클래식 공연이 일상으로 들어올 수 있고 훌륭한 아티스트를 국내에 언제든지 제공할 수 있는 토양과 질서를 정착시켜야 한다.

한류는 드라마와 K-pop으로만 한정되는 것이 아니다. 국내 매니지먼트 회사와 에이전시들을 피아니스트 김선욱 씨의 소속사 아스코나스 홀트와 같은 훌륭한 매니지먼트 회사로 만들 수 있도록 국가가 지원하지 않는다면 기량 높은 한국인 연주자들은 조국을 등질 수밖에 없다. 그러므로 국적이 한국인인 세계적 예술가를 많이 보유한 진정한 한류로 거듭나기 위해서 지금이라도 국가와 지방자치단체가 클래식 분야 예술인 지원체계를 검토하여야 한다. 그런 점에서 2017년 조성진 신드롬은 미래를 담보할 수 없는 그저 한국의 행운에 불과하였다는 점을 기억해야 한다. 음악은 사람들을 하나로 만들고 언어보다도 더 강력한 연대감을 준다.

그 음악의 장르가 대중음악이든 클래식이든 국가는 클래식은 부자들의 음악이라고 생각하는 선입견을 버리고 공연 산업의 국제적 수출을 위한 법적 지원체계와 프로그램 보편화, 다양한 예술 분야의 수용정책 방향 등을 되돌아보아야 할 때이다.

코로나19는 생각보다 금방 끝날 것 같지 않다. 이제 우리 위대한 시민, 위례시민연대의 회원들이 모여 지역사회의 약자들, 코로나19와 같은 긴급 상황이 단기적, 장기적 발생 시 아동과 장애인, 요양자들의 돌봄을 어떻게 지원하고 대응할지 우리 지역 모두의 문제로 인식하고 함께 토론과 협의를 하여 방향을 찾아야 할 것이다.

2017년 1월 4일, 조성진은 쇼팽도 살아생전 한 번에 전곡을 연주하지 않았던 프렐류드 24곡을 한 호흡으로 연주하였다. 이러한 세계적인 도전은 수많은 음악평론의 관심을 받고 음악영재들이 다양한 해석 속에 공부하는 시간이 되어야 마땅하다. 조성진의 한 호흡 안에 캐릭터나 컬러를 바꾸는 24색의 쇼팽의 프렐류드를 들으며 향후 제2의 조성진, 제3의 조성진이 나오기 위하여 우리가 미래를 위한 적절한 정책 투자와 지원을 하고 있는지 생각했던 것은 과연 나뿐이었을까.

위례시민연대, 뉴스레터 5호, 2020. 4. 29.

장애인 고용을 위한 나눔 챌린지

지난 7월 31일 12시 비영리사회복지법인 함께하는재단 굿윌스토어(이사장 장형옥)와 21세기 사회발전 연구소(소장 이보규)는 장애인 인식 개선과 나눔 실천을 위한 '나눔 챌린지'를 실시하였다.

이번 챌린지는 함께하는재단이 주관하는 행사로 사회 저명인사들이 나눔을 몸소 실천함으로써 더 많은 사람들이 발달장애인 고용 1위 기업인 굿윌스토어에 물건을 기증하고 사회 내 발달장애인에게 관심을 가져 주기 바라는 마음에서 시작되었다.

먼저 이보규 소장은 다운사이징 모임에 참석했던 페이스북 친구들에게 오랫동안 소장해 왔던 귀중품을 굿윌스토어에 기증하자 이어 지승룡 목사는 역사적 가치가 높은 『한강사』, 김태승 교수는 명품 도자기, 김종회 교수는 88 올림픽 기념품, 홍성만 굿윌스토어 상임고문은 옥돌 골동품, 김동호 은송 작은 도서관 대표는 『서울시 600년사』 전집과 『서울시 전통문화』 전집, 권선복 행복 에너지 출판사 대표는 『세계대백과사전』 15권과 예수님의 「최후의 만찬」을 그린 자수형 대형 액자와 도자기 한 점을 굿윌스토어에 기증하였다.

행사를 주관한 함께하는재단은 기증받은 귀중품을 문정동 가든파이브 웍스동 지하 1층 '나눔스퀘어'에 전시하여 판매하고 있다.

'나눔스퀘어'는 기업이 기증한 기증품 전문 매장으로서 각 기업에서 기증한 물품을 판매하여 수익금을 창출하는 곳이다. 수입금은 장지동 문현중학교 후문 앞에 있는 함께하는재단 굿윌스토어 본점과 석촌역 4번 출구 80미터 지점에 있는 송파점 등 지점에서 근무하는 소속 발달장애인들의 급여로 제공되고 있다.

최근 코로나19 등 기증 물품이 현저하게 줄어들고 영업 부진이 심각하여 많은 굿윌스토어가 폐점하였으나 장형옥 이사장은 이번 행사로 발달장애인에 대한 인식 개선과 나눔 실천을 위한 '기증 문화' 확산의 계기가 되어 소외되기 쉬운 장애인들에게 희망과 용기를 북돋아 주고, 함께 어울려 사는 사회가 되기를 바란다고 말했다.

다음번 '나눔 챌린지' 주자는 김일성 사망을 세계적으로 가장 정확하게 예언한 장편소설 '불바다'의 저자인 노수민 작가이다. 최근 화제작인 제주 4.3사건을 다룬 장편소설 『함성 그리고 남은 자의 통곡』의 저자라고 함께하는 재단은 밝혔다.

발달장애인 고용을 유지하고 발달장애인의 가족들에게 힘이 되기 위해 노력하고 있는 함께하는 재단 굿윌스토어는 기증품이 장애인생산용품이 아니기 때문에 우선구매대상도 아니라서 여러 지원대상도 아니고 「장애인고용촉진법」상 발달장애인을 다수 고용하고 있음에도 높은 임대료와 장애인 고용 기업의 어려움을 그대로 가지고 있어서 약자들과 사는 삶은 얼마나 많은 희생이 따르는지 몸소 보여 주고 있다.

향후 정부는 「발달장애인 권리 보장 및 지원에 관한 법률」에 근거한 발달장애인 근로자가 대다수인 기업의 조세적 지원과 「장애인고용촉진법」상 장애인우선고용기업에 대한 지원을 통해 일반 기업의 어려움보다 몇십 배나 더 어려운 장애인 기업의 고충을 경청하고 이에 대응해 주길 기대한다. 발달장애인에게 일자리를 제공하는 함께하는 재단 홈페이지

(www.16449191.com)를 참고하고 기증 및 후원물품 신청은 국번 없이 1644-9191로 문의하면 된다.

최근 경기도 서철모 화성시장이 "장애인을 국가가 왜 돌봐야 하는가 가족이 돌보면 된다."라고 하고 장애인이 시청에 들어오지 못하게 하려고 엘리베이터를 정지시키는 등 몰지각한 모습을 보이며 장애인에게는 목숨과도 같은 활동지원 시간을 대폭 삭감하겠다고 하였다.

그 나라의 복지제도는 미래를 위한 적립이다. 다 함께 사는 소중함을 이해하지 못하게 할 때 계몽된 시민의 힘이 공직자를 제대로 가르쳐야 하며 그러기 위해서는 시민도 국가에 사회계약으로 모두 위임했으니 손 놓고 있을 것이 아니라 진심과 정성을 다하여 정책에 참여하고 제도의 사각지대에 대해 공직자를 설득하여 예산과 정책을 만들어 내게 하여야 할 것이다.

위례시민연대, 뉴스레터 6호, 2020. 8. 12.

코로나19로 무너진 돌봄에 대한 사회적 관심이 필요하다

나에게는 자폐성 장애라는 개성을 가진 눈에 넣어도 안 아픈 아들이 있다. 아들의 장애가 발견되기 전까지 나는 공공기관의 박사로, 집에서는 큰며느리와 큰딸과 아내로 역할을 다하는 슈퍼우먼으로 육아와 일을 완벽히 해낼 수 있었다. 그러나 아들의 장애는 요즘 겪는 코로나19와 같이 그전에 경험해 본 적이 없는 일이었고 어린이집 어디에서도 내 아들을 받아 주겠다는 곳이 없어 결국 사표를 냈다.

여느 여자들처럼 엄마라는 직업이 가장 중요하다는 생각에 육아만 하고자 하였으나 나의 지식을 아깝게 여겨 주는 선배들의 끊임없는 돌봄으로 나는 계속하여 쉬지 않고 대학과 협회, 단체 등에 서서 강의를 하였으며, 또한 나에게는 친정과도 같은 문화체육관광부의 각 부서에서 자문 일거리를 계속 주셔서 경단녀가 되지 않고 재택을 통해 강의와 연구를 하며 장애가 있는 아들의 치료에 전념할 수 있었다.

그러면서 한편으로는 아들도 잘 살 수 있는 세상을 생각하며 지역장애인단체에서 사무국장 일을 하기도 하고 지역사회 사람들과 친해져야겠다고 생각하여 여러 시민단체에서 봉사 일을 하였다.

그러다가 2017년에 한 공공기관이 연구일을 주면서 기존대로 대학의 산학협력단과 계약을 하여 자문을 맡기지 않고 나에게 직접 자문을 맡기고 싶다면서 별도로 개인사업자를 잠깐 내서 자신과 계약하기를 권유했고 나는 당해 연구의 흐름을 잘 알고 있는 사람이 나밖에 없었기 때문에 책임감을 느껴 해당 사업을 마무리 짓기 위해 당해 연구만 하고 바로 폐업하고자 하는 작은 연구소를 냈다.

그러나 당해 연구용역이 끝나면서부터 연구소 소장이라는 이름을 원하는 많은 예술과 기술 관련 협회와 단체들의 친구가 되어 그들의 고충을 듣고 때로는 강연을 하고, 때로는 원고 작성을 해 주기 시작했다.

친절함에 목말라 있는 예술과 기술 관련 협회와 단체들, 예술가들, 학생들 사이에서 때로는 아무런 대가 없이 플랫폼이 되어 주기도 하고 그들의 엄마처럼 욕먹는 총받이와 침받이가 될 수 있었고 그러한 산업계의 추천으로 많은 위원회의 위원으로 활동하게 되었다.

하지만 내가 그러한 사회적 활동이 가능했던 것은 모두 우리나라의 복지정책으로 인한 것이었다.

비록 어린이집은 제대로 다녀 보지 못했지만 송파구 내의 특수학교 유치원에 입학하여 초등학교 6학년이 된 지금까지 학교에 돌봄서비스가 존재하였기 때문이다. 또한 돌봄서비스가 공백이 생기는 경우에는 국가가 활동지원서비스를 제공하여 일정한 나의 바우처 생성 자비부담을 하면 국가가 교육시킨 활동지원사가 나의 자녀를 장애인복지관에 데리고 가서 보살펴 주었다.

게다가 어렸을 때는 언어를 사용하지 못하며 자신의 세계에만 빠져 있는 자녀를 위해 모든 위험을 제거하는 등 부모가 할 일이 많았으나 일정 수준 올라오니 이제는 사회가 학습터가 되어 복지서비스들을 제공해 주었던 것이다.

테레사 수녀님의 "나는 내가 할 수 있는 일을 하고 당신은 당신이 할 수 있는 일을 하시면 됩니다. 그러면 우리는 모든 것을 할 수 있을 겁니다."

라는 말씀처럼 내가 국가위원 일과 수많은 사람들을 자문하고 지원해 주러 다니는 사이에 나의 자녀는 사회가 따뜻하게 돌봐 주었던 것이다.

그런데 코로나19가 찾아왔다. 환영할 만한 손님은 아니지만 우리가 보아 온 폭력적인 전쟁과 같은 가시성은 적어서 코로나19의 위기는 일반인으로서는 크게 공감되지 않았다.

그러나 코로나19로 인해 약자들에게 불어닥친 바람은 너무나 매서웠다. 학교가 무너졌다. 학원도 무너지고 지역사회의 모든 문화프로그램이 건전지 뺀 벽시계처럼 잠들었고 생기를 잃어 갔다.

아들의 학교는 코로나19 접촉의 접촉자만 있으면 돌봄서비스를 중지하고 있고 장애인복지관 역시 서비스를 중지한 지 오래다. 심지어 활동지원서비스를 제공하는 분도 코로나19로 인하여 서비스를 제공하기 어렵다고 당일 통지하면 그날은 자녀의 돌봄에 공백이 생긴다.

그러나 이에 반해 코로나19로 나는 관련 자문이 증가하고 모든 강연을 비대면으로 준비해야 하기 때문에 연구의 양과 모든 내용들을 준비하는 일이 예전보다 2배 이상 증가하였다.

집에는 돌봄의 공백이 생겨 버린 장애자녀의 돌봄 공백이 그대로 나에게 전가되었고 일상보다 넘어서는 가중한 업무를 매일매일 버텨 내고 있다.

만일 연구소 업무뿐이라면 폐업 처리하고 자녀를 돌보면 그뿐이라 여길 수도 있다. 그러나 복수의 대학에서 겸임교수로 강의를 제공하고 있고 대통령이 임명해 주신 국가위원 일을 소홀히 하는 것은 세금을 낭비하게 되는 일이 되므로 어느 하나도 대충할 수도 없고 어느 하나도 촉각을 곤두세우지 않으면 안 되었다.

정부도 이런 일을 처음 겪는 것이기에 무너진 돌봄 앞에서 속수무책이지만, 어떤 일이라도 시도하는 것이 복지국가가 아닌가 생각한다. 나의 장애자녀만의 문제는 아니다. 현재 위례시민연대가 위탁 운영하는 강동교육복지센터에서 꿈토링 자원봉사를 하고 있는데 내가 멘토링하는 학교를 가지 않은 학생의 경우, 집에 PC도 없다고 하였고 대부분의 시간을 동네 놀이터나 집에서 게임을 하거나 잠을 잔다고 한다.

  나의 자녀를 비롯하여 수많은 예쁜 아이들과 나의 학생들의 고통을 바라보면서 코로나19는 어른들의 과오와 우리 자녀들과 약자들의 희생을 바꾼 것이라고 생각했다.

위례시민연대, 뉴스레터 7호, 2020. 9. 9.

국가 연구사업비가 제대로 쓰일 수 있도록
국민의 관심이 필요하다

똑똑한 1인이 이끄는 사회보다는 다수의 일반인이 책임질 수 있는 미래를 만들어야 한다. 국가가 연구개발에 힘써서 미래를 담보하고자 하는 노력을 지속하여야 마땅하다. 그러나 일부 연구자가 대부분의 연구를 독식하는 것은 다양한 소리를 들을 수 없게 되는 것을 의미한다. 그러한 취지에서 「국가연구개발사업의 관리 등에 관한 규정」 제32조에 따르면 3책 5공 제도가 있다.

3책 5공이란 개인이 참여연구원으로서 국가연구개발사업에 동시에 참여할 수 있는 수를 제한하는 제도를 말한다. 개인은 연구를 참여하면서 총 5개를 넘으면 안 되며, 이 중 연구책임자로는 총 3개까지 동시에 참여할 수 있다는 의미이다. 사실 이것도 오직 연구만 하는 자에게는 가능할 수 있지만 학교에서 학생들을 가르치는 일과 겸업하기란 쉽지 않으며 그러한 겸업을 하는 자에게는 더욱 수를 적게 하여야 한다. 비록 그것이 산학이라는 이름으로 연구생들의 실무에 대한 감각을 키우는 연구라고 하더라도 너무나 과도한 숫자이다.

그럼에도 불구하고 실제는 더 많은 연구를 할 수 있도록 3책 5공의 원칙을 열어 두었다. 즉, 단서조항에는 다음에 해당하는 과제는 동시에 참여할 수 있는 과제에 포함시키지 않는다. "1. 사업 신청 마감일로부터 6개월 이내 종료되는 과제 2. 사전조사, 기획·평가연구 또는 시험·검사·분석에 관한 과제 3. 세부과제의 조정 및 관리를 목적으로 하는 과제 4. 중소기업과 비영리기관만의 공동기술개발 과제로서 해당 연도 정부출연금이 3억원 이하인 과제(비영리기관 소속 연구자의 연구개발과제 수 계산에 대해서만 적용) 5. 과학기술정보통신부장관이 관계 중앙행정기관의 장과 협의하여 별도로 정하는 금액 이하의 소규모 연구개발과제"가 그것이다. 개정 전에는 "1. 사업 신청 마감일로부터 4개월 이내 종료되는 과제 2. 사전조사, 기획·평가연구 또는 시험·검사·분석에 관한 과제 3. 세부과제의 조정 및 관리를 목적으로 하는 과제(총괄 세부과제 형태의 사업에서 총괄과제) 4. 중소기업과 비영리기관만의 공동기술개발 과제로서 해당 연도 정부출연금이 3억원 이하인 과제(비영리기관 소속 참여연구원의 연구개발과제 수 계산에 대해서만 적용) 5. 세부과제로 나누어지지 않는 연구개발과제로서 해당 연도 정부출연금액이 5천만원 이하인 과제"였던 것을 한 연구자가 동시에 참여할 수 있는 연구 수를 확대하는 방안으로 대통령령으로 개정한 것이다.

국가공무원 입장에서는 과제를 독점하는 몇 안 되는 교수만을 관리하면 사업을 수행할 수 있으니 편리한 점이 있을지 모르지만, 국민의 입장에는 다양한 학자들에게 기회를 주는 것을 막는 동 규정이 그리 탐탁하지는 않다.

국가가 국가안보, 공공의 이익이 되는 연구의 투자자가 되어야 한다는 것은 이해하지만 어디까지나 연구자의 연구능력은 선행 연구를 충분히 많이 한 연구자에게 연구비를 지급하여 공익에 도움이 되는 연구를 정책에 반영할 수 있는지가 주류가 되어야 한다.

그런데 좋은 연구가 나오기 위해 연구자와 연구기관을 조사하는 사전조사라는 국가공무원의 직무를 뒤로하고 연구자를 일반 사업자와 동일하게 보고, 나라장터 조달청 입찰을 하게 하는 것은 어쩐지 진정한 의미에서 연구자를 위하는 것 같지도 않고 좋은 연구의 결과가 나올지도 미지수이다.

누구에게나 기회를 열어 두어야 할 것이 있고 일정한 사업은 진정한 좋은 연구가 나오게 하기 위하여 진입장벽이 필요한 부분도 있는데, 이러한 평등적 접근은 연구의 질보다는 했다는 것이 더 중요하다는 공무원 관점의 직무수행이 아닌가 한다.

물론 불량연구가 나오면 제재할 규정이 없는 것은 아니다. 「국가연구개발사업의 관리 등에 관한 규정」 제11조의2에서는 "중앙행정기관의 장은 소관 국가연구개발사업에 참여한 기관, 단체, 기업, 연구책임자·연구원 또는 소속 임직원에 대하여 1. 연구개발의 결과가 극히 불량하여 중앙행정기관이 실시하는 평가에 따라 중단되거나 실패한 연구개발과제로 결정된 경우 2. 정당한 절차 없이 연구개발 내용을 국내외에 누설하거나 유출한 경우 3. 정당한 사유 없이 연구개발과제의 수행을 포기한 경우 4. 정당한 사유 없이 기술료를 납부하지 아니한 경우 4의2. 정당한 사유 없이 사업비 환수금을 납부하지 아니한 경우 5. 연구개발비를 사용 용도 외의 용도로 사용한 경우 6. 정당한 사유 없이 연구개발성과인 지식재산권을 연구책임자나 연구원의 명의로 출원하거나 등록한 경우 7. 거짓이나 그 밖의 부정한 방법으로 연구개발을 신청 또는 수행한 경우 8. 그 밖에 국가연구개발사업을 수행하기 부적합한 경우로서 협약의 규정을 위반한 경우 중 어느 하나에 해당하면 5년(과거에 이미 동일한 참여제한 사유로 다른 국가연구개발사업 과제에서 참여를 제한받은 자에 대하여는 10년)의 범위에서 소관 국가연구개발사업의 참여를 제한할 수 있으며, 이미 출연하거나 보조한 사업비의 전부 또는 일부를 환수할 수 있다. 다만, 제1호 연구개발의 결과가 극히 불량하여 중앙행정기관이 실시하는 평가에 따라 중단되거나 실패한 연구개발과제로 결정된 경우에 해당하는 경우로서 연구개발을 성실하게 수행한 사실이 인정되는 경우에는 참여제한기간과 사업비 환수액을 감면할 수 있다."라고 규정하고 있는 것이다.

또한 이에 대해 국가연구개발사업의 참여를 제한하거나 사업비의 전부 또는 일부를 환수하거나 제재부가금 부과처분을 하거나 한 경우에는 이를 각각 관계 중앙행정기관 및 관련 기관에 통보하고, 국가과학기술종합정보시스템에 해당 사항을 등록·관리하여야 한다.

그리고 참여제한 사항을 통보받은 관계 중앙행정기관의 장은 참여제한 조치를 받은 자에 대하여 국가연구개발사업에 대한 참여를 제한하여야 한다.

최근 조명희 의원실이 발표한 자료에 따르면 2016년부터 올해 8월까지 과기부 연구개발(R&D) 예산 유용·횡령 적발 건수는 155건이며, 환수 결정액은 108억 9천600만 원에 달하는 것으로 나타났다.

그러나 국회에서 법률을 잘못 만들면 누군가 위헌법률심판을 제기하여야 하고, 공무원이 연구과제를 잘 관리하지 못하면 누군가 감사원에게 알려 감사로서 적발하여야 하듯이 그 누군가가 필요하지만 국민들은 연구비와 관련된 것은 연구자들 간의 밥그릇 싸움으로 보고 있고 국가가 무엇을 연구하고 있는지조차 관심이 없어질 때 국가의 연구비는 일부 연구자와 연구기관들에 의해 독점되고 있다.

문제는 국가연구개발사업의 관리 등에 관한 규정은 「과학기술기본법」 제11조, 제11조의2부터 제11조의4까지 및 제16조의2에 따른 국가연구개발사업의 기획·관리·평가 및 활용 등에 필요한 사항을 규정한 것으로 과학기술정보통신부 규정이라는 것이다.

즉, 과학기술정보통신부는 그나마 이런 규정이라도 두고 있으나 18개 정부 부처 중 나머지 17개 정부 부처, 문화체육관광부나 국토교통부 등은 아예 이런 규정조차도 존재하지 않는다.

그러므로 한 연구자가 과학기술정보통신부 사업을 하는 것은 3책 5공에서 잡힐 수 있지만 유관 부처에서 하는 연구는 산출되고 있지 않다. 이에 대해 일단 18개 정부 부처가 서로 같은 DB에 연구비 지원을 승인한 자료에 대해 공유하는 절차가 없고 국가연구비를 받았음에도 예민한 과학기술 관련 내용을 제외하고 모든 자료가 공개하여야 함에도 연구보고서 공개율이 매우 낮아 국민의 세금으로 만든 보고서임에도 국민들과 공유하려고 하지 않고 있다는 것에 그 문제의 심각성이 있다.

그런데 부패나 청렴성의 목적이라며 18개 정부 부처 공무원이 한 부서에서 1년 미만으로 근무하여 가장 중요한 전문성이 없고(그럼에도 불구하고 전문성을 키우는 국가공무원의 해외연수는 너무 많다) 관리자의 수준에 이르는 공무원이 대다수다 보니 위와 같은 시스템조차 갖추어지지 않아 업무 인수인계 중에 누락되는 연구용역보고서가 많으며 이런 것을 손실하고 또다시 해를 달리하여 중복 연구를 함에 대해 죄의식이 없다.

이는 연구비 지원에 대해 기획단계에서부터 정책 실행 전반에 이르기까지 입력할 수 있는 총괄 데이터베이스가 존재하지 않는 것에 기인한 것이며 다양한 연구자의 목소리를 들을 수 있도록 제도적 개선 의지가 절실한 부분이다.

지식재산의 존중의 견지에서 「국가연구개발사업의 관리 등에 관한 규정」 제11조의3은 "국가연구개발사업의 성과는 국가연구개발사업에 참여하는 연구형태와 비중, 연구개발성과의 유형 등을 고려하여 대통령령으로 정하는 바에 따라 연구기관 등의 소유로 한다."라고 규정하고 있다.

또한 단서 규정을 두어 "다만, 중앙행정기관의 장은 1. 국가안보를 위하여 필요한 경우, 2. 연구개발성과를 공공의 이익을 목적으로 활용하기 위하여 필요한 경우, 3. 연구기관 등이 국외에 소재한 경우 4. 그 밖에 연구기관 등이 소유하기에 부적합하다고 인정되는 경우 중 어느 하나에 해당하는 경우에는 국가의 소유로 할 수 있다."라고 하였다.

원칙적으로 국가가 국가안보, 공공의 이익이 되지 않는 연구개발사업에 국민의 세금으로 연구비를 지급하는 것은 부당하며 그 전제를 넘어선 연구를 통해 당해 연구자와 연구기관이 국민의 세금으로 연구개발을 한 뒤 특허권 등 지식재산권의 명의를 그들이 당연시하며 등록하는 것도 합리적인 것인지 생각해 볼 필요가 있다. 물론 연구에 신규성이 있고 그에 대해 연구자와 연구기관이 창작자 원칙에 의해 권리를 최초로 가질 수는 있지만 국가가 일정 기간 재산권을 양도받아 기업들에게 활용할 수 있게 하는 등 당연활용 규정 등이 포함되어야 국민세금의 투자를 받은 이유가 성립하는 것이다.

중복연구나 불량연구, 심지어 특정 연구자나 연구기관만을 배불려 주는 연구비 지원에 대한 체계 없이 국민의 생존과 관련된 복지와 안전 예산을 절감하는 것은 다시 한번 생각해 보길 바란다. 오늘의 국민이 없으면 내일의 국민도 없다. 이미 운용하는 세금이 어디서 새는지 법과 시스템의 체계를 갖추지도 않고 이를 시민들이 인지할 수도 없게 연구보고서 공개율을 이렇게 낮추어 놓은 뒤 재정이 어렵다는 이유로 사회적 안전망 대상 약자의 복지와 안전 예산을 만들지 않는 것은 이해할 수 없다.

위례시민연대 위대한 시민들이 스스로 학습자가 되어 국가공무원들이 알아서 하겠지 하며 그동안 미루어 놓은 국가행정에 대해 의식을 가지고, 조금씩 자신이 관심 있는 분야에 대해 관심을 가지고 검토하며 문제를 제기하여야 한다. 우리가 무언가 하지 않는 한 우리의 문제는 그대로 미래 세대에게 떠넘겨질 것이고 그사이 예산의 부정 사용과 횡령은 계속될 것이기 때문이다.

위례시민연대, 뉴스레터 8호, 2020. 9. 24.

발달장애인 고용 촉진과 고용 보호를 위한 법 제정 논의가 필요하다

현재 코로나19로 인하여 발달장애인의 지역돌봄과 고용현장에 심각한 애로사항이 발생하고 있고 그중 발달장애인을 근로자로 우선 고용하는 기업(예: 굿윌스토어 등)의 경영난은 날로 심각해짐에 따라 이에 대한 대책이 필요하다. 발달장애인은 현재 총 24만 명(지적 21.2만 명, 자폐성 2.8만 명)으로 전체 장애인(262만 명)의 9.2%이며, 인지와 의사소통 제약이 있는 심한 장애(종전 1~3급 장애)로 부모 돌봄 부담이 나날이 가중되고 있다.

또한 현재 장애인 고용 중 발달장애인(지적, 자폐성) 고용 작업장 수와 근로자 수, 근로지원인 수는 파악되지 않고 있으며, 상대적으로 시각, 청각 등 다른 장애인의 고용률에 비해 현저히 낮을 것으로 추정된다.

「장애인 고용촉진 및 직업 재활법」 제27조는 "국가와 지방자치단체의 장애인 고용 의무"라는 조문명 아래 "국가와 지방자치단체의 장은 장애인을 소속 공무원 정원에 대하여 1천분의 34비율이상 고용하여야 한다."라고 규정하고 있다.

또한 일반 사업장에 대해서는 제28조에서 "사업주의 장애인 고용 의무" 규정을 두어 상시 50명 이상의 근로자를 고용하는 사업주(건설업에서 근로자 수를 확인하기 곤란한 경우에는 공사 실적액이 고용노동부장관이 정하여 고시하는 금액 이상인 사업주)는 그 근로자의 총수(건설업에서 근로자 수를 확인하기 곤란한 경우에는 대통령령으로 정하는 바에 따라 공사 실적액을 근로자의 총수로 환산한다)의 100분의 5의 범위에서 대통령령으로 정하는 비율(이하 "의무고용률"이라 한다) 이상에 해당(그 수에서 소수점 이하는 버린다)하는 장애인을 고용하여야 한다.

그러나 현재 경증 장애인 위주로 고용하고 있는 것이 현실이고 스스로 결정하고 업무를 수행하는 데 상당한 제약이 따르는 발달장애인은 장애인 고용 대상에 있어서도 배척되고 있는 것이 사실이다.

이러한 장애의 특수성에도 불구하고 현재 발달장애인 보호고용 기업인 굿윌 스토어 등은 사회복지법인 형태로 설립, 운영되고 있고 국가의 별다른 지원을 받지 못하여 지원 사각지대에 있다. 「장애인기업활동 촉진법」상 발달장애인 취업에 대해 장애인기업종합지원센터와 한국장애경제인협회는 발달장애인 고용실태조사 및 대응지원이 현저히 부족할 뿐 아니라 영리기업만을 대상으로 하고 있어 사회복지법인의 장애인 보호고용에 대해서는 적절한 지원을 받지 못하고 있다.

「장애인기업활동 촉진법」 제14조는 영리적인 장애인 기업에 대해 "장애인기업의 창업 촉진, 경영기반 확충 및 구조 고도화 등을 위하여 「조세특례제한법」 또는 「지방세특례제한법」 등 조세 관련 법률에서 정하는 바에 따라 세제상의 지원을 할 수 있다."라고 규정하고 있다. 그러나 장애인을 보호고용하여 이윤을 내는 일은 쉽지 않으며 발달장애인의 특성상 그 과정에서 강압적이거나 강요된 근로환경으로 변질될 우려가 있어 발달장애인 전문기업들은 본 혜택을 포기할 수밖에 없다.

올해 굿윌스토어 등은 나눔굿챌린지 캠페인 등을 통해 발달장애인 기업인식개선 사업을 수행하고 해인예술법연구소, 송파장애인부모연대 등과 발달장애인 전문기업으로서의 그간 노력을 돌아보고 발달장애인 고용촉진과 고용보호를 위한 과제들을 점검하면서 발달장애인 보호고용을 유지하기 위해 안간힘을 써 왔다. 그러나 심각한 경영난으로 인하여 발달장애인 고용을 유지하기 어렵다.

현재 「발달장애인 권리보장 및 지원에 관한 법률」은 보건복지부 소관이나 교육과 관련하여서는 「초중등교육법」과 「평생교육법」, 「장애인 등 특수교육법」은 교육부 소관이고 「장애인기업활동촉진법」에 대해서는 중소벤처기업부, 「장애인고용촉진 및 직업재활법」은 고용노동부로 되어 있어 현재 발달장애인 전문기업의 지원에 대한 관련 법제는 존재하지 않는다.

발달장애인 기업은 대부분 영리 추구가 쉽지 않기 때문에 사회복지법인으로서 고용형태를 유지하는데, 발달장애인 기업의 특수성을 인정하는 기업형태를 신설하여 발달장애인을 고용하고 이를 안정적으로 유지할 수 있도록 법령의 검토와 개선이 촉구된다.

이에 대한 대안으로 〈제1안〉 「발달장애인 권리보장 및 지원에 관한 법률」 지원 특례로 '발달장애인으로만 구성되어 있는 기업의 지원특례'를 두는 방안이 있을 수 있는데 이는 안정적으로 법 통과되기 쉬울 것으로 추정된다. 〈제2안〉 「장애인기업활동 촉진법」 내 '영리를 추구하지 않는 발달장애인으로만 구성된 특수기업' 형태를 두는 방안은 기존 기업지원 혜택을 모두 누릴 수 있는 장점은 있지만 특수기업 형태를 어떻게 정의 내리는지가 상당히 고심될 것으로 보인다. 〈제3안〉 「장애인고용촉진 및 직업재활법」 내 '발달장애인으로만 구성된 근로사업장' 우선 지원 특례를 두는 방안은 발달장애인 고용 촉진 효과가 뚜렷할 것으로 보이지만 다른 장애인과 중복으로 근로하는 작업장의 경우 다른 장애인에게 차별이 될 여지가 있어 신중한 검토가 요구된다.

장애인의 사회화와 동행하는 것은 장애를 넘어서서 그들을 사회 구성원으로서 받아들이려는 시민의 성숙성이 요구된다. 발달장애인 전문기업이 증가하고 그들의 안정적 고용으로 그들도 세금 내는 시민으로 거듭나게 하기 위해 발달장애인 보호고용이 안정적으로 이루어질 때, 학령기와 평생교육 시 발달장애인의 직업교육을 표준화할 수 있고 이를 통한 진정한 사회화가 시작될 수 있을 것으로 보인다.

기업의 경우 장애인 고용을 강요하는 것은 국제사회에서의 경쟁력을 감안하여 대체방안을 찾아야 하나 공공기관과 정부는 국민의 세금을 보다 더 많은 수혜를 위해 쓰는 만큼 장애인 일자리를 넓히려는 노력이 절실하다.

위례시민연대, 뉴스레터 9호, 2020. 10. 21.

감시사회, 당신은 안전한가, 국민 모니터링 제도가 필요하다

폐쇄회로 텔레비전(Closed Circuit Television: CCTV), 블랙박스(본래 항공기에 설치되어 비행 기록을 저장하는 장치임, 자동차 블랙박스는 Dashboard Camera임), 인공위성을 이용한 GPS(Global Positioning System), 주파수를 이용한 전자태그(Radio Frequency Identification: RFID) 시스템 등 코로나19로 인하여 우리는 휴대전화나 신용카드를 이용하는 사람들의 위치와 시간이 수시로 관찰되어 기록되고 있음을 피부로 느끼게 되었다.

감시란 사람들의 행동이나 위치를 관찰하는 것을 말하는데 이러한 상징성으로 주로 논의되는 것은 파놉티콘이다.

파놉티콘은 영국의 공리주의 사상가 제레미 벤담이 제안한 원형 감옥인데 최소한의 감시자가 많은 수감자를 감시할 수 있도록 설계되었다. 최소의 비용으로 최대의 효과를 낼 수 있는 감시와 통제의 방법인 파놉티콘의 개념은 이후 미셸 푸코에 의해 근대국가의 권력작용을 상징적으로 보여 주는 용어로 쓰이기도 했다.

그러나 이제 파놉티콘은 일방적 감시만 가능한 것이 아니라 우리가 페이스북, 인스타그램, 블로그, 유튜브 등으로 스스로 자신의 일상과 상황을 업로드함으로써 거대한 디지털 파놉티콘을 완성시켜 나간다. 조지 오웰의 『1984』는 세계가 오세아니아, 유라시아, 동아시아라는 삼대 강국으로 편성되어 전쟁을 계속하는 가운데 극도로 전체주의적 국가인 오세아니아의 '텔레스크린'이라는 감시 장치와 빅 브라더라는 지도자의 통치를 받는 세계를 그리고 있다. 그 가운데 스미스가 당원의 금지행위인 일기 쓰기를 하게 되고 사랑도 고문 앞에서 배반되고 빅 브라더에게 충성하게 되는 인간의 나약함을 그려 냈다.

감시의 방법으로 모니터링은 대상을 찍어 추적해 나가는 것(개별적이고 구체적인 사람에 대한 감시)을 말하고 서베일런스는 불특정 다수를 정해진 장소에서 관찰하는 것(포괄적이고 전반적으로 감시)을 말한다. 결국 감시의 핵심은 개인을 식별하여 정보를 수집하는 것으로 단순히 관람(watching), 응시(staring), 주시(watching closely) 등이 포함되는 개념이라고 할 수 있다.

이제 우리는 디지털 발자국에서 자유로운 사람이 아무도 없다. 개인정보는 성명, 주민등록번호 및 영상 등을 통하여 개인을 알아볼 수 있는 정보이며 해당 정보만으로는 특정 개인을 알아볼 수 없더라도 다른 정보와 쉽게 결합하여 알아볼 수 있는 정보를 말한다. 이 경우 쉽게 결합할 수 있는지 여부는 다른 정보의 입수 가능성 등 개인을 알아보는 데 소요되는 시간, 비용, 기술 등을 합리적으로 고려하여야 한다. 우리나라는 예민한 개인정보 문제를 해결하기 위해 가명정보(원래의 상태로 복원하기 위한 추가 정보의 사용·결합 없이는 특정 개인을 알아볼 수 없는 정보)라는 개념을 탄생시켰지만 일단 수집된 개인정보는 주거의 자유(「헌법」 제16조), 사생활의 비밀과 자유(「헌법」 제17조), 통신의 비밀(「헌법」 제18조)과 같은 것이 침해되지 않는다고 볼 수 없다. 물론 우리가 보호받아야 할 영역으로서 개인적 정보와 일상적 행동의 비밀은 어디까지인지 논란이 있을 수 있다. 왜냐하면 무엇이 비밀에 속하는지, 비밀의 영역은 객관적

기준에 따라 결정될 수 없기 때문이다.

또한 감시를 통해 침해될 수 있는 기본권으로는 개인정보자기결정권이 있다. 이 권리는 "자신에 관한 정보가 언제 누구에게 어느 범위까지 알려지고 이용되도록 할 것인가?"를 결정하는 것으로 ① 개인정보의 처리에 관한 정보를 제공받을 권리 ② 개인정보의 처리에 관한 동의 여부, 동의 범위 등을 선택하고 결정할 권리 ③ 개인정보의 처리 여부를 확인하고 개인정보에 대하여 열람을 요구할 권리 ④ 개인정보의 처리 정지, 정정, 삭제 및 파기를 요구할 권리를 보장하여야 하는 것을 의미한다.

감시가 특정한 집단에 국한하여 이루어지고 이러한 차등적 감시에 합리적인 이유가 없다면 평등권을 침해하는 차별이 될 때 감시대상이 된 국민은 이를 알아차리기도 어렵고 공공기관 어디에도 도움을 청하기가 어려울 정도로 고립된다. 그리하여 국민 모니터링 제도를 통해 동의 없는 감시가 있었던 경우 이에 대해 함께 논의할 수 있는 법적 근거가 필요하다.

일단 동의 없는 감시의 경우 법률로써 제한하도록 요구하는 법률유보 원칙이 준수되어야 하는데 "공공의 안전과 같은 공익 목적을 실현하는데 감시가 적합한 수단인가?"(적합성 원칙), "감시로 인하여 발생하는 비밀에 관한 기본권에 대한 제한 정도가 최소화되어 있는가?"(필요성 원칙), "감시의 목적과 감시로 제약되는 기본권 사이 균형이 이루어져 있는가?"(비례성 원칙)를 지켜야 한다.

또한 동의받은 감시라고 하더라도 기본권의 포기에 대한 적절한 의사결정 여부를 살펴야 하며 이때 1995년 제46호 EU 지침 제6조 제1항을 살펴보면 동의받은 감시라고 하더라도 ① 공정하고 합법적인 처리 ② 특정되고 명확하며 정당한 목적을 위한 수집, 그와 같은 목적에 부합하지 않는 방식의 처리 금지, 역사적, 통계적, 과학적 목적의 처리는 적절한 보안조치를 조건으로 허용 ③ 수집 및 처리의 목적과 관련하여 적합하고, 중요하며 과도하지 않을 것 ④ 정확성 및 필요한 경우 최신성 유지, 수집, 처리, 삭제 또는 정정과 관련하여 부정확하거나 불완전한 정보에 대한 모든 합리적인 조치 ⑤ 개인정보 수집과 처리의 목적에 필요한 정도를 초과하는 형태의 개인신원확인 금지, 역사적, 통계적, 과학적 이용을 위한 개인정보의 저장에 대한 적절한 보안조치 등이 요구된다.

감시사회, 국민의 모니터링 제도 없이 정부의 감시를 견제할 수 없어 보인다.

위례시민연대, 뉴스레터 10호, 2020. 11. 16.

약자를 향한 우리의 변명은 정말 부끄럽지 않은 것일까

조은성 감독님이 주신 김하연 님의 『운 좋게 살아남았다, 나는』라는 책을 새벽에 천천히 읽어 보면서 인간의 종이 특별하고 우월하다고 주장하는 인간 중심의 세계관에 대해 생각하고, 죽은 고양이들에게 용서를 빌었다.

우리는 우리와 다른 존재를 만나면 불안하고 더 나아가 두려워하고 혐오하기도 한다. 그래서 다수에 속한다는 오만으로 편견을 만들고 그것으로 다수가 단합하기도 한다.

그러면 마음의 안정이 오는지 때로는 행동으로 이어지는 대범함을 보여 주기도 한다.

이 글을 쓰는 오전에도 관악구에서 새끼 고양이 여러 마리의 머리, 다리를 절단해 죽인 엽기적인 사건이 벌어졌다. 어떻게 그럴 수 있을까. 착하고도 연약하고 아름다운 새끼 고양이는 왜 죽어야 했을까. 새끼 고양이 가해자는 평생 고통의 굴레에서 보복받기를 바란다.

고양이는 가장 많은 오해를 받는 동물이다. 성서에 고양이는 나오지 않지만 페르시아의 설화에 보면 루스탐은 도둑 떼로부터 마술사를 구해 주는데 마술사는 그 대가로 "모닥불의 따뜻함과 나른함, 피어오르는 연기에서 나는 냄새, 머리 위에서 반짝반짝 빛나는 별들의 아름다움"을 가진 존재를 드리겠다고 하며 숨을 불어넣자 고양이의 털, 혀, 눈이 되어 예쁜 새끼 고양이 한 마리를 안겨 주었다고 한다(진중권, 『고로 나는 존재하는 고양이』 중에서).

이 아름답고 연약한 동물은 다수에 속하지 않는 약자의 대표성이다. 조은성 감독의 영화 〈나는 고양이로소이다〉는 다수에 속하지 않는 것, 다수의 공감에 들어오지 못하는 것은 언제나 슬프다는 현실을 목 놓아 이야기한다.

다수는 권력을 의미하고 권력을 가진 자의 상대방에 서 있는 자들은 그림자처럼 다수의 눈에 띄지 않으려 숨소리조차 죽이며 살아간다. 그러한 자본주의가 극명하게 살아 있는 대한민국, 문명이 열매라면 문화는 풍토이다. 그리하여 다수에 속하지 않으면 불안해서 견딜 수 없는 이 풍토 위에 소수에 해당하는 길고양이들은 다수의 권리를 위협하는 것도 없는데 그늘 속에서 있는 듯 없는 듯 연명하며 살아간다.

이미 약자의 대표인 노인의 국가 일본이 길고양이와 공존하는 모습을 감독은 담담하게 보여 주며, 우리 대한민국은 약자와 공존하며 살아갈 수 있는 방법을 어떻게 모색할 것인가? 과연 방법 모색을 실패하면 약자는 다수의 이해를 위해 어깨도 펴지 못하고 햇살에 나와서는 살 수 없는가? 우리 대한민국은 그러한 목적을 위해 다수의 양보를 이끌어 낼 의지가 있는가? 라고 반문한다.

조은성 감독의 「나는 고양이로소이다」는 「구구는 고양이다」, 「고양이는 불러도 오지 않는다」, 「고양이의 보은」 등 고양이 픽션 영화를 모두 섭렵한 나에게 고양이는 너무나 매력적인 동물이라는 꿈속에서 깨어나 한국 고양이의 현실은 얼마나 비참한지 그 현주소를 보여 주었다. 하지만 「무현, 두 도시 이야기」 때처럼 조감독은 서정적이고 따뜻한 눈길을 멈추지 않고 세련되게 인간 누구나 가지는 동병상련의 눈물샘과 정책적 제언을 균형적으로 자극해 가는 냉정과 열정 사이의 형평성 있는 연출력을 보여 준다.

　모든 사물은 어떠한 원천에서 생겨나고 그들이 소멸되어야 할 때 그 생겨났던 곳으로 되돌아간다. 왜냐하면 사물들은 시간의 질서에 따라 문명과 풍토 속에서 서로를 보상하기 때문이다.

　우리는 필요 없는 것은 길가로 치우고 결국 쓰레기가 되어 어딘가에서 태워야만 하고 늘 깨끗한 곳에서 깨끗하게 살아가야만 한다는 도시의 강박을 어쩐지 모든 사람들에게 강요하는 나라, 대한민국에 살고 있다.

위례시민연대, 뉴스레터 11호, 2020. 12. 11.

형식적인 배려가 되지 않기 위하여

1. 우리 모두는 약자이지만 그것이 일반화되면 곤란하다

서울의 한 유치원에서 특수 학급을 담당하는 유치원 교사가 6살 아이들의 급식에 정체불명의 액체를 넣어 경찰이 수사를 벌여 보니 모기 기피제에 들어가는 성분인 '디에틸톨루아미드'가 발견되었다. 유치원생에게 선생님은 거역하기 어려운 대상이다. 유치원생들은 급식을 대부분 남기지 않고 먹는다.

경기도 성남에서 노숙인을 위한 무료급식소 '안나의 집'을 운영하는 김하종 신부는 12월 13일 자신의 페이스북에 "오늘은 화가 나고 어이없는 일이 일어나 괴로운 날이다."라고 올리면서 벤츠 한 대가 성당에 와서 할머니, 아주머니가 내리더니 태연히 노숙인들 사이에 끼어들어 도시락을 받아 가자 이를 저지했지만 결국 받아 갔다는 것이었다. 그들은 벤츠를 타는 자신을 노숙인과 동일하게 도시락을 받아야 하는 대상으로 생각했다. 많은 사람들이 자신들이 약자라고 생각하며 현실을 직시하지 못한다.

나는 서울에 있는 대학에 겸임교수이고 작은 연구소를 운영한다. 나는 국가가 주는 연구용역을 해서 이를 납품하여 후배들과 먹고산다. 연구용역이 항상 있는 것도 아니고 항상 제안서를 써서 선정되는 것도 아니지만 관련 분야 지식인으로서 어떻게든 정책에 도움이 되기 위해 노력한다. 작은 보고서를 써서 관련 위원회 의원실에 메일을 보내기도 하고 시민단체와 함께 시민들이 어려움에 처하지 않도록 지식을 공유하는 교육을 하기도 한다.

연구용역을 하거나 대학에 가서 강의를 하는 시간 외에 대부분의 시간에는 내 전문 분야의 무료상담을 해 준다. 무료상담으로 굳이 나를 찾아올 필요 없음에도 서비스를 활용하는 사람들은 항상 그들 자신들이 약자라고 말한다. 내가 보기에는 업계에서 1, 2위를 다투는데도 말이다.

하지만 모든 인간은 돌봄이 필요한 법이다. 사랑은 상대방이 행복해하게 해 주는 것이고 나눔은 돌려받을 생각이 없는 행위이다. 내가 할 수 있는 나눔을 하는 동안 나는 다른 사람의 나눔 위에 서 있음을 깨닫는다.

2. 다른 직업도 많았을 텐데 이 직업을 선택해 주셔서 너무 감사합니다

나 역시 돌봄을 받는다.

특수학교에 다니는 아들을 돌보지 못한 시간의 공백은 보건복지부가 지정해 준 활동지원사가 메꾸어 준다. 활동지원사를 이용하려면 일정한 자부담비를 내야 하는데 결코 적은 금액은 아니지만 아들이 초등학교에 들어갈 때부터 나는 다시 사회생활을 시작했고 활동지원사의 돌봄을 받아 왔다.

코로나19로 인하여 아침 시간은 당연히 학교에 있어야 하는 시간이지만 학교는 운영하지 않는다.

학교 내 돌봄이라는 서비스가 있기는 하지만 학교와 함께 폐쇄되기가 일쑤이고 도시락과 간식을 보내야 하고 4시 30분에서 5시면 모두 찾아

가야 하고 아들도 가고 싶어 하지 않는다.

실제 학교를 운영하지 않음에도 불구하고, 교육부와 보건복지부는 협의를 하지 못해서 활동지원사를 쓸 수 있는 100시간 정도 되는 시간을 오전에 사용할 수 없다. 결국 사용할 수 있는 시간은 학교가 하지 않음에도 불구하고 코로나19 전과 같이 오후 2시 30분, 학교가 끝났다고 볼 수 있는 시간부터이다.

그래서 내가 아침에 저작권보호심의위원회 심의위원으로 사건심의를 가거나 하는 경우에는 활동지원사가 8시부터 와서 아들을 돌봐 주지만 오전 노동은 부정노동으로 노동한 것으로 보지 않는다. 내가 약간의 비용이라도 주려고 하면 규정위반이라고 활동지원사는 냉정히 거절한다. 최저임금시급에 활동지원중개기관에게 일부 중개료도 내야 하는 노동을 부불노동으로 강요하는 셈이다.

나는 주님의 은총을 받은 사람인지 수년 동안 활동지원사를 하는 이분의 이러한 도움을 받아 왔다. 이제는 중학교에 가는 아들의 초등학교 시절을 모두 담당해 준 분이라 그분의 가족과도 매우 절친할 뿐 아니라 늘 마음 불편해하며 사회생활을 하는 나를 안타깝게 여겨 주고 내가 일을 그만둘까 봐 늘 걱정해 준다.

그러나 대부분의 장애인가족은 나처럼 운이 좋지 않다. 그래서 장애인을 돌보는 것을 전담하는 사람은 일을 할 수 없다. 특히 내 아들과 같이 중증장애인의 경우, 활동지원사를 구하기도 어렵다. 중증장애인의 경우 활동지원사를 2명은 붙여 줘야 마땅한 상황이 너무나도 많지만 경증장애인과 동일하게 한 명이 일을 담당하기 때문에 활동지원사는 같은 돈을 받고 일하면서 경증장애인을 선택하여 일하고 싶어 한다.

게다가 활동지원사의 처우는 정말 너무 나쁘다. 장애인의 모든 짜증과 고충을 그대로 받아 주어야 하는 대상임에도 우리 사회는 그들의 상처를 존중해 주는 심리지원서비스 하나 해 주는 것도 인색하다.

나는 운전면허증은 있지만 장롱면허이다. 환경에 대한 공부를 한 이후로 차마 나까지 존재의 부담을 지구에게 주면서 운전하고 싶지는 않았다. 코로나19가 온 뒤 가지 않는 학교를 대신해서 아들을 돌보는 활동지원사에게 돈도 안 주고 힘들게 일하는 것을 최소화하기 위해서 오전에는 모든 일을 하지 않으려고 하고 그래서 장애인콜택시를 타고 아들과 치료를 다닌다.

장애인콜택시를 병원에 세웠고 장애인이 나오는 동안 잠시 대기하는 것인데도 병원은 장애인콜택시 정차를 이해해 주지도 않고 장애인을 항상 태우고 있음에도 장애인 주차를 하는 것조차 눈총을 받는다. 장애인콜택시 운전원은 화장실도 편히 갈 수 없기 때문에 물도 시원하게 마시지 못하고 상동행동을 하는 장애인들을 함께 탄 동승자가 막아 주지 못하면 모든 돌발 상황을 그대로 수용하며 운전해야 한다.

장애인콜택시 운전원을 배려해 주는 톨게이트 지원비도 없고, 주차비를 지원해 주지도 않는다. 그들이 갈 만한 식당과 화장실 안내조차 제공되지 않는다. 약자를 대상으로 하는 직업에서 겪는 고충을 무시하는 것은 우리 사회가 약자를 어떻게 보는가의 관점과 비례한다.

아파트에서 내 아들을 알지도 못하면서 "이이, 으으." 이런 발달장애인이 내는 소리를 내면 "인마! 인사 똑바로 해야지." 하고 엄마인 내가 있는데도 꿀밤을 먹이는 입주민들이 있다. 보통 13세 소년에게는 그런 말과 행동을 하지 못한다.

또한 내 아들이 위협적인 행동을 하지도 않는데 나를 재소자 수감 번호처럼 "1304호 아들 잘 붙잡아."라고 말하며 "장애인 데리고 코로나인

데 어딜 돌아다녀."라고 사람들은 말한다. 나는 장애인 아들을 두었다는 이유로, 내 아들은 장애가 있다는 이유로 그런 대우를 일주일에 2번 이상은 받는다.

우아한 분들이 계시는 국립현대미술관 과천관에 아들을 데리고 갔을 때 역시 아들이 "이이… 으으…" 이런 소리를 내기 전까지는 쳐다보지도 않았는데 장애인이라는 사실을 알자마자 모든 직원이 감상하는 내내 따라다녀서 뭘 제대로 보지도 못하고 쫓기듯이 나왔다. 정말 일반인들의 시선이 원망스러웠다. 아들에게 작품 하나 편히 설명해 줄 수가 없었다. 어딜 가나 아들과 다닐 때는 반사적으로 굽신거리게 되고 어떤 장소에 오래 머물러 본 적이 없다. 그렇게 장애인과 장애인가족은 쉴 곳이 없다.

방문으로 장애인정보화교육을 하는 선생님께서 일반인보다도 내 아들이 집중력이 더 좋다고 칭찬한다. 하지만 그런 칭찬은 어색하다.

내가 보기에도 장애인이라는 약점은 우리가 만들어 학습하고 있는 한심한 편견에 지나지 않는다. 내 아들은 집안에서는 누구보다 청소도 잘하고 단 한 번도 엄마의 제안을 거부하지 않은 선하고 손재주가 뛰어난 아들이다. 심지어 언어가 원활하지 못해 단 한 번도 누구를 해하는 말을 한 적도 거짓말을 한 적도 없는 천사와 같은 청소년이다. 대다수의 무관심하면서 무시하는 대중들, 침묵하지 않고 괴롭히는 악마 같은 사람들도 있지만 나는 아들의 활동지원사 같은 천사 같은 사람도 주변에 있다고 믿는다.

그분이 나를 보살펴 주지 않았다면 오늘의 나는 존재하지 않는다. 장애인부모들 쉬라고 주말이면 성인발달장애인 4명을 자기 차에 태우고 서울랜드를 가고 소풍을 기획하는 그런 친구다. 성인발달장애인 4명 내내 1주일 동안 오직 내 아들의 활동지원사만을 기다리며 하루하루를 보낸

다. 성인발달장애인 친구를 데리고 다니면서 사람들의 눈총을 받아도 대수롭지 않게 여기고 성인발달장애인 친구들 먹고 싶은 것 먹이고 사고 싶은 거 사 주느라 자기는 거의 별이도 없는데 그래도 자기 덕분에 그분들 연로한 부모님들이 목욕도 가고 시장도 편히 보고 그럴 거라고 생각하면 너무 좋다고 말한다.

3. 정말 이 문제를 고민해야 하는 사람들은 누구인가

특수교사는 장애인을 가르치는 선생님이 되기 위해 선택한 직업이다. 물론, 『비켜라 운명아 내가 간다』 같은 선생님은 찾아볼 수도 기대할 수도 없다는 것을 알고 있다.

12월 15일, 전국특수교사노동조합은 3단계에 준하는 조치에 대해 첫째, "특수교육대상학생에게 대면수업을 할 수 있도록 한 조치를 철회하라." 둘째, "특수교육대상학생의 보호자가 과중한 돌봄에 놓이지 않도록 활동보조 등 관련 제도 개선을 통해 적절한 행정 재정적 지원을 하라." 셋째, "특수교육대상학생들의 비대면 원격수업을 지원하기 위한 학습꾸러기 구입 예산과 원격수업자료 및 EBS 프로그램을 제공하라." 넷째, "장애영역별, 연령별 세부적인 안전지침을 현장에 전달하라."라고 국가에 요구했다.

특수교사는 한국에서 지위가 일반교사보다 낮다. 일반학교 특수학급 교사의 처우를 목도하면 통합을 이룰 준비는 대한민국에 존재하지 않는다는 사실을 절감한다. (참고로 외국은 일반학교 교사를 수년간 해서 문제가 없어야 모범택시처럼 특수학급을 운영할 자격을 준다.) 내 아들 역시 병설학교 유치원에서 통합을 시도했으나 특수교사와 일반교사의 어떤 도움도 받지 못했고 항상 일찍 데려가 주기만을 강요받았으며 소풍 한 번 데려가 주지 않았다. 통합은 우리나라에서 불가능하다고 생각한 것은 이 땅의 교사들의 태도를 직시하고서였다.

하지만 장애인을 대상으로 하는 직업 중 가장 양질의 일자리가 특수교사이다. 장애인복지관의 치료사와 사회복지사도, 활동지원사나 장애인 콜택시운전원도 특수교사만큼의 처우만 된다면 더 바랄 것이 없겠다. 그러나 코로나19가 1년이 다 된 지금, 올해 학교가 한 일은 내가 보기엔 아무것도 없다.

장애인가정들이 학교가 정지하여 일도 못 하러 가고 벼랑 끝 위기에 몰려 있는 것을 코앞에서 지켜보았고, 원격수업은 장애인 학생에게 아무 의미 없다는 것을 가장 잘 아는 특수교사노동조합이 대면수업을 하라고 요청하려 하자, 철회하라고 요청하고 자신들이 개별적으로 재가공하고 만들어야 할 수업자료를 요청하는 것을 보고 나는 교육이라는 '보수성' 앞에서 아동과 청소년을 이대로 맡겨야 하는 것인지 고민이 되었다.

특수학교 한 반의 학생은 6명이다. 선생님이 마음만 가진다면 일주일에 한 번씩은 1~2명의 학생들을 등교할 수 있도록 하여 학습을 지도할 수도 있고 부모 돌봄의 가중함을 줄이고 가정의 학부모에게 요청하는 가정 사진으로 보고서를 쓸 필요가 없다. 교권 행사로 인하여 복지관에도 존재하는 CCTV를 특수학교에는 달지도 못하고 있다. 인강학교를 비롯해 교사와 사회복무요원의 장애학생들에 대한 폭력을 아무리 떠들어도 형량은 올라가지도 CCTV에 대한 학교의 허락은 한없이 다른 나라의 이야기이다.

일반학생도 다를 것이 없다. 나는 우리 연대 교육복지센터에서 멘토링 교육봉사를 하고 있다. 덕분에 일반학생들의 코로나19가 닥쳐온 삶을 멘토링 학생을 통하여 엿보았는데 일주일에 1번 가는 학교조차 진정한 의미의 교육은 없었다. 학교폭력을 방지하기 위해 단톡방을 만들지 말라는 주의를 주었을 뿐 원격교육이 없는 나머지 기간에 부모님이 일하러 가면 학생들은 그저 굶었다. 원격수업의 효율성에 대해서 의문이 끝없이 제기되고 있지만, 누구 하나 그런 것을 신경 쓰려 하지 않고 있었다. 문제가 있다고 하면 대안도 제시하라고 할까 봐인지 모두 원격교육에 대해 얘기하는 것을 두려워하고 있었다.

내가 부모 대신 지켜본 원격수업에서 선생님은 학생들에게 "누가 말해 볼까?"라고 하지만 아무도 말하기 싫어했다. 학생들은 자신의 이야기를 적극적으로 모든 학생들이 로그인되어 있는 상태에서 얘기하고 싶어 하지 않았다. 지식을 가르치는 부분도 전혀 통제되지 않았다. 누워서 듣는 학생, 엎드려 있는 학생…. 공부를 위해서인지 학교생활을 배우기 위해서인지 그 어떤 교육의 목표도 이루지 못했다. 게다가 각종 컴퓨터 사용의 부족함은 부모가 없는 친구들과 부모가 계속 지켜보고 돕고 있는 친구 사이에서 뼈저리게 차이가 났다. 숙제는 너무나 많았다. 사람들은 왜 이렇게 운영되어야 하는지 아무도 알지 못했다.

그저 불만을 말할 수 없는 건 내일도 그 학교를 보내야 하고, 선생님을 기피하는 방법이나 학생이 이사를 하는 번거로움과 그것보다 더 두려운 것은 우리나라의 교육은 어딜 가나 똑같다는 것이다. 모든 부모가 원격수업이 효율적이지 않고 부모를 잡는 일이라고 말하면서도 학교에는 어떤 저항도 하지 않았고 공교육은 아무것도 개선되지 못했다.

심지어 학생들이 원활하게 원격수업 장비를 갖추었는지 여부도 확인되지 않았고 아이들은 원격수업의 피로함을 없애려 게임을 하기 위해 PC방으로 몰려들었다.

이 시대 선생님은 어디에 있는가? 우리 교육의 목표는 무엇이고 학교는 선생님의 급여를 위한 곳인가? 아니면 학생들의 유소년·청소년기의 경험과 자립을 위한 곳인가?

4. 약자를 위해 대안을 제시할 전문가는 어디에 있는가?

장애라고 하기만 하면 인권전문가부터 시작해서 온갖 전문가들의 강연이 폭포처럼 쏟아진다. 그래서 이제는 누가 전문가인지 알 수도 없다.

국제포럼에 서울시 관계자가 나와서 장애인 확진자를 돌보는 활동 사진을 보여 주니 K방역이라며 칭찬받았다. 그러나 실제 서비스 작성을 위해서는 홈페이지 신청서를 작성한 후 팩스로 보내라고 한다. 게다가 자신이 얼마나 어려운지 입증해야 하는 장애인 그 누구도 이것을 혼자서 다 해낼 수가 없다. 확진 후 병원이 꽉 차서 5평 남짓한 방에 홀로 남겨진 장애인은 다른 사람의 도움 없이는 화장실은커녕 물 한 모금 마실 수 없음에도 "확진자에겐 활동지원사 지원이 어렵다."라는 답변을 들은 채 목이 말라도 물 한 잔 마실 수 없고 화장실을 가고 싶은 것도 안간힘을 써 버티고 계속 굶었다. 병상 자리가 나 병원에 가면 아예 활동지원사 도움 없이 기저귀를 차고 누워 있어야 한다.

보건복지부는 6월, '장애인 대상 감염병 대응 매뉴얼'을 제작해 '코로나19 지원사례'로 자가격리 중인 장애인을 돌보는 경우 원래의 급여량과 무관하게 24시간 활동지원 급여를 제공하고 돌봄 제공자의 범위를 한시적으로 확대해 가족에 의한 돌봄도 급여를 제공한다고 했다.

그러나 2주 내내 24시간 같이 있어야 하는 것은 한 명의 활동지원사에게 이를 강제하면 근로권 침해를 넘어서 생존권 침해이고 최저시급에 그런 지원을 할 수 있는 활동지원사를 찾는 건 어려운 상황이다.

나는 ○○장애인가족지원센터 솔루션 위원으로 회의가 열렸을 때 항암치료를 받아야 하는데 발달장애인 아들을 맡겠다는 활동지원사가 없어 장애인가족이 돌아가면서 2인 1팀으로 돌보아야만 하고 장애인가족이 장애인을 학대했을 때는 해당 장애인을 빼 올 수 없는 현실, 아버지의 폭력이 있어도 어머니와 성인발달장애인은 함께 보호시설에 입소할 수 없는 획일화된 규정 등 그 어디에도 장애인을 인간으로 이해하고 전문적으로 대책을 세울 수 있는 시스템과 복지전문가는 없었다.

모두가 전문가로 나서지만 전문가는 없는 세상, 그동안 모두 오만해서 전문가를 무시해 온 우리의 자화상이기도 하다. 결국 지난 한 주 동안 약자를 배려하며 묵상 한번 한 적 없으면서 자신은 약자를 잘 이해하는 인간적인 사람이라고 생각하고 있는 것은 아닐까.

어려움에 빠진 사람은 스스로 나올 수가 없다. 누군가가 구조해서 나와야 한다. 그런 때를 위해 지식이 필요하고, 전문가는 그러한 위기에 빛나는 자이며 사회단체는 행동을 결집하고 시스템 구축을 촉구하는 곳이 아닌가!

약자들에게 우리의 세계로 오라고 강요할 것이 아니라 우리가 그들의 세계로 가야 한다는 것을 모르는 것이 안타깝다.

예전에 여명학교 학생들에게 한글을 가르쳐 본 적이 있다. 북한에서 바로 온 친구들과 제3국을 통해 온 친구들의 국어 실력은 상당한 차이가 있었다. 우리는 그들의 단어를 이해할 생각조차 없었다. 다문화가정의 학생들에게 한국어만을 강요하고 우리가 그들의 문화와 언어를 먼저 배울 생각은 없는 것, 그 자체가 우리는 배려가 없다는 사실을 방증한다. 이 땅에 살고 싶은 이에게 다수에 속하는 문화, 한국어를 배우고 한국 역사와 정서만을 강요하는 것이다. 우리가 약자들(소수자분들)의 문화를 공부하기 싫고 이해하고 배우기 어려운 만큼 그들은 더 배우기가 어려운데 적응을 무기로 폭력을 휘두르는 것은 아닌지 우리는 반성해 보아야 한다.

약자에 대한 배려는 우리 미래를 위한 적립이며, 우리는 약자로 시작해 약자로 떠난다는 사실을 절대 잊어서는 안 된다. 또한 약자를 대상으로 하는 전문가의 양성과 권위의 존중은 국가가 최우선 과제로 두고 하여야 할 일이라고 생각한다.

우리는 남의 잣대로 끊임없이 자신을 질책하고 생명의 경외심이라는 절대적 가치를 미처 고려하지 못하며, 필요가 없는 사람이라고 자신을 인식하며 사회적 타살인 자살을 택하는 확률이 높은 대한민국에 살고 있다.

동물을 보면 먹어야 한다는 생각, 동물은 인간을 위해 죽어도 아무렇지도 않다는 생각을 하는 나라, 그런 인식 속에 쌓아 올린 인간은 과연 존엄할까?

함께 공존하는 인간 속에서도 분별없는 분류와 계급으로 끊임없이 분열을 촉진하고 화합을 포기하는 방식으로 자신의 이권과 생존을 지키려는 사람들 속에서 도시는 사막과 같은 삭막함과 야만성을 더해 간다.

한때는 오히려 동물을 신격화하며 생명에 관한 경외심으로 살아가던 시절이 있었다. 스마트폰은 없어도 약한 존재에게 먼저 생명의 기회를 주고 정글의 법칙을 넘어서는 사랑의 법칙을 제안하는 세상이 있었다. 인간이 약하게 태어나 약하게 흙으로 돌아가는 것이 바로 정글의 법칙이 인간의 법칙이 아니라 사랑의 법칙이 인간의 법칙임을 말해 주는 부분이다.

「동물보호법」상 동물은 고통을 느낄 수 있는 신경체계가 발달한 척추동물을 의미한다. 그리고 누구든지 동물을 사육, 관리, 보호함에 있어서는 다음의 원칙을 가져야 한다고 규정하고 있다.

1. 동물이 본래의 습성과 신체의 원형을 유지하면서 정상적으로 살 수 있도록 할 것.
2. 동물이 갈증 및 굶주림을 겪거나 영양이 결핍되지 아니하도록 할 것.
3. 동물이 정상적인 행동을 표현할 수 있고 불편함을 겪지 아니하도록 할 것.
4. 동물이 고통·상해 및 질병으로부터 자유롭도록 할 것.
5. 동물이 공포와 스트레스를 받지 아니하도록 할 것.

그러나 농림축산식품부 방역관리과가 모든 척추동물에 관하여 동물복지종합계획을 수립하기는 쉽지 않다. 그러므로 보다 더 전문인력을 투입하고 관계자들의 이해를 수렴할 수 있도록 반려동물과 기타 동물로 분류가 필요하다.

2015년 1월 30일 자로 발표된 2015~2019 국가의 동물복지종합계획을 살펴보면 길고양이 적정 개체수 조절을 위해 중성화사업 표준지침을 마련하고 사업비 지원, 민관 협조를 통한 관리와 홍보도 강화하겠다고 하고 있으나 현재 중성화사업 표준지침도 마련되지 않았으며 관련 관리, 홍보도 미흡한 실정이다. 게다가 반려동물의 사설보호소, 임의 보호소 증가를 피부로 느낄 수도 없을 뿐만 아니라 애니멀 호더(동물 수를 늘리는 데에만 집착하는 사람으로, 동물학대의 일종)에 대한 제재도 미약하다.

현재 동물학대에 대한 형벌은 1년 이하의 징역 또는 1천만 원 이하의 벌금에 처한다고 되어 있다(2017년 9월 1일부터 2년 이하의 징역 또는 2천만 원 이하의 벌금으로 개정).

그러나 진정한 동물학대를 뿌리 뽑기 위하여 「동물보호법」 제41조의

2를 개정하여 학대가해자에 대한 신고 포상금 규정을 신설할 필요가 있고 동물보호명예감시원제도를 자격기준을 완화하여 명예감시제가 좀 더 활성화될 필요가 있다. 비록 「생명윤리 및 안전에 관한 법률」상 연구대상은 인간과 인체유래물 등이지만 동물 역시 생명윤리의 연장선상에서 함께 다루어야 할 부분임은 명확하다. 칸트는 인격체에게 할 수 없는 일은 비인격체에게도 하지 말라고 말한다. 비인격체는 언제나 인격체에게 영향을 끼칠 수 있기 때문이다.

조은성 감독의 「나는 고양이로소이다」는 인간 누구나가 언제든 약자가 될 수 있는 불안의 시대에 반드시 보아야 할 영화이다.

위례시민연대, 뉴스레터 12호, 2020. 12. 24.

아동학대, 우리는 대응할 준비가 되어 있는가

이 나라에서 아동으로 산다는 것, 먼 나라의 아동들이 물 못 마시고 밥 잘 못 챙겨 먹는 것을 걱정하는 영상 앞에 서서 마음을 빼앗기기 전에 이 나라의 미래인 가까운 아동들에게 성인인 우리들의 관심은 적절한가. 그들이 안전하게, 심신이 올곧은 성인이 될 수 있도록 지지해 줄 수 있는 가. 매년 11월 19일은 '세계 아동학대 예방의 날'이다. '여성세계정상기금'(WWSF)이 전 세계에 아동학대 문제를 알리고 예방 프로그램의 필요성을 위해 2000년 제정하여 우리나라에서도 2007년부터 기념해 왔으며, 2012년에는 「아동복지법」을 고쳐 '아동학대 예방의 날'과 '아동학대 주간(11월 19~25일)'을 법적으로 명시했다.

1. 입양모의 아동

2020년 1월 2일 토요일 「그것이 알고 싶다」에서는 16개월 입양아 정인이 학대 사망 사건에 대해 다루었다. 같은 또래 아이보다 왜소한 체격에 온몸은 멍으로 가득하고 찢어진 장기에서 발생한 출혈로 인해 복부 전체가 피로 그득했던 정인이, 생후 7개월 무렵 양부모에게 입양된 정인이는 입양 271일 만에 결국 숨을 거뒀다. 양천경찰서는 양부모 두 사람 다 해외 입양 등 봉사경력이 있는 좋은 사람이라고 생각하여 정인이를 다시 양부모에게 돌려보냈다. 소아과 전문의는 "경찰분들에게 강력하게 말했다."라며 "부모와 분리돼야 한다고 했는데 사망 소식이 들려왔다."라며 분통을 터트렸다. 정인이를 학대한 범인으로 양엄마가 주로 의심받았지만 양아빠가 해명하면서 의심을 피했다. 그는 아내의 학대를 알면서도 방관한 상황이었던 셈이다.

2. 어린이집의 아동

인천 서부경찰서는 2020년 12월 28일, 인천 서구 가좌동의 한 국공립 어린이집에서 자폐증이 있는 5살 아들이 학대를 당했다는 어머니 신고를 받고 수사 중이라고 밝혔다. 경찰이 확보한 어린이집 CCTV 영상에는 30대 여성 보육교사가 피해 아동의 머리에 분무기로 물을 뿌리고, 20대 여성 보육교사 여러 명이 아동을 여러 차례 손과 발로 밀치는 등 폭행을 하는 모습이 담겨 있다. 수사 과정에서 경찰은 보육교사가 또 다른 아동을 학대한 정황도 추가 확보했는데, MBC 취재 결과 해당 어린이집 CCTV에는 보육교사가 1살 남자 아기의 몸을 때리고 밀치는 모습이 담겨 있었다.

3. 재혼한 가정의 아동

영화 「렛 힘 고」는 아들이 죽은 뒤, 재혼한 며느리와 손자가 남편과 시댁으로부터 학대와 폭력을 당하는 것을 알게 된 노부부가 며느리와 손자를 구조한다는 이야기이다. 통계는 아동학대 주범의 80%가 부모임을 계속 지적한다. 『꽃으로도 아이를 때리지 말라』, 스페인 출신의 교육자 프란시스코 페레(1849~1909)의 평전 제목이 무색할 만큼 아동 길들이기가 도처에 난무한다. 하지만 이것은 부모의 힘을 빼려는 것이 결코 아니다. 부모들의 방임을 지지하는 말도 아니다.

4. 범죄에 노출되는 아동

영화 「런」에서는 천재 감독의 모성 비틀어 보기가 시도된다. 중증장애인인 여자 주인공의 엄마는 딸이 대학 합격한 것도 숨기고 딸의 다리를 더 마비시키기 위해 노력한다. 자신의 전부인 딸이 자신에게서 떠나는 것이 싫어서이다. 더 나아가 딸은 엄마가 신생아실에서 자신을 친부모에게서 훔쳐 낸 범죄자임을 알게 된다.

아동학대란 "부모 등 보호자를 포함한 성인이 18세 미만인 아동의 건강 또는 복지를 해치거나, 정상적 발달을 막는 신체적·정신적·성적 폭력을 저지르는 것"을 말한다. 보호자가 아동을 내다 버리거나 보호하지 않은 상태로 두는 '유기' 역시 아동학대다. 의식주를 제공하지 않거나, 불결한 환경에 두며, 위험한 상태에 방치하고, 이유 없이 학교에 보내지 않거나 의료적 처치를 하지 않는 '방임(방치)'도 대표적인 아동학대에 속한다.

그중 신체적 학대는 직접적이고 물리적인 공격을 가하는 행위다. 도구를 사용해 심한 처벌을 하거나 화상이나 타박상을 입히는 행위 등이다. 성학대(성적 학대)는 성인이 성적 충족을 목적으로 아동에게 행하는 모든 성적 행위다. 성적 노출과 신체 접촉 등 방법과 무관하다.

심리적 학대는 정서적 학대로서 부모 또는 양육자가 원망 및 적대적인 언어폭력을 가하거나, 잠을 재우지 않고, 가정 폭력을 목격하게 하는 행위 등을 말한다. 아동학대 예방을 위해서는 먼저 부모가 인식이 바뀌는 것이 필요하다. 가장 중요한 것은 자식을 소유물로 생각하지 않고 자녀에게 지금 중요한 것이 무엇인지 항상 열린 소리를 귀담아듣는 사람이 되어야 한다는 것이다.

중증장애인의 부모 중에는 자신의 멘탈이 무너져 전혀 자녀 치료에 관심이 없거나 자신 역시 심리적 지원이 필요한 경우가 많다. 자녀를 인격체로 존중하면서 주변의 적절한 도움이 필요하다. 보호자에 의한 아동학대인 경우 「아동복지법」과 「아동학대범죄의 처벌 등에 관한 특례법」(아동학대 특례법)이 함께 적용된다. 장애를 가진 아동을 공중에게 관람시키는 행위, 공중의 오락 또는 흥행을 목적으로 아동의 건강 또는 안전에 유해한 곡예를 시키는 행위 등도 징역 또는 벌금형에 처해진다.

아동은 생존권·발달권·보호권·참여권 등 4가지의 인권이 있으며 우리나라는 'UN 아동 권리 협약'에 1991년 가입국으로 관련 법률로는 「아동복지법」, 「아동학대범죄의 처벌 등에 관한 특례법」, 「아동보호심판규칙」, 「아동보호사건의 처리에 관한 예규」, 「피해아동보호명령사건의 처리에 관한 예규」, 「성폭력방지 및 피해자보호 등에 관한 법률」, 「성폭력범죄의 처벌 등에 관한 특례법」, 「가정폭력방지 및 피해자보호 등에 관한 법률」, 「가정폭력범죄의 처벌 등에 관한 특례법」, 「아동·청소년의 성보호에 관한 법률」, 「민법」, 「형법」 등이 있다. 신고자의 신분은 「아동학대 특례법」 제10조 제3항에 의해 보장되므로 국번 없이 '112'로 신고하거나 '아이지킴콜' 112 앱을 통해 신고할 수도 있다. 학대로 인정되어 부모와 격리되면 송파구와 강동구에서는 서울동남권아동보호전문기관(서울특별시 송파구 송이로 32길 6, 태광빌딩 5층 02-474-1391)의 도움을 받게 된다.

미래의 아동을 지킬 수 있는 방법은 어디까지나 우리의 관심과 신고뿐이다. 또한 그들을 품어 줄 위탁가정이 증가해야 한다. 지난해 10월 13일 정인이는 3번의 심정지 끝에 차디찬 응급실에서 숨을 거뒀다. 당시 응급실 의료진은 정인이의 상태를 너무나도 처참했다고 증언했다. 어른들의 미흡한 대응으로 아동이 희생되는 일이 다시는 없기를 사후약방문 하지 않고 모두 관심과 힘을 모을 때이다.

위례시민연대, 뉴스레터 13호, 2021. 1. 15.

인권보호는 문화의 발전을 가져온다

　송파구 소재한 서울동부구치소발 코로나19는 지난해 11월 27일 직원 1명이 확진 판정을 받은 뒤 계속 늘어나는 확진자에 대한 처리가 미비하여 법무부 추미애 장관이 사과했다.
　코로나19 확진 판정을 받은 서울 동부구치소 수용자는 경북북부제2교도소(구 청송교도소)로 이감되어 다인실이 아닌 1인실, 즉 '독방'에 배정된 것으로 파악됐다.
　동부구치소 확진자(수용자 기준) 중 타 기관이나 병원으로 이송되지 않고, 해당 구치소 내에 일시 수용돼 머물러 있던 인원은 지난해 12월 21일 184명이었는데, 같은 달 31일 401명으로 늘었다. 올해 1월 4일에는 610명이 수용됐고, 나흘 뒤인 8일에는 676명이 수용돼 정점을 찍은 뒤, 13일에는 622명이 구치소에서 치료를 받았다. 지난 4일부터 13일까지 10일간 평균 수용자 수가 642명이다. 1월 14일이 돼서야 확진자 수는 400명대로 감소했다. 1월 4일부터 13일까지, 의사 1명당 확진자 130여 명, 간호사 1명당 확진자 70여 명을 맡아 관리했던 셈이라서 모두 인권침해를 논한 바 있다.
　이런 의료진 수는 당국의 가이드라인에 비춰 봤을 때 턱없이 부족한 것으로 중앙사고수습본부가 제시하는 '생활치료센터 권장 의료 인력(환자 모니터링·지원) 수 가이드라인'을 보면, "▷센터 입소자 100명 미만(의사

3~5명, 간호사 5~7명 권장) ▷입소자 100~200명(의사 5~7명, 간호사 7~9명 권장) ▷입소자 200~300명(의사 7~11명, 간호사 9~18명 권장)"이라고 적혀 있다. 단순 계산으로, 의사 1명당 입소자 약 27명, 간호사 1명당 입소자 약 16명을 맡으라고 제시된 것이다. 동부구치소 의사 1명당 환자 수는 권장 인원(약 27명)의 약 4배를 웃돈다.

송파구 소재한 장애인 집단거주시설 신아원에서 시작한 코로나19 누적 확진자 수가 12월 25일 2명 → 26일 30여 명 → 27일 40여 명 → 28일 50여 명 → 29일 60여 명으로, 확진자는 지난 1월 12일 기준으로 거주인 56명, 종사자 20명으로 총 76명(거주인 114명, 종사자 69명 중 총 76명)이다. 첫 확진자가 나온 지난달 26일에 신아원은 코호트 격리 조치됐다. 서울장애인차별철폐연대(아래 서울장차연) 등 장애계의 '텐트 농성' 투쟁 끝에 서울시는 신아원 거주인 전원을 긴급 분산 조치하고 비확진자는 임시 거주공간, 지원주택, 자립주택 등으로 분산하겠다고 약속했지만 결국 송파구청은 대책을 세우지 못해 사흘 만에 신아원으로 재입소시키면서 큰 물의를 빚었다.

송파구는 위기가정통합지원센터를 2019년 7월 송파구청 내에 개소한 이후 통합사례관리사, 송파경찰서 학대예방경찰관(APO), 서울시 상담전문인력 등 6명이 상주하고 금융복지상담사, 법률홈닥터(변호사)가 격주로 근무하고 구민에게 제공하는 주요 서비스는 치유프로그램이다. 그러나 최근 관 중심의 국가의 폭력 대응 체계는 관에 대한 신뢰도가 추락하고 있어 피해자 치유프로그램 운영만으로 충분하지 않다는 지적이다.

전국민주노동조합총연맹 서비스연맹 서비스일반노동조합 배달서비스지부(이하 배달노조)는 2월 2일 "배달원의 인권을 무시했다."라며 갑질 아파트와 빌딩 83곳(아파트 76곳, 빌딩 7곳)을 대상으로 국가인권위에 진정을 냈는데 아파트 76곳에는 서울 강남구 32곳, 서초구 17곳, 송파구 2곳 등이 포함돼 있었으며 송파구 2곳 아파트는 워낙 입주민이 많은 아파트라 '갑질'을 이유로 고통받은 배달원의 수가 상당하였다.

조계종 사회노동위원회가 한파 속 숙소용 비닐하우스에서 사망한 캄보디아 이주노동자 속행 씨의 극락왕생을 발원하는 자리를 마련했다. 사회노동위원회는 2월 7일 오후 2시 서울 법련사에서 '고 속행 이주노동자 49재 및 캄보디아 이주노동자 천도재'를 봉행한다. 고 속행 씨는 경기도 포천 한 농가에서 일하다 지난해 12월 20일 숙소용 비닐하우스 안에서 숨진 채 동료들에 의해 발견됐다. 경찰은 속행 씨의 정확한 사망원인을 밝히기 위해 부검을 진행했고, 12월 24일 간경화로 인한 혈관파열과 합병증이라는 사망원인을 발표했다. 그러나 속행 씨와 같이 일하던 동료들에 따르면 고인은 평소 건강했으며, 사건 당일 며칠 전부터 비닐하우스 숙소 내 전기와 난방이 제대로 되지 않았다. 열악한 기숙사 환경에서 영하 20도의 한파가 영향을 미친 산재 사망이라는 시각이 적지 않다.

2004년 8월 처음 시행된 고용허가제는 정부가 국내에 취업을 희망하는 15개국 출신 외국인 근로자에게 취업비자(E-9)를 발급해 국내 근로자와 동등한 대우를 보장해 주는 제도로, 체류 기간은 최대 3년이다. 정부는 이후 고용허가제가 성공적인 이주 관리 시스템으로 정착했다고 평가한다. 산업연수생제의 불법체류 확산과 각종 송출 비리 등의 문제점이 고용허가제로 상당 부분 해소됐는데 실제, 고용허가제 도입 전 80%

에 육박했던 이주노동자의 불법체류율이 최근 10~20% 선까지 떨어졌다는 것이다.

그러나 가장 큰 문제점인 이주노동자의 사업장 이동 제한 규정은 고용허가제로 입국한 이주노동자는 3년간 회사를 최대 세 번 옮길 수 있는데 그러한 이주는 사업주의 승인이 있거나 임금체불과 같은 「근로기준법」 위반 사항이 있는 등 사업주의 명확한 위법 사유가 있어야 한다.

만 18세면 보호 종료되는 아동들은 아동양육시설, 공동생활가정, 가정위탁 등과 상관없이 월 30만 원 생활비를 3년간 지급받는다. 최근 시설을 떠나며 지원받는 정착금은 300~500만 원 사이였는데 경기도는 파격적으로 1,000만 원을 지원한다고 발표했다.

한편, 북한이탈주민은 정착기본금으로 '1인 세대 기준 800만 원, 주거지원금 1,600만 원을 포함 시 2,400만 원'을 지급받고 근로능력자와 무능력자로 구분하여 매달 생계급여와 기타 지원을 받는다.

과거 6.25 전쟁 참전 유공자인 80대 할아버지가 귤 20개가 든 봉지를 몰래 가져가려다 적발된 사건이 재조명되고 있다. 현재 「참전유공자예우에 관한 법률」에 따르면, 참전 유공자들이 받는 이른바 '명예 수당'은 기껏해야 한 달에 30만 원 정도다. 각 지자체별로 지급 금액은 다르지만, 생계를 이어 가기엔 턱없이 부족하다.

지난 연말 출소한 아동성범죄자 조두순과 그의 배우자가 매월 120여만 원의 복지급여를 받는 것으로 알려지면서, 피해자 나영이에 대한 보상과 지원은 없는 부분에 대해 의견이 분분하다.

안산시는 조두순이 만 65세를 넘어 근로 능력이 없고 배우자는 만 65세 이하지만, 만성질환으로 취업이 어렵다고 판단했고 부부 소유의 주택이 없는 데다 관련 법 기준을 충족하기 때문에 지급할 수밖에 없어 조두순 부부가 지난달부터 받는 각종 복지급여는 기초연금 30만 원과 생계급여 62만여 원, 주거급여 26만여 원 등 매달 120만여 원이다.

1988년 12월 31일 방송문화진흥회가 발족하고 그보다 5일 전 1988년 12월 26일 국회에서 제정된 「방송문화진흥회법」상 방송문화진흥회는 설립 목적이 "민주적이며 공정하고 건전한 방송문화의 진흥과 공공복지 향상에 이바지하는 것"으로 방송문화진흥기금을 운영, 방송문화의 발전 및 향상을 위한 사업을 할 수 있게 되어 있고 문화방송 주식의 70%를 인수하여 운영하는 문화방송의 대주주이다. 최근 KBS 국영방송 직원 절반이 억대 연봉이고 그중 1,500명 이상은 보직도 없다는 것이 밝혀졌다. 일은 하지 않고 월급을 받는 사람이 1,500명이나 된다는 것, 그리고 그들을 위해 시청료를 올린다는 것에 대해 KBS는 1월 30일에 입장문을 내고 정확히 억대연봉자는 46%에 지나지 않고 무보직자는 1,500명이라고 설명했지만 어찌했든 민심은 복지정책에 대해 싸늘하다.

최근 몇 년간 부동산 가격이 폭등한 원인으로 '주택임대사업자 특혜'가 지적되고 있다. 문재인 정부는 2017년 8·2부동산대책을 통해 다주택자가 주택임대사업자로 등록하면 양도소득세 중과를 피하게 해 줌으로써 양도세 감면 혜택을 제공했다. 지난 12월 13일에 발표한 임대주택등록 활성화 방안에서는 주택임대사업자 등록 시 주어지던 각종 세금 특혜를 유지·확대하면서 건강보험료 증가분 최대 80% 감면이라는 혜택을 추가로 제공했다. 장기임대 등록 시 건강보험료를 80%까지 감면하는 혜택은 「보험료 경감고시」 "제2조(보험료 경감 적용방법) ① 보험료 경감액 (「농어촌주민의 보건복지증진을 위한 특별법」 제27조에 따른 농어업인에 대한 보험료 지원을 포함한다)은 가입자 또는 세대별 보험료액의 100분의 50에 해당하는 금액을 넘지 아니한다. 다만, 육아휴직자에 대하여 제8조 단서에 따라 경감하는 경우에는 100분의 50을 넘는 금액을 경감할 수 있다."에 전면 위반된다. 어떤 이유에선지 주택임대사업자에게 기존 고시에도 없는 막대한 특혜를 세입자 주거 안정이라는 명목으로 주택임대사업자 등록을 의무화하지 않고 자율에 맡기면서 세금 특혜를 제공한 것을 어떻게 설명할 것인지 알 수 없다.

홍남기 경제부총리 겸 기획재정부 장관은 4일 '공공주도 3080플러스, 대도시권 주택공급 획기적 확대방안'에 대한 관계부처 합동 브리핑 모두 발언을 통해 "이번 대책의 공급물량 83만 호는 연간 전국 주택공급량의 약 2배에 이르며, 서울시에 공급될 32만 호도 서울시 주택 재고의 10%에 달한다."라고 하였으나 이제 부지 확보를 하겠다고 하니 4년 이상은 걸리는 계획집행에 있어 임기 초기에 하여야 할 대책을 이제 내놓아 유지가 될 것인지 의문이 있다. 여전히 주택임대사업자 등록 제도는 다주택자들의 세금 회피처가 되고 주택 사재기 수단이 되었다.

취약계층 아이들이 사용하는 아동급식카드는 회당 4,000원씩 20회~25회 이용이 가능하던 것을 회당 5,000원 결제가 가능하게 되었다. 기초생활수급 가구의 아동, 법정 한 부모 가정의 아동, 긴급복지 지원 대상 가구의 아동, 보호자가 없거나 보호자의 양육능력이 미약한 가구의 아동 등으로 소득인정액이 중위소득 52% 이하 가정의 결식 우려가 있는 고등학생 이하 아동·청소년을 대상으로 가맹 음식점과 슈퍼마켓, 편의점에서 현금처럼 사용할 수 있는 포인트를 충전해 법정 보호자에게 발급해 주는 형식인데 가족들이 오용하거나 푸르미카드 국민행복카드 등은 신용카드와 생김새가 달라 저소득층 꼬리표로 인식되었다. 또한, 이것을 신청하는 방법이 담임교사에게 제출이라 취약계층 아이들의 인권은 존중받지 못한다는 지적이 있어 왔다.

코로나19는 자연의 서식지를 침범한 인간의 위협행위를 단죄하고, 인수공통감염병이라고 하는 공포를 선사하였다. 그 결과 사회경제적 불평등이 더 심화될 예정이며 인간은 이를 최소화할 수 있도록 장기적인 대책을 제안하여야 한다.

대부분 토지개발 연구개발의 위기는 1%의 상위권이 만들어 낸 것이고 공무원들은 기강 해이하며, 언론은 족벌세습으로 스스로 권력이 되어 가고 모든 국민들은 갑질중독, 배달사회에 몰입되어 가고 있다. 그 결과 먹이사슬에 있어서 가장 약자층은 생계 밖으로 밀려나고 있다.

매일 1,000여 명에 달하는 코로나19 신규 확진자가 500명대 이하로 떨어지기는 하였지만 여전히 집단감염이 발생한 장애인 거주시설, 요양시설 등에서 전담병원으로 이송되지 못한 환자는 계속 발생하고 있다. 송파구 내 많은 사람들은 동부구치소와 신아원 사건을 말하며 범죄자보다 더 장애인의 인권이 위협이라고 말한다. 장애인복지과가 분산대책을 계획 집행하기 위해서는 장애인거주실태 파악이 되어 있어야 하고 장애인을 분산할 수 있는 단계별 거주지를 제시하여야 하건만 송파구청은 어떤 자료도 제시하지 못했다.

위기가정통합지원센터의 심리지원과 같은 프로그램보다 위기 발생 시 이를 지원할 수 있는 가정들을 확보하여 민관이 협치하는 노력이 더욱 절실하다. 위기가정 발생 시 피해자를 위탁 보호할 수 있는 가정들을 확보하고 그 가정을 지원하는 정책을 통해 위기가정의 문제가 구민 모두의 문제라는 것을 함께 나누고 정보를 공유하며 문제를 함께 해결해야 한다.

　복지정책에서 약자를 욕보이고 경쟁시켜서 선착순으로 나눠 주는 시대는 저물어야 한다. 정치적 민주화를 이루었다고 사회경제적 복지정책도 전문가가 될 수 있다는 생각은 버려야 한다.

　세계보건기구 헌장 서문에는 "모든 사람이 도달 가능한 최고 수준의 건강을 향유하는 것은 인종이나 종교 혹은 정치적 신념과 경제적이고 사회적인 여건에 관계없이 모든 인간이 누려야 할 기본권 중의 하나이다."라고 규정하고 있다. 국가는 국민이 도달 가능한 최고 수준의 건강을 향유할 수 있게 해 주어야 하고 국민의 건강을 보호할 책무가 있다.

　누구나 건강하게 살 수 있는 권리는 배려 행정에서 시작한다. 계획하고 집행하는 자를 분리하지 말고 소수에 대한 다수의 혐오와 폭력을 조장하는 방식의 행정은 이제 사라져야 한다.

　당장 자신에게 어떤 이해관계도 연관되어 있지 않은 일을 자신의 문제처럼 고민하고 해결하는 것은 쉽지 않다. 시민이 함께 풀 문제로 만드는 일을 행정이 하여야 할 일이다.

　인식의 전환은 하루아침에 실천으로 바뀌지도 않는다. 소수를 이해해 달라고 계속 요청만 하지 말고 다수의 잘 살고 싶어 하는 세속적인 욕망도 인정해야 하는 것도 사실이다.

　그러나 무의식적으로 반복하여 형성되고 습관화된 '아비투스'가 되지 않도록 우리 안의 돌봄본능, 약육강식의 생존본능만큼 함께 살고자 하는 돌봄본능은 행정과 민간이 함께 깨우려는 노력이 필요하다.

　다수의 문화가 소수의 문화와 섞이는 것은 발전을 가져온다. 한편으로 치우친 문화적 상상력은 한계가 있기 때문이다. 소수에 대한 다수의 편견, 다수에 대한 소수의 편견을 서로 불식시키기 위해 노력할 때 사회는 발전할 것이다. 우리끼리 사는 세상은 편하다. 그러나 포용으로 다수와 소수의 함께 사는 세상, 더 많은 방법으로 세상을 보는 기회는 더더욱 필요하다. 이는 갈등이 적고 받아들이는 방법을 배워 나가 누가 강요하지 않아도 스스로 어울리고 섞여 가면서 공존할 것이기 때문이다.

2020 코로나19 바이러스는 국가가 무엇이고 국가의 역할이 무엇인지 물음을 제기하는 한 해였다. 국가가 그 물음에 답변을 게을리하는 한 국민은 결코 불행에서 벗어날 수 없었다.

장애와 질병은 사람을 가려 가면서 오는 것이 아니라 우리 모두 할 수 있다는 것을 코로나19는 명확하게 가르쳐 주었다. 그럼에도 불구하고 한 사회에서 행복을 누릴 자를 구별하여 접근하는 것은 곤란하다. 언제나 합리적 차별만이 분배적 정의를 지지할 것이다. 모든 인간은 평등하고 아름답다.

위례시민연대, 뉴스레터 14호, 2021. 2. 10.

「미스트롯2」 김태연을 지키려면

최근 「미스트롯2」의 김태연은 많은 사람들에게 음악의 신동이라는 찬사를 받고 있는 9살 소녀이다. 그녀의 실력은 어른도 쉽게 범접할 수 없는 것이어서 대한민국의 음악이 세계인들에게 관심을 받으면서 국내 엔터테인먼트 산업도 급속도로 발전하고 있는 것을 실감할 수 있게 한다.

미성년 연예인의 대중문화예술산업에서 차지하는 역할과 비중이 나날이 증가하는 상황에서 청소년의 학습권, 휴식권 및 정신적 건강 등 기본적 인권, 「대중문화예술산업발전법」(2014. 1. 28. 제정)에 대해 다시 생각해 볼 필요가 있다.

'똑순이'로 불리던 아역 배우가 전성기 시절 빚을 남기고 돌아가신 아버지의 빚을 갚느라 어린 나이에도 빈 병을 팔아 교통비를 마련하고 소화하기 힘들 정도의 스케줄을 감당해야 했다는 이야기를 떠올려 보면 미성년 연예인에 대한 사회의 우려 섞인 시선은 모두 재산과 관련된 부분이다.

「헌법」 제23조 제1항에 의해 모든 국민의 재산권은 보장되고 있고 미성년 연예인 역시 자신의 연예 활동(근로 활동)을 통해 얻은 임금이나 수입 등이 보장되어야 하며 이를 사회가 지지해 주는 것은 매우 중요하다. 「근로기준법」 제67조 제1항에 의하면 미성년의 친권자나 후견인은 미성년자의 근로계약을 대리할 수 없으며, 이를 위반한 경우에는 500만 원 이하의 벌금에 처해진다(동법 제114조). 하지만 「민법」 제920조 단서1)

과 제949조 제2항2)에 의하면 법정대리인은 미성년자의 동의를 얻어 미성년자를 대신하여 고용계약을 체결할 수 있다.

이러한 「민법」상의 원칙을 수정하여 「근로기준법」에서 미성년자를 대신하여 근로계약을 체결할 수 없도록 규정한 것은 친권 남용의 가능성으로부터 임금 수입으로 생활해야 할 미성년 근로자를 보호하기 위한 것으로 볼 수 있다. 즉, 「근로기준법」 제68조에서는 미성년 근로자가 법정대리인의 동의 없이도 독자적으로 자신의 임금을 청구할 수 있음을 규정하고 있다.

미성년자가 근로계약의 체결을 통해 얻게 되는 임금은 미성년 근로자의 생계를 유지하기 위한 필수 요소에 해당하는 만큼 친권 남용의 가능성으로부터 보호하는 데 그 목적이 있다. 따라서 미성년 근로자는 자신의 노무 제공에 따른 임금 청구에 있어서는 소송능력을 독립적으로 갖는다.

「대중문화예술산업발전법」 제25조에 의하면 청소년 대중문화예술인은 독자적으로 대중문화 예술용역보수를 대중문화예술제작업자 또는 대중문화예술기획업자에게 청구할 수 있으며, 이들은 보수청구권이 친권자 등 법정대리인에게 있다는 계약을 체결하더라도 해당 청소년대중문화예술인에게 보수를 지급하여야 계약상의 보수지급 채무를 이행한 것으로 본다. 즉, 미성년 연예인으로부터 용역을 제공받은 사업자는 해당 미성년 연예인에게 보수를 직접 지급할 의무를 갖는다. 이 규정은 미성년 연예인이 자신의 수입 등의 재산권을 보장받기 위한 구체적인 근거 규정으로 작용하고 있다.[1]

---

1) 제920조(자의 재산에 관한 친권자의 대리권) 법정대리인인 친권자는 자의 재산에 관한 법률행위에 대하여 그 자를 대리한다. 그러나 그 자의 행위를 목적으로 하는 채무를 부담할 경우에는 본인의 동의를 얻어야 한다. 제949조(재산관리권과 대리권) ①후견인은 피후견인의 재산을 관리하고 그 재산에 관한 법률행위에 대하여 피후견인을 대리한다. ②제920조 단서의 규정은 전항의 법률행위에 준용한다.

미성년 연예인의 재산을 부모(친권자)가 관리하는 것은 여러 가지 문제가 있어 왔다.

할리우드의 유명 아역 배우였던 맥컬리 컬킨(Macauly Culkin, 1980년 8월 26일 뉴욕 태생)의 사례이다. 맥컬리 컬킨은 6살이 되던 해 뉴욕에 있는 Ensemble Studio라는 극장에서 연기를 시작하였다. 영화 「Rocket Gibraltar」, 「Uncle Buck」 등에 출연하기도 하였으며, 마침내 「나 홀로 집에」(Home Alone) 시리즈로 스타덤에 오르면서 다양한 TV 프로그램과 연기 부문에서 수상도 하였다. 맥컬리 컬킨이 영화 「Uncle Buck」에 출연한 이후부터 그의 아버지 Kit Culkin은 그의 매니저 역할을 하였는데, 아버지의 욕심은 아들의 연기 생활에 종지부를 찍게 하였다. 1993년 맥컬리 컬킨이 자신과 친하게 지내던 마이클 잭슨의 아동 성추행 스캔들이 터지자 그의 변호를 원했지만 아버지의 반대로 이를 하지 못하게 되었는데, 이는 아버지가 맥컬리 컬킨에게 어떤 영향력을 발휘했는지를 알 수 있게 하는 부분이다. 이후 그의 아버지는 영화를 중복으로 출연하는 영화 출연 계약을 체결하는 등 아들에게 과도한 요구를 하게 되었으며, 이러한 행위가 반복되자 맥컬리 컬킨의 연기 역시 악화되었으며, 자연스럽게 인기도 하락하기 시작하였다. 이렇게 그의 연기 활동이 뜸해지자 수입 상황 역시 악화되기 시작하였으며, 그의 부모도 맥컬리 컬킨의 다른 형제들을 두고 양육권 소송에 휘말리게 되었다. 많은 소송비용 역시 맥컬리 컬킨의 수입으로 진행되었으며, 그전부터 부모의 생활비 역시 맥컬리 컬킨의 수입에 의존해 왔다. 이렇게 맥컬리 컬킨의 부모는 자녀의 수입을 모두 관리하면서 대부분을 소비하였다. 1997년 맨하튼 법원은 맥컬리 컬킨의 자산을 회계사에게 맡기도록 결정하였다.

「민법」 제916조에 의하면, 자녀가 자기의 명의로 취득한 재산은 그 특유재산으로 하고 법정대리인인 친권자가 이를 관리하도록 규정하고 있다. 여기서 재산의 관리란 재산의 보존을 목적으로 하는 행위를 의미하며, 관리의 목적을 달성하기 위한 범위 내에서의 처분행위도 포함된다. 우리나라 법원에서 미성년 자녀가 소유하는 건물을 임대하여 차임을 받거나 주식과 같이 재산가치가 하락할 우려가 있는 경우에 이를 처분하는 경우, 친권자가 자력으로 생활을 영위할 수 없고 미성년 자녀로부터 부양을 받지도 못하여 자녀의 부동산을 생계유지를 위하여 처분하였다 하더라도 이를 바로 부적당한 재산관리로 보지는 않았다.

미국「쿠건법」은 이러한 자녀재산에 대한 부모의 권리 남용에 대해 방지하기 위해 신탁계좌를 별도로 개설하지 않으면 미성년 자녀의 취업 허가가 인정되거나 갱신 또는 연장될 수 없다고 규정하고 있다. California Labor code에 의하면, 미성년 연예인의 부모가 고용일을 기준으로 10일 이내에「쿠건법」에서 정하는 신탁계좌를 개설한 증거를 제시하여야만 취업 허가증을 발급해 줄 수 있으며, 발급된 취업 허가증은 6개월마다 갱신하여 재발급받아야 한다. 즉, 미성년 연예인의 부모가 신탁계좌를 개설하여 제출하지 않는 한 취업 허가증을 발급 또는 갱신해 주지 않고 있어 신탁계좌의 개설을 유도하고 있는 것이다. 다만, 고용기간이 10일 이내에 신탁계좌를 개설하도록 규정하고 있어 이를 악용할 소지가 충분히 있다. 즉, 이론상으로는 부모와 고용주가 합의하여 미성년 연예인으로 하여금 10일 이내의 간격으로 반복적으로 일을 하게 하여「쿠건법」에 의한 신탁계좌를 개설하지 않아도 되는 것이 가능하게 된다.

미성년자는 정신적·신체적인 특성상 성년에 비해 노동능력이 취약하기 때문에 인도적인 측면과 사회 정책적인 측면을 고려하여「헌법」제32조 제5항에서도 연소자의 근로에 대하여 특별한 보호를 선언하고 있다.

「근로기준법」역시 연소자보호에 관하여 구체적인 규정을 두고 있는데, 최저 취직 연령제한(제64조), 유해·위험업무 사용 금지(제65조), 근로조건의 소명작성 및 연소자증명서 비치(제67조) 등이 대표적이다.

「근로기준법」제67조에 의하면, 사용자는 연소자(18세 미만자)와 근로계약을 체결하는 경우 명시해야 할 근로조건을 서면으로 작성하여 교부해야 하는데, 이는 연소자가 근로계약을 체결하여 취업하려는 목적에 급급한 나머지, 근로조건을 제대로 파악하지 않아 생활 불안을 야기하는 것을 방지하고자 함에 있다. 그리고 동법에서는 근로에 종사함으로써 의무교육을 소홀히 하는 것을 방지하고자 최저 취직 연령을 15세로 규정하고 있다.

동법 제64조 제1항에 의하면, 15세 미만인 자(「초·중등교육법」에 따른 중학교에 재학 중인 18세 미만인 자를 포함한다)는 근로자로 사용하지 못하는데, 다만, 대통령령으로 정하는 기준에 따라 고용노동부장관이 발급한 취직인허증을 지닌 자는 근로자로 사용할 수 있다. 이러한 취직인허증을 받을 수 있는 자는 13세 이상 15세 미만인 자인데, 예술 공연 참가를 위한 경우에는 인허증 신청서에 15세 미만인 자의 인적사항(성명, 주소, 주민등록번호), 사용자 또는 사용자가 될 자의 정보(사업장명, 사업종류, 대표자 성명과 주민등록번호, 소재지, 15세 미만인 자의 종사업무, 임금, 근로시간, 사용기간) 그리고 학교장(학교명, 소재지, 수업시간 등)과 친권자 또는 후견인(성명, 주민등록번호, 주소, 15세 미만인 자와의 관계, 동의여부)의 정보를 기재하여 사용자(사용자가 될 자)와 15세 미만인 자의 서명을 받도록 되어 있다.

이렇게 신청서를 작성하여 지방고용노동관서에 접수하면, 근로개선지도과에서 이를 확인 및 검토한 후 지방고용노동청장·지청장의 결재 후 취직인허증이 발급된다.

  미성년 연예인이 위에서 살펴본 「근로기준법」상의 취직인허증 발급대상이 되는 근로자에 해당하는지 여부가 문제인데, 「근로기준법」 시행령 제35조 제1항에 의하면, 「근로기준법」에 의해 취직인허증을 받을 수 있는 자를 13세 이상 15세 미만인 자로 규정하면서도 단서에서는 예술 공연 참가를 위한 경우에는 13세 미만인 자도 취직인허증을 받을 수 있다고 규정하고 있다.

  일반적으로 연예인들은 그 활동의 특성상 사업자와의 종속관계를 인정하기 쉽지 않은 데다, 근로 시간이나 장소 또는 급여가 일정하지 않기 때문에 「근로기준법」상의 근로자로 볼 수 있을지에 대해서는 논란이 제기되어 왔다. 걸 그룹 중 15세 미만의 연예인이 「근로기준법」이 정한 최저연령 기준을 어기고 13세~15세 청소년을 고용할 때 의무적으로 받아야 하는 취직인허증을 발급받지 않았다는 지적에 대하여, 당시 고용노동부에서는, 취직인허증은 정해진 근무처와 근무시간, 확정적인 급여를 지급받는 근로자에게 발급되는데 연예인은 이 기준과 달리 급여가 없을 수도 있고 근로시간 및 장소가 일정치 않기 때문에 노동부 기준 청소년 근로자에 해당되지 않는다고 하면서도, 15세 미만의 연예인들을 보호할 법망이 없어 피해가 발생할 수 있다는 점에서, 대처 법안의 마련이 필요하다고 밝힌 바 있다. 따라서 15세 미만의 연예인도 예술 활동을 위해서는 「근로기준법」 또는 「대중문화예술산업발전법」과 같은 개별법에 근거하여 취직인허증을 발급받도록 해야 할 것이다. 또한 취직인허증의 발급을 신청할 때, 위에서 언급한 미성년 연예인을 위해 개설한 신탁계좌정보의 제공을 필수 요건으로 하여 해당 연예인의 재산권을 보장할 필요가 있다. 뉴욕주 CRR-NY Part 186(child performers)에 의하면, 발급된 허가증은 1년마다 갱신하도록 규정하고 있는 반면, 우리나라의 경우에는 15세 미만 연소자의 취직인허증에 대해서는 별도의 유효기간을 두고 있지 않은바, 이 역시 6개월 내지 1년의 유효기간을 설정하여 갱신할 수 있도록 하면서 갱신할 때마다 신탁계좌에 관한 정보를 요건으로 규정해 두어야 할 것이다. 또한 친권자라고 하더라도 자녀를 돈벌이로 사용하는 것을 방지하기 위하여 우선 California Family code와 Labor code에서와 같이 미성년 연예인 명의의 신탁계좌 개설을 취업 허가증 발급을 위한 요건으로 삼아 그 부모나 보호자로 하여금 신탁계좌를 개설하도록 하고 부모 악용의 경우 처벌을 명확히 할 필요가 있다. 또한 연예 노동도 취업 허가증을 신청하도록 하고 13세 미만의 근로는 더욱 특별한 보호를 두되 표준계약서를 제작하여 미성년 연예인의 부모와 고용주 사이에 해당 미성년 연예인의 수입 분배와 관련한 권리남용이 방지될 수 있도록 사회가 안전장치를 마련해야 한다. 부디 「미스트롯2」 김태연 양의 성년기에는 안정적으로 그녀가 자신의 삶을 주체적으로 살 수 있도록 지금, 우리가 법제화 개선을 노력하여야 한다.

위례시민연대, 뉴스레터 15호, 2021. 3. 24.

계절학교, 「교육기본법」에 명문화 규정이 필요하다

　자폐성 장애인 아들이 방학이 되면 가장 기대하는 것은 장애인복지관에서 1주 운영하는 계절학교이다. 이번 방학에도 좋은 계절학교를 보내주기 위해 여러 장애인복지관 프로그램을 열심히 검색하여 엄청난 경쟁률을 뚫고 송파인성장애인복지관에서 운영하는 겨울계절학교 '또래랑'을 보냈다. 송파인성장애인복지관의 또래랑 프로그램은 장애청소년에게 잘 맞추어져 있는 프로그램으로 송파인성장애인복지관의 능숙한 사회복지 전통답게 언어발달 지연이 심한 아들과 여러 가지 자폐성, 지적장애인으로서 사회성에 어려움을 보이는 청소년들을 장애인 자립 목적의 요리 교육, 전통놀이 이해 교육, 외부 체험 등 다양한 프로그램을 진행한다. 방학마다 계절학교를 잘 마친 아들은 다른 비장애인 친구들보다는 현저히 미미한 변화일 수 있으나 엄마의 눈에는 훌쩍 크는 것이 보여 상당히 만족스럽다.

　한 아이가 잘 크는 데는 온 동네가 필요하다는 말을 굳이 인용하지 않더라도 가정교육, 학교교육, 평생교육 3대 교육체계 중 어느 하나만 무너져도 아이는 제대로 된 돌봄과 지원 없이 성장한 것이 되며 이는 모두 사회의 책임이다.

　가정교육에서 자녀를 키우면서 가장 중요한 것은 무엇일까 생각해 보면 역시 인내라고 생각한다. 엄마와 아빠는 이미 경험하였지만 그 경험은 완전하지 않다는 것을 겸손하게 받아들이고 자녀가 스스로 선택하고 과오를 수정하는 기간을 기다려 주는 것이다. 그릇에 물이 다 차면 다시 큰 새 그릇을 가져다 빗물을 담는 마음으로 자녀 스스로 마음이 커서 다음 단계로 순차적으로 넘어가는 것을 괴롭지만 조건 없이 지켜봐 주고 응원해 주는 것, 여러 부모와 자녀 간의 관계를 생각해 볼 때 부모의 역할이 아닌가 한다.

코로나19 전 강남에 있는 아버지학교에서 특강을 하는 중에 아버지들에게 스스로 자녀교육에서 가장 중요하게 생각하는 것을 쓰고 최근 한 달간 그것을 자녀에게 잘 적용했는지 이야기하는 시간을 가졌었다. 그때 많은 아버지들께서는 양육스킬의 부족, 아내와의 의사소통 체계 부족과 같은 자신의 문제점들을 지적하면서 작은 과오를 저질렀는데 큰 벌칙으로 자녀를 대한다거나 같은 일은 같게 생각하고 다른 일은 다르게 접근해야 하는데도 창의적이지 못하게 같은 방식으로 똑같이 무심하게 대응하여 자녀에게 상처를 주거나 아이의 결정을 기다려 주지 못하고 자기 의견을 먼저 말하여 아이가 결국 자신의 거울처럼 행동하게 된 것에 반성하는 분들이 많았다. 이것은 좋은 마음을 가졌는데 나쁜 표현을 할 수 있고 나쁜 마음을 가졌는데 좋은 표현을 할 수 있는 신이 만든 인간의 오류 때문인지도 모르겠으며 우리는 신뢰하는 사회를 만들기 위해 어디까지나 이 같은 부분을 바로잡아야 하는 것이다.

스스로 자신의 정체성을 발견하지 못한 자녀가 부모라는 상자에 그대로 갇혀 크면 계속해서 모든 선택을 부모에 의존해서 결정할 수밖에 없고 그것이 자기 욕망과 일치하지 않는 경우에는 아이가 부모의 눈치를 보며 이중성을 띠는 표현과 행위로 도출될 수 있고 억눌린 욕망을 스스로 정화할 수 있는 자녀도 있지만 그렇지 못하여 마음을 다친 채 성장하는 경우가 많게 되는 것이다.

　엄마와 아빠가 이생에 태어나 처음인 것과 마찬가지로 자녀도 이생에 태어나 자녀로 사는 것이 처음이니 엄마와 아빠를 이해하고 자신의 정체성을 찾아 나가는 시간이 필요하다. 그리하여 가정교육도 중요하고 의무교육인 6년의 초등교육, 3년의 중등교육 과정인 학교 교육도 중요하지만 방학이 되면 조금은 자유롭게 계절학교 등을 경험하면서 스스로 자신을 관찰하는 시간이 필요하다. 「교육기본법」에는 "모든 국민은 평생에 걸쳐 학습하고, 능력과 적성에 따라 교육 받을 권리를 가진다."라고 학습권이 명명되어 있고 이에 따라 공공성을 요구하는 교육으로는 학교교육과 평생교육으로 분류하고 있다.

　그리하여 청소년센터, 유형별 특화되어 있는 시민단체(문화재학교, 환경학교, 인권학교 등)가 계절학교를 수행할 수 있는 법적 근거와 예산을 확충하고 다양한 방식으로, 전면적으로 학교 교육에서 채워 주지 못하는 것과 학교 밖 청소년을 끌어안는 우리들의 노력이 필요하다. 이 또한 교육의 연장이므로 「교육기본법」에는 그와 같은 교육이 포함되어야 한다. 의무교육 대상자에게는 평생교육 예산을 동시에 쓸 수 없다든지 학교교육 중 의무교육에만 집중해야 한다는 규정은 「교육기본법」 어디에도 존재하지 않는다.

　지금 학교 교정에는 눈이 내리고 있다. 금방 쌓이면 길이 사라질 것 같다. 외형적으로는 아름다운 것 같지만 자연은 정말 무자비한 존재다. 자연 앞에서 발가벗겨진 인간은 너무나 자연 앞에 연약하다. 우리 인간 사회를 차별화하는 것은 오직 교육과 제도뿐이고 자연의 무자비함에 대척되는 인간 사회를 자비롭게 만들 수 있다. 또한 교육과 제도는 인간에 대한 사랑과 이해를 통해 만들어져야 한다.

우리가 왜 사는가. 우리는 후손을 통해 영원을 사는 존재이다. 80년대생들보다는 90년대생들의 스펙이, 90년대생들보다는 00년대생들의 스펙이 더 대단한 후손들의 인생 앞에서 지식 자랑을 하는 것은 아무 의미가 없다. 이미 대학에 몸담고 있지만 지식으로는 젊은이들에게 기분 좋은 함성으로 두손 두발 다 들 때가 대부분이다.

그렇다면 우리는 그들을 지켜 주는 지킴이가 되어야 한다. 그들의 꿈이 이루어질 수 있도록 네트워크를 활용하고 함께 고민하고 그들을 진심으로 그들이 원하는 방식대로 사랑해 주는 것이다.

의무교육기간 부모와 학교 외 그들의 식견을 넓혀 주는 체계적인 평생교육이 필요하고 그 대표적인 방식 중 하나가 계절학교다. 국가는 「교육기본법」에 있어 보수적 접근으로 '교원'의 지위만을 주장하지 말고 교육복지를 담당하는 수많은 좋은 멘토들을 교사로 양성하여 일원화된 학교교육 내 방과후 수업이 아니라 다양한 체계의 방과후 수업체계를 확충하고 유소년·청소년들을 끌어안는 평생교육 지원체계를 마련하길 바란다. 왜 그래야 하냐고? 아무리 AI 시대가 와도 인간은 인간에게 길러져야 하니까.

위례시민연대, 뉴스레터 18호, 2022. 12. 27.

장애인 정책을 중심으로 바라본 이번 대선

I. 들어가며

세상을 살아가는 데 있어 누구나 조금씩은 자신이 장애를 가지고 있다고 생각한다. 그러한 관점에서 생각해 보면 장애인 정책은 결코 '장애인'들만의 정책은 아니다. 그렇기 때문에 장애인 정책은 오직 보건복지부 사업 개선을 위한 사회복지학의 영역이라고만 할 수도 없다. 3월 9일 대선을 앞두고 국민의힘과 더불어민주당의 장애인 5대 공약은 대통령 후보가 장애인을 어떻게 이해하고 있는지를 첨예하게 보여 준다. 어디까지나 장애는 사회성을 띠기 때문에 사회적으로 어떻게 받아들이느냐에 따라 장애인가 아닌가가 결정된다. 안경이 발명되고 보편화되기 전에 시력이 마이너스인 사람은 분명 장애인이었고 전근대사회에서 장애인은 가족부양의 원칙을 넘어설 수 없었다. 물론 전근대사회에서는 장애인을 '자립 가능한 사람'과 '자립하기 어려운 사람'으로 분류하여 복지정책을 펼쳤다.

"듣지 못하는 사람과 생식기가 불완전한 사람은 자신의 노력으로 생계를 이어 갈 수 있으며, 보지 못하는 사람은 점을 치고, 다리를 저는 사람은 그물을 떠서 살아갈 수 있지만, 오직 중환자와 불구자는 구휼해 주어야 한다."(정약용의 『목민심서』 중에서)

정약용의 『목민심서』에는 듣지 못하는 사람과 생식기가 불완전한 사람, 보지 못하는 사람, 다리를 저는 사람 등 직업을 갖고 자립이 가능한 경증 장애인은 자립하도록 하고, 그렇지 못한 중증 장애인은 국가에서 직접 구휼해 주어야 한다고 주장했다. 또한 자립 가능한 장애인에 대해서도 조세를 면제하고 잡역을 시켜서는 안 된다고 하였다.

세종대왕과 박연의 조선시대 장애인 5대 정책은 다음과 같다. 첫째, 조세와 부역 및 잡역을 면제했고 노비층도 신공을 면제해 주었다. 둘째, 장애인이 죄를 범하면 형벌을 가하지 않고 포로써 대신 받았으며 연좌제에도 면제해 주었으며, 정신장애인은 정상을 참작하여 감형해 주었다. 셋째, 부양자(도움을 줄 자)를 관에서 보내 주었고 넷째, 노인과 장애인에게는 쌀과 고기 같은 생필품을 하사해 주었다. 다섯째, 동서활인원이나 제생원 등 구휼기관을 설치하여 위기에 처한 장애인을 구제하였다.

고려와 조선 정부는 극빈자와 함께 장애인에 대해서도 체계적이고 지속적인 복지정책을 펼쳐 왔으나 후기로 갈수록 중간에서 관리들의 농간이 심해졌고, "굶주린 백성에게 지급하는 무상 양곡도 심히 불공평하여 환과고독이나 폐질자는 구호대상자 명부에서 누락되고, 향천의 양반으로 미력하나마 권세만 있으면 부호일지라도 모두 구호 대상에 들어있었습니다."(박만정의 『해서암행일기』 중에서)에서 살펴볼 수 있듯이 장애인의 처지가 열악해지고 장애에 대한 인식도 점차 비하적으로 바뀌어 갔으며 결국 조선왕조는 그렇게 끝나고 말았다.

II. 대통령 후보 장애인 관련 공약의 검토

(1) 국민의힘

첫째, 장애인이동권 공약을 살펴보자. 2월 23일까지 21일 동안 장애인이동권 시위가 있었던 가운데 국민의힘의 저상버스 투입, 장애인 콜택시 확대 등 이동권 보장 공약은 이와 같은 사건을 잘 인지한 것으로 보인다. 「교통약자의 이동편의 증진법」에 따라(2021. 12. 31.) 시내버스, 마을버스 등을 교체할 때 의무적으로 저상버스를 도입하는 내용을 담았지만 시외버스는 제외되었고, 버스 사업자가 도로 구조, 시설 등이 저상버스의 운행에 적합하지 않다고 승인받으면 저상버스를 의무 도입하지 않아도 된다. 故 박원순 시장이 약속해서 진행 중이었던 서울시 내 모든 지하철 역사에 1역사 1동선(1개 지하철역마다 1개의 엘리베이터를 설치하겠다) 개설은 283개 역사 중 22개가 여전히 계단만 있는 가운데 2022년 서울시 오세훈 시장은 이와 관련한 예산 자체를 삭제하였다. 이 같은 부분을 어떻게 해결할지 법 개정, 예산충원 계획 등이 없는 단순히 '저상버스 투입' 문구는 지킬 수 없는 공허한 문구에 지나지 않아 진정성이 보이지 않는 공약이다.

[표] 2022 대선 대통령후보 장애인공약

	국민의힘	더불어민주당
1	시외·고속·광역버스에 저상버스 투입, 장애인 콜택시도 확대	장애인 당사자 중심 정책·서비스 결정 체계 구축
2	주어진 액수 안에서 장애인 스스로 복지서비스 선택하는 '개인예산제'	장애인 소득 보장과 일자리·교육 기회 확대
3	4차산업형 인재 육성 및 장애인 고용 기회 확대	장애인 지역사회 자립 생활 지원
4	장애학생의 예술 교육 및 장애예술인 창작활동 지원 강화	여성, 고령장애인 등 다중 차별 장애인 지원
5	발달지연·장애 영유아를 위한 국가 지원 강화	발달·정신장애인 국가책임제 실시

둘째, 선진국의 개인예산제 도입은 장애인들의 필요에 기반한 다양한 서비스가 모두 마련되었을 때 가능한 시스템이다. 장애인들을 위한 모든 서비스가 마련된 가운데 선택지원을 하게 하는 것으로 현재 보건복지부 예산체계는 서비스당 관리 통제시스템일 뿐 장애인 개별에 따른 예산관리 통제시스템이 되려면 보건복지부 전면 개혁이 요구되는데 판을 뒤집지 않고 이러한 제도를 도입하겠다는 것은 항구는 만들지 않고 배 공장을 짓겠다는 허황된 말일 뿐이다.

셋째, 4차 산업형 인재 육성 및 장애인 고용 기회 확대 공약은 경증장애인과 중증장애인의 일자리 이해도가 상당히 부족한 공약이 아닐 수 없다. 4차산업형 인재인 빅데이터, 인공지능, IoT 직무개발과 교육을 수행하겠다고 하지만 실제 경·중증 장애인에게 이 같은 교육을 가르치려면 장애인정보화 강사부터 직무훈련이 필요하다. 한국지능정보사회진흥원에서 파견되는 장애인 정보화 강사가 할 수 있는 교육은 한글과 엑셀 인터넷 검색 수준만을 지도한다. 경증장애인의 경우 문서 관련 자격증 위주로 지도하고 중증장애인의 경우 인터넷 검색 등 도구 사용을 지도한다. 장애인의 4차 산업형 인재 육성과 민간사업체 협업 및 현장에 바로 직접 투입은 기업 현장에 어려움만 가중할 뿐이다. 근로지원인 등과 같은 직무를 복지전문가들이 만들어 내는 이유도 현장에 바로 장애인을 투입하지 않고 비장애인에게도 장애인과 통합의 시간을 허락하는 의미인데 후보자는 이를 이해하지 못하는 것으로 보인다. 또한 노인요양서비스 제도에서 시각장애인 안마사 방문 서비스 도입 등은 우리가 노인 또는 장애인이라고 하더라도 프라이버시를 모두 침해받는 것은 최소화하여야 하고, 약자가 약자를 돌봄에 있어서는 비장애인의 배려가 요구됨에도 약자와 약자가 만나는 접근을 재가에서 허가하는 접근은 결국 장애인과 노인과 같은 약자의 가족에게 돌봄을 떠넘기는 현실을 모르는 처사가 아닐 수 없다.

넷째, 장애학생의 예술교육을 위하여 국립한국복지대학에 장애인 문화예술 관련학과를 신설하겠다는 공약도 평택 인근의 장애학생에게는 약간의 도움이 될 수 있지만, 장애인 문화예술체계는 평생교육지원체계로 접근하여야 하는 기존의 연구와 전문가들의 제안을 뒤집는 일이다. 특히 장애학생 예술교육을 전담시키기 위해 전문상담사를 만든다는 발상 또한 황당하다. 전문상담은 장애인 복지를 담당하고 있는 사회복지사가 하면 되는 업무이다. 이와 같이 장애인체육지도자, 문화예술교육사와 같이 매해 국가가 검증을 통해 길러 내지만 적정한 수급 자체가 안 되는 직무 위에 별도로 장애예술전문상담사를 만들어 예술교육을 강화하겠다는 것은 전문상담사에게 어떤 특별한 적성이 요구되는지 알 수 없고 사회복지사들에게는 또 하나의 전문교육을 요구하는 일이 되어 직업선택의 자유에 있어 자격증 남발과 수요불활용은 위헌의 소지마저 있어 보인다.

다섯째, 발달지연·장애 영유아를 위한 국가 지원은 현재 조기개입센터를 도입하여 해결하겠다고 하였으나, 이미 병원, 대학 및 장애인복지관들과 사설치료센터들이 이미 조기개입 프로그램을 상당히 개발하였고 전통을 가지고 사회화지원을 위해 노력하고 있다.

(2) 더불어민주당

첫째, 장애인 스스로 정책과 서비스를 결정하는 체계를 만들고 이를 위해 국무총리 위원회를 대통령 위원회로 격상하고 장애인 관련 사무에 장애인을 더 많이 채용하겠다고 하였다. 장애인정책을 다루는 위원회 격상은 긍정적으로 생각할 수 있으나 '신청주의'라는 한계에 대해서는 여전히 인식하지 못하고 있다.

복지서비스를 완벽히 이해하고 자기에게 필요한 서비스를 신청하도록 하는 모든 일을 장애인에게 떠넘기는 것은 자기결정 자기책임의 원칙상 국가는 책임을 지지 않겠다는 것이다. 국가는 장애인과 장애인가족을 먼저 탐지하고 적절한 서비스를 먼저 제안하고 설명할 수 있어야 한다. 약자에게 모든 복지서비스 인지와 인터넷 신청, 구비서류 준비를 미루는 정부 앞에서 중증장애인은 스스로 정책과 서비스를 모두 결정하고 신청으로 나아갈 수 없기 때문에 후견인, 신탁관리인 등 별도의 직무를 가진 자가 요구되고 있는 것이고 장애인과 이해관계자의 욕구가 충돌될 때 국가가 객관화할 수 있는 시스템 도입, 스스로 결정한 것으로 의제할 수 있는 시스템 구축도 준비되어야 한다.

둘째, 장애인 소득보장과 일자리, 교육 기회를 확대하겠다는 목표 달성으로 소득 하위 70% 중증장애인에게 확대하고 최저임금 적용 제외대상 장애인의 정부 임금보조제도 도입, 중증장애인일자리 확대를 약속하였다. 중증장애인 위주의 정책을 짚은 것은 긍정적으로 보이나 임금보조제도나 중증장애인일자리 직무분석이 없이 기업단체협회 등 일방적인 국가의 지도 편달만으로는 중증장애인의 사회통합에 더 어려움을 가져올 수 있으므로 중증장애인일자리를 줄 수 없는 비장애인의 인식개선과 이와 관련한 규제 외 유인책 연구가 절실한데 이를 놓친 것으로 보인다.

셋째, 장애인의 지역사회 자립생활 지원 목표 아래 특별교통수단 지원 등 장애인 이동권 보장 약속은 허황되어 보인다. 여전히 눈앞에 있는 「교통약자이동편의증진법」 개정도 추진할 의지가 있는지 불분명한 상황에서 더 많은 법 제정과 예산이 들어가야 하는 유니버설 디자인 도입, 장애인 지원 공공주택, 장애인주치의 제도, 장애인재난정책 전담부서 등 여전히 특수한 사람들에게 특수한 의무로만 장애인을 떠넘기려 하는 비통합적 제안이다. 예를 들어 재난정책전문가는 전원 장애인 관련 교육을 받는 것이 맞고 장애인 지원 공공주택이 아니라 공공주택 자체의 수준을 끌어올려야 하며(1인 주거면적 4.2㎡ 어떻게 행복주택이라 할 수 있나. 일본은 8.8㎡, 영국 12.0㎡를 기준으로 하고 있다.) 장애인주치의가 아니라 의료공백의 발달장애인을 위한 발달장애인거점병원 활용부터 돌아봐야 한다. 발달장애인거점병원은 진료과목 간 협진체계를 구축하여 의료서비스를 제공하고, 자해·타해 등 행동문제를 치료하기 위해 보건복지부장관이 지정하는 의료기관으로 2016년 처음 공모를 통해 한양대학교병원과 양산부산대학교병원 등 2개소가 지정되었으며, 2019년 인하대학교병원, 강원대학교병원, 충북대학교병원, 전북대학교병원, 서울대병원, 연세대원주세브란스기독병원 등 6개소가 새로 지정되어 현재 8개소 운영 중이다. 그러나 장애인가족이나 장애인활동지원사가 발달장애인을 병원에 데려가기 위해서는 대학병원이 아닌 위급상황에 마을에 있는 병원을 맘 놓고 편히 갈 수 있어야 한다. 소아과, 내과, 치과 등 발달장애인 이해가 떨어지는 병원에서는 여전히 장애인은 장애인 병원으로 가 달라고「의료법」위반 행위를 버젓이 하고 있다. 서울시 장애인치과는 성동구 행당동에 하나 있어 1달을 기다려도 차례가 돌아오지 않고 일반 치과에서는 발달장애인을 진료해 주겠다는 치과가 거의 없다. 발달장애인 보조공학기기가 스마트 깔창이나 스마트 태블릿 처분하는 곳이 될 것이 아니라 마을 병원에서 발달장애인을 쉽게 검사할 수 있는 수많은 의료방식의 발전이 절실하다. 발달장애인을 병원에 잘 데려가지 못하는 고통은 가족에게 엄청난 스트레스로 그대로 전가된다.

넷째, 모든 장애인이 성별, 연령을 이유로 이중 차별을 받지 않도록 하겠다고 하면서 장애 여성, 고령 장애인, 영유아를 더 약자로 지정하였다. 비장애인의 약자적 판단과 장애인의 약자적 판단은 완전히 일치하는 것은 아니다. 여전히 장애인의 부양과 여러 가지 신청주의의 폐단으로 오는 판단은 장애인가족에 전담되어 있기 때문에 장애인이 성인이 될수록 부모는 고령이 되어 이를 지지하기가 어렵다. 그러므로 장애인 중 더 약자의 선별은 여성, 고령, 영유아라서가 아니라 신청주의로 일관하고 국가는 서비스 판매자로 군림하는 한 장애인에게 모든 서비스 신청과 결정의 책임이 전가된다. 오히려 부모 없이 후견인 또는 활동지원사에게만 맡겨져 스스로 판단할 수 없는 발달장애인, 정신장애인에 대한 국가의 원격개입, 기혼 중인 장애여성 모니터링 상시화와 같은 구체적 생애사별 어려운 시기 개입할 사례관리에서 약자가 발견되므로 여성, 고령, 영유아와 같은 보편적 기준으로 차별방지를 약속하는 것은 첫째 공약인 맞춤형 서비스의 일부분 수준의 공약이다.

마지막으로 발달, 정신장애인 국가책임제를 실시하겠다는 구상 아래 장애인 활동지원제도 개선, 권익옹호 지원체계 및 위기지원체계 확립은 후보자가 다섯 개 공약 중 발달, 정신장애인 정책의 취약성을 인지하고 있다는 점에서는 긍정적이라고 할 수 있으나 권익옹호 기존 체계의 문제점을 알고 있는지, 정신장애인의 위기는 어떤 상황으로 인지하고 있는지 알 수 없고 추상적인 구호에 그치고 있어 답답할 뿐이다.

III. 마치면서

이 세상에 장애인이 되고 싶은 사람은 아무도 없다. 장애인가족 역시 마찬가지이다. 그러나 장애인은 비장애인과 함께 살아가야 하고 영원한 장애인도 영원한 비장애인도 세상에 없다.

그렇기에 국가는 국민을 분열시키지 않을 의무가 있고 장애인의 입장을 비장애인에게 이해시켜 주고 장애인이 참작받아야 하는 문제와 위기 상황을 인지하며 거대한 예산과 시스템으로 국가가 지원, 관리, 감독할 대상과 최소한의 생계 및 의료, 법률 문제를 해결할 의무를 진다.

이에 대해 양 후보 모두 이해도가 현저히 부족하지만 더불어민주당의 장애인정책이 그나마 중증장애인을 보다 두텁게 보호하고자 하고 있고 발달장애인과 정신장애인 정책의 부족을 인지하고 있다. 그러나 대안의 추상성은 단점이 아닐 수 없다.

전통시대 장애인은 결코 천시받지 않았고 자기 나름의 직업을 가지고 심부름, 청소와 같이 자기 몫을 하며 살아갔다. 그러나 20세기 이후 산업화가 촉진되고 자본주의의 병폐가 심화되면서 장애인은 가난하게 살 수밖에 없었고, 정부는 집단수용시설을 만들어 사회로부터 격리시켰으며, 비장애인은 자신도 모르는 사이에 그들을 이방인으로 취급하고 혐오감을 가지게 되었다. 사실 장애인 문제는 모두 비장애인의 일방적인 판단으로 인한 것이다.

TV 드라마 PD는 비장애인으로 장애인은 늘 바보처럼 그려지고 가족에 부담이 되는 모습이 일쑤이거나 비상한 능력으로 비뚤어진 마음을 가지고 있다가 이용당한다거나 뉴스 보도국장도 비장애인으로 사건사고에는 정신장애인을 지목하는 등 그냥 같이 사는 인간으로 그려지지 못하고 있다. 제도는 불안에 대한 적립금 같은 것이다. 인식 개선이 따라오지 못할 때, 제도는 인식이 따라올 수 있는 윤활유가 되어 줘야 한다. 이와 같은 장애인에 대한 오해는 정확한 장애인 정책을 세상에 나오지 못하게 한다. 장애인과 장애인가족의 문제를 정확히 인식하기 위해 두 후보는 겸손한 마음으로 공부가 더 필요하고, 장애인의 처지가 더욱 열악하고 장애인을 비하할 때 국가는 모두 무너졌다는 사실을 인지해 주기 바란다.

위례시민연대, 뉴스레터 19호, 2022. 3. 3.

공공대출권 제도 도입,
출판사업자들의 이익 챙기기로 볼 수 없다

　학부모들 네트워크 방에 「저작권법」 일부개정법률안(김승원 의원 등 11인)을 두고 "도서관 대출 유료화하자고 올라왔네요. 어떻게 생각하시는지요? 오늘까지 반대의견 낼 수 있다고 합니다. 현재 아이들과 시민들이 이용하는 도서관을 이렇게 한 사람의 생각으로 입법 예고가 가능한 것이 놀랍고 정말 무엇을 위해 일하는지 모르겠습니다. 책도 맘 편하게 읽을 수 없는 건가요? 동참해서 반대의견 내 주시고, 많은 공유 부탁드립니다."라는 글이 올라왔다. 또한 구름빵 사건, "4,400억 원의 매출을 올리는 동안 작가에겐 1,850만 원만 돌아갔다."라는 내용의 기사가 '동아일보'에 처음 보도된 이후 245건(수천억 원이라고 한 기사는 21건)이나 인용되고 있다는 사실을 보고 출판사업자들의 억울함은 누가 해결해 줄 것인가 생각하여 이렇게 몇 자 적어 본다.

우선 공공대출권은 EU 국가의 경우를 적용함으로 인하여[2] 출판산업에서 공공대출권이 거의 도입되었는데, 덴마크를 최초로 하여 노르웨이, 스웨덴, 핀란드의 공공대출권 도입으로 북유럽식 사회 민주주의 모델이라는 평가를 받고 있다. 영국도 「저작권법」 외에 별도 법률인 「공공대출권법」(Public Lending Right Act)을 1979년 제정하여 공공대출권을 보호한 뒤 「디지털경제법」(Digital Economy Act 2017)을 제정하여 전자책과 오디오북에 대한 공공대출권을 적용하고 있어 이미 34개국에서 이 제도를 시행하고 있다.

독일은 1965년, 「저작권법」 제27조에서 영리 목적으로 하는 대여행위에 대하여 저작자에게 적정한 보상을 지급하도록 규정하였는데[3] 이후 「저작권법」 제27조에서 규정한 서로 다른 유형의 도서관 간에 설정된 법적 효과의 차이인 영리 대여에 대한 보상의무와 공공대출에 대한 무료는 헌법에 위반되는 것이 아니며, 법에서 규정한 모든 대여에 관하여 보상의무를 포함하도록 입법자를 강제해야 하는 것은 아니라고 판결하여

---

[2] 대여권 및 대출권 그리고 지적재산권 분야 중 저작권 관련 권리에 관한 1992년 11월 19일 유럽공동체 지침(Council Directive 92/100/EEC of 19 November 1992 on rental right and lending right and on certain rights related to copyright in the field of intellectual property)을 근간으로 하고 있고 이어 Directive 2006/115/EC of the European Parliament and of the Council of 12 December 2006 on rental right and lending right and on certain rights related to copyright in the field of intellectual property(codified version)로 조정되었다.

[3] 김문환·이상정·양명조·양영준, 저작권법상의 대여권에 관한 연구, 문화부, 1991, 59면 제27조(대여 및 대출에 대한 보상) ① 제17조 제2항에 따라 그 재배포가 인정된 저작물의 복제물이 대여된 때에는 그 대여가 임대인의 영리목적에 봉사하는 경우 대여인은 저작자에게 적정한 보상금을 지급하여야 한다. ② 제1항의 규정은 오로지 임대목적으로 발행된 저작물에는 적용하지 않는 것으로 한다.

영리적 대여와 공공 대출의 보상을 작가에게 항상 동일하게 지급할 필요는 없다고 하였다.[4] 이후 독일은 1972년 「저작권법」 제27조[5] 규정으로 1973년 1월 1일부터 모든 도서관에서 적용을 받았고, 프랑스는 2003년에 같은 제도가 도입되었다.[6]

국내에서는 공공대출권에 대한 논의가 「저작권법」 전면개정안에 있었으나 결국 삭제되었다. 2020년 7월 15일 「저작권법」 전면개정(안) 발표에 나온 공공도서관 대출권은 개정안 제49조의2 내지 제49조의5에서 논

---

4) BVerfGE 31,229 : Kirchen-und Schulgebrauch. 박성호, 공공대출권 도입필요성에 대한 기초연구, 한국저작권위원회, 2018.12, 57면 재인용

5) 제27조(대여 및 대출에 대한 보상) ① 저작자가 녹화물 또는 음반에 관한 대여권을 음반제작자 또는 영상제작자에게 설정한 경우 대여자는 저작자에게 그 대여에 대한 적정한 보상을 지급하여야 한다. 보상청구권은 포기될 수 없다. 보상청구권은 사전에 집중관리단체에 대해서만 양도될 수 있다. ② 제17조 제2항에 따라 재배포가 허용된 저작물의 원본 또는 복제물을 대출함에 있어서는 공중이 접근할 수 있는 시설(도서관, 녹화물이나 음반 기타 원본이나 복제물의 수집시설)을 통해 원본이나 복제물이 대출되는 경우에는 저작자에게 적정한 보상이 지급되어야 한다. 제1문에서의 대출은 시간적으로 제한되고 직간접적으로 영리목적에 기여함이 없는 사용이전행위를 말한다. 제17조 제3항 단서는 여기에 준용한다. ③ 제1항 및 제2항에 따른 보상청구권은 오직 집중관리단체를 통해서만 행사될 수 있다.

6) 프랑스는 이른바 '용도지정권(droit de destination)'이라 불리는 특유의 권리가 인정되어(제131-3조) 저작물의 복제물이 유통된 후에도 그 복제물의 용도(대여 및 대출을 포함)를 통제할 수 있으므로 법적 대응이 완료되었다고 하여 유료대출그룹과 무료원칙 유지 주장그룹이 팽팽하게 맞섰으나 대중에게 무료로 자료를 대출함으로써 발생하는 저작권자의 판매감소분에 대한 예상손실액을 저작권자에게 보전해 주는 보상금제도인 공공대출권을 시행하고 있다. 서점과 도서대출기관은 작가와 출판사에 일정의 저작권료를 지급하는 임무를 맡은 프랑스작가수익협회에 작품 판매와 구입에 관해 신고해야 하고 디지털 도서는 출판사 자율에 맡기고 있다.

의되었는데[7] 주요내용을 살펴보면 공공도서관의 저작물 대출 이용의 근간이 되는 저작자 및 출판사업자들에게 경제적 이익과 권익 향상을 위하여 공공대출 보상금 제도를 도입하며 보상금 산정 대상이 되는 도서 범위를 한정하는 것으로 도서가 마지막으로 발행된 다음 해부터 기산하고 20년이 지난 도서에 대하여는 지급하지 않는다는 것이 주요 골자였다(제49조의2). 또한, 보상금 지급 기준을 한정하는 것으로 도서의 종류, 대출 횟

---

7) 2020년 「저작권법」 전면개정안에 삭제되었지만 공공대출권 관련 국가 개정안이 마련되었다.

현행	개정안
〈신설〉	제49조의2(공공대출에 대한 보상) ① 제20조 단서에도 불구하고 「도서관법」제2조제4호에 따른 공공도서관을 운영하는 자(이하 이 절에서 '도서관 운영자'라고 한다)는 대통령령이 정하는 도서(맨 처음 대한민국에서 발행등 또는 출판된 것에 한한다)를 공중에게 대가를 받지 아니하고 대출하는 경우 문화체육관광부장관이 고시하는 기준에 따른 보상금을 그 저작자와 '출판문화산업 진흥법' 제2조제2호 및 제9조제1항에 따른 출판사에게 지급하여야 한다.
〈신설〉	② 제1항에 따른 보상금은 도서가 마지막으로 발행된 날의 다음 해부터 기산하여 20년이 지난 도서에 대해서는 지급하지 아니한다.
〈신설〉	제49조의3(보상 기준의 마련 등) ① 문화체육관광부장관은 제49조2에 따라 지급하는 보상금 기준을 정함에 있어 다음 각 호의 사항을 고려하여야 한다. 1. 도서의 종류 2. 도서별 대출 횟수 및 보유 수량 3. 그 밖에 도서 대출로 인하여 도서 판매에 영향을 주는 사항 ② 문화체육관광부장관은 제1항에 따른 기준을 정하기 위하여 필요한 정보를 도서관 운영자에게 요청할 수 있다.
〈신설〉	제49조의4(보상 지원) 국가는 제49조의2에 따라 도서관 운영자가 지급하여야 하는 보상금을 예산의 범위에서 지원할 수 있다.
〈신설〉	제49조의5(지급절차 등) 제49조의2에 따른 보상금 지급 절차 및 제49조의3제2항에 따른 정보 요청 방법 등에 관한 사항은 대통령령으로 정한다.

수, 보유 수량, 도서 판매에 영향을 주는 사항에 대하여 규정하고(제49조의3), 문화체육관광부장관이 이를 파악하기 위한 필요 정보를 도서관 운영자에게 요청할 수 있도록 하였다. 국가가 도서관 운영자가 지급하여야 하는 보상금을 예산 범위 내에서 지원할 수 있도록 하고(제49조의4) 지급절차 보상금 지급기준 한정 관련 정보요청 방법 등에 관한 사항은 대통령을 통하여 정하도록 하였다(제49조의5).

그러자 김승동 의원 등 11인의 국회의원이 제49조의1에서 5가 아닌 제31조의2 "공공대출보상금의 지급 등"이라는 규정을 다시 도입하고자 하고 있고[8] 입법예고기간(2022. 4. 7.~4. 16.)에 달린 의견들은 2021년 8월 25일 한국도서관협회의 성명서에 영향을 받아 "일련의 전자책 침해 소송과 공공대출보상권 도입 시도는 결국 도서관으로 대표되는 저작물 이용자의 권리를 심각하게 훼손하고 저작물 관련자 간 불균형과 갈등을 심화시킬 수밖에 없어 누구에게도 도움이 되지 않는다."라는 입장에 서서 이를 반대하고 있다.

이와 같은 공공대출권 논의는 도서 대출의 증가로 인하여 저작자 및 출판사업자에게 발생한 손해를 보전하고 정당한 보상금 지급을 통하여 창작자 보호에 이바지하겠다는 것이지만 우리나라의 경우, 일본 등 다른 나

---

[8] pal.assembly.go.kr/search/readView.do?lgsltpaId=PRC_A2A2A0C1Y-2O4V1B3Q4O2Z4I3S3K4H7 ; 저작권법 제31조의2를 다음과 같이 신설한다. 제31조의2(공공대출보상금의 지급 등) ① 도서관 등은 제31조에 따른 도서 등의 복제·전송 외에 도서등을 공중에게 대가를 받지 아니하고 대출하는 경우 상당한 보상금(이하 공공대출보상금이라 한다)를 해당 저작재산권자에게 지급하여야 한다. ② 공공대출보상금의 지급 등에 관하여는 제25조 제7항부터 제11항까지를 준용한다. ③ 공공대출보상금의 산정기준, 대상자료의 범위 및 보상 대상자는 문화체육관광부령으로 정한다. ④ 문화체육관광부장관은 공공대출보상금의 지급에 필요한 비용의 전부 또는 일부를 도서관 등에 지원할 수 있다.

라에 비해 도서 가격이 싼 편에 속하고 소장을 즐겨하는 인구가 분명 존재하므로 도서관과 서점이 경쟁적 관계에 있는지 규명되지 않아 「저작권법」의 공공대출권 제도 도입은 계속 무산되었다. 즉, 공공대출권 도입을 위해서는 실질적으로 도서관의 대출이 출판사의 매출 감소와 직결되는지 여부, 출판사가 지급 대상에 포함되는 것이 적정한지 여부, 보상금 산정 기준에 따라 베스트셀러 작가에게 대부분의 보상금이 분배될 확률이 높으므로 이 같은 부작용은 어떤 관점에서 접근할지에 대한 우려, 도서관 예산에서 보상금을 마련할 경우 국가재정이 한정되어 있어 도서 구매 감소 등 운영상 어려움이 생겨날 수 있어 국가가 도서관 예산의 추가적 편성 가능한지 등의 이유로 출판사업자의 이익 챙기기로 보이고 있는 것이다.

그러나 각국에서 공공대출권이 도입될 때(1965년 독일에서 2003년 프랑스에 이르기까지) 이러한 것이 규명되지 않아도 도서관과 서점은 출판산업에 있어 경쟁적 지위에 있음이 당연히 인정되었고 음악과 컴퓨터 프로그램은 대여권이 인정되는 형평에 비추어 볼 때 유달리 출판산업에 있어서만 우리는 보수적 견지에 있음을 알 수 있다. 예를 들어 음반제작자는 음을 고정하는 일을 하는데 「저작권법」상 복제권, 배포권, 대여권, 전송권뿐 아니라 여러 사업자들에게 사후 보상청구권을 가진다. 그러나 출판사업자들은 현재 복제권, 배포권만이 인정되고 있어 대여나 전송과 같은 행위에도 스스로 방어하지 못하는 한계를 가지고 있다. 문화산업에 있어 출판산업에 대한 차별은 여기에 그치지 않는다. 구름빵 사건과 유사한 사건은 다른 산업계에도 상당히 있었지만 출판사업자들에게 씌워진 이익 프레임은 실질적인 문화법 연구자인 내가 보아도 지나치게 과잉으로 보도되고는 한다.

공공대출권의 문제는 결국 출판산업을 허약하게 만들어 절판도서가 많아지고 중요한 지식전달체계를 흔드는 최소한의 정책이고 궁극적으로는 우리 국어를 지키는 문제로 귀결된다. 이미 대부분의 국가가 공공대출권을 가지고 있고 프랑스가 2003년으로 공공대출권 도입을 마친 상태이다.

　여기에 모두 열거할 수는 없지만 진흥의 체계와 규제의 체제에서 다를 것 없이 각각 「출판문화산업진흥법」, 「음악산업진흥에 관한 법률」을 분법화 체계로 갖고 있음에도 불구하고 음반제작자와 출판사업자가 왜 「저작권법」 내에서는 차별받는 것일까? 출판산업이 음반산업보다 더 부유하거나 산업적 체계로 음반산업과 달리 지원받지 않아야 하는 이유는 어디에도 없다.[9] 음반산업이 출판산업보다 더 어려워서 보충적으로 권리를 출판사업자보다 더 많이 가져야 한다거나 음을 고정하는 데 드는 노동이 출판 노동보다 현저하게 위험성을 감수해야 하는 작업이라서 출판보다 더 특별히 보호하여야 하는 노동이라고 볼 수는 없다. 이런 의미에서 볼 때 명확한 보호법익을 설정할 필요가 있는데, 음반산업과 출판산업 모두 저작물의 활성화와 문화창달을 위해 국가가 반드시 보호하여야 하는 산업임에 틀림이 없으므로 비록 양 산업이 평등하지 않고 상대적 평등을 의미한다고 해도 어떤 것이 같고 어떤 것이 다른지를 출판산업에 설명할 의무는 국가에게 있다고 하여야 한다.

　이미 음악은 다운로드로 구매를 한 다음에도 다시 스트리밍을 할 때마

---

9) 헌재 1992.4.28. 선고 90헌바24. 우리 헌법이 선언하고 있는 인간의 존엄성과 법 앞에 평등은 행정부나 사법부에 의한 법적용상의 평등만을 의미하는 것이 아니고, 입법권자에게 정의와 형평의 원칙에 합당하게 합헌적으로 법률을 제정하도록 하는 것을 명하는 법내용상의 평등을 의미하고 있기 때문에 그 입법내용이 정의와 형평에 반하거나 자의적으로 이루어진 경우에는 평등권 등의 기본권을 본질적으로 침해한 입법권의 행사로서 위헌성을 면하기 어렵다.

다 전송권에 의한 사용료를 음반제작자와 작곡가, 작사가가 누리고 있다. 출판산업은 왜 그래서는 안 되는지 「헌법」상 평등권의 견지에서 충분히 설명된다면 공공대출권은 출판사업자의 이익 챙기기로 비난받아야 마땅하다.

위례시민연대, 뉴스레터 21호, 2022. 5. 2.

세상에 버릴 사람은 아무도 없다

"전통사회에서 장애인은 단지 몸과 마음이 불편한 사람일 뿐 그 이상도 이하도 아니었다. 그들은 장애인이라 천시되지 않았고, 자신들의 특성에 맞는 직업이 주어졌으며, 양반층의 경우는 과거를 보아 관직에 오를 수도 있었다. 그들은 엄연한 사회의 한 일원이었던 것이다.

그러나 근대 이후 물질이 모든 것을 좌우하는 물질만능주의 사회가 되면서 장애인은 쓸모없는 인간으로 전락하고 말았다. 그래서 이들은 물질적 생활고와 함께 사회적 천대를 받으며 주의의 도움도 하나 없이 고통을 홀로 견뎌내야만 했다."(정창권, 『세상에 버릴 사람은 아무도 없다』 중에서)

근대 장애인이 이러한 고통 속에서 살아가는 것도 그렇지만 그들과 함께 살아가는 가족들의 처지에 대해서도 관심을 가질 필요가 있다. 장애인에 대한 인식이 좋지 않은 시대에는 그들과 같이 살아가는 가족들도 어떤 형태로든 고통을 겪지 않을 수 없었기 때문이다. 시각장애인의 아내, 발달장애인과 정신장애인의 엄마, 뇌병변장애인의 형제 등 장애인가족의 문제에 대해서도 관심을 기울여야 하는 것이다. 현재 송파구에는 장애인가족지원조례가 없다.

서울시 25개 구 중 14개 구(동대문구, 강북구, 도봉구, 양천구, 금천구,

서대문구, 강서구, 성북구, 영등포구, 마포구, 종로구, 중구, 구로구, 동작구)만이 장애인가족지원조례가 제정되어 있다. 장애인가족지원사업은 연속성 있게 지원되어야 할 복지사업으로서 그 중요성이 크기 때문에 본 조례의 제정은 반드시 필요하다.

이미 조례가 제정되어 있는 14개 구의 경우 장애인가족지원센터가 안정적으로 사업을 하고 있는 반면, 송파구는 장애인가족지원조례가 없이 운영되고 있어 언제라도 장애인가족을 위해 최소한의 필요한 사업을 수행하는 데 위기가 있다고 하겠다.

예를 들어 중복장애(뇌병변 및 지적) 자녀를 양육하는 맞벌이 가정이 평일에는 장애인활동지원서비스를 신청하여 돌봄을 받고 있으나 주말에 긴급한 사유로 일을 나가거나 집안의 경조사 및 장애자녀를 동반할 수 없는 상황에 처하는 경우 긴급돌봄이 필요하며, 현재로서는 무급 자원봉사자를 활용하여 대응할 수 있지만 자원봉사자를 구하기도 어려울 뿐만 아니라 장애인가족지원센터의 위치가 구내 불명확하여 장애인의 상동행동이나 여러 가지 갈등 발생 시 자원봉사자를 보호할 수 있는 체계가 존재하지 않는다. 그리하여 장애인가족이 지역사회에서 살 수 있도록 긴급돌봄과 복지정보의 안정적 제공 등 장애인가족지원사업을 근거로 둘 수 있는 구청장의 책무로서 지원계획 수립, 지원, 장애인가족지원센터의 설치 및 위탁, 해지, 해지, 지도, 감독, 자문 등의 규정을 제안하는 것이다.

장애인가족지원조례를 통하여 장애인 자녀나 배우자의 돌봄지침서 자료를 장애인가족지원센터가 보관하도록 하고 장애인가족의 부재가 갑자기 일어나는 경우 이를 근거로 장애인당사자의 미래를 설계할 수 있도록 할 뿐 아니라 장애인자녀로 인한 장애인가족의 자살은 막아야 하는 것이 우리 사회의 책무라 할 것이다.

부디 신속한 장애인가족지원조례 제정을 통하여 장애인가족의 사회적 타살을 막을 수 있기를 바란다.

위례시민연대, 뉴스레터 22호, 2022. 7. 19.

원자력 손해 책임집중 제도의 개선과 탈핵 선언을 촉구한다

원자력 발전 인근지역의 주민들은 원자력을 다루는 모든 사람들이 책임 있게 행동하기를 원하고 있으며 이와 관련한 기초 정보를 주민들에게 자주 알려 주어야 한다고 주장한다.

우리 「원자력손해배상법」(이하 '원배법'이라고 약칭한다) 제3조 제1항 본문은 "원자로의 운전등으로 인하여 원자력손해가 생겼을 때에는 해당 원자력사업자가 그 손해를 배상할 책임을 진다."라고 규정하는 한편 동조 제2항 본문은 "원자력손해가 원자력사업자 간의 핵연료물질 또는 그에 의하여 오염된 것의 운반으로 인하여 생겼을 때에는 그 핵연료물질의 발송인인 원자력사업자가 그 손해를 배상할 책임을 진다."라고 하여 원자력손해가 발생한 경우 그 손해에 대하여는 원자력사업자만이 책임을 지고, 그 이외의 사람은 그 손해배상 책임을 지지 않음을 규정하고 있다. 이 두 개의 항(項)으로 책임집중의 원칙은 인정될 수 있지만, 1975년 「원자력손해배상법」을 개정하며 동조 제3항을 신설하여 "제1항 또는 제2항의 경우에는 동항의 규정에 의하여 손해를 배상할 책임을 지는 원자력사업자 이외의 자는 그 손해를 배상할 책임을 지지 아니한다."라고 함으로써 원자력손해배상에 있어서 제3자는 손해배상책임이 면책됨을 명시하고 있다. 이러한 원자력손해배상에 있어서 책임집중제도 내지 원칙은 거의 대부분 국가의 원자력손해배상 관련 법에 규정되어 있는데 이와 같은 책임집중 제도는 ① 손해배상 청구의 상대방 특정이라는 피해자의 이익, ② 원자로를 직접 운영하지 않는 원자력 시설의 설치·운영에 관계된 자 즉 원자력 시설의 공급자가 손해배상책임을 추궁당하는 것을 두려워하지 않아도 된다는 이익, ③ 원자력 손해에 관한 보험제도 확립이라는 3가지 요청을 배경으로 제정되었으나 원자로를 직접 운영하지 않는 원자력 시설의 설치·운영에 관계된 자 즉 원자력 시설의 공급자를 원자력사고 책임으로부터 면책시키기 위해 도입된 것이라고 한다. 즉 원자력 시설은 대부분 원자력 발전의 선진국이었던 미국 또는 영국으로부터 수입된 것인데, 원자력 시설 수출업체로서는 그 시설로부터 원자력사고가 발생하였을 때, 면책을 위하여 책임 집중의 원칙을 요구하였다고 한다.

이에 대해 정부는 원전의 안전성과 위험성에 대해 얼마나 원전이 안전하게 운영되고 관리되고 있는지 어떤 사고가 왜 일어났고 어떻게 처리되고 있는지 원전 안전운영정보시스템 OPIS를 2003년부터 개설하여 국내뿐만 아니라 해외 원전의 운영현황과 사고자료, 안전성능지표를 공개하고 있다고 주장한다. 물론 여기에는 해외 원전 운영현황과 더불어 좋은 정보도 많지만(먼저 해외 원전 운영현황이 나와 있는데 미국이 현재 총 103기로 가장 많은 원전을 보유한 나라이며, 프랑스, 일본, 중국, 러시아가 그 뒤를 잇고 있다. 우리나라는 총 29기로, 6번째로 원전이 많은 나라이다.) 국내 원전의 사고 및 고장에 대한 정보는 2018년 이후에는 업데이트가 되어 있지 않아 진정성 있는 정보라고 보기는 어려운 부분이 있다. 정작 원전과 국민이 관련된 정책 의사 결정에서는 비공개인 경우가 다수이고 가장 위험한 정보(고리원전 1호기의 '블랙아웃' 사건)는 밝혀지지 않는 경우도 존재하고 있어 꼭 필요한 정보는 아니라는 지적이 있다.

원자력 발전은 탈석유화 시대에 화석연료 사용으로 인한 지구온난화 문제에 대응할 수 있는 무탄소 배출 에너지이자 친환경 에너지인 것은 틀림이 없다. 그러나 연료봉의 짧은 수명에 모순되게 원전에서 다 쓰고 남은 폐기 연료봉은 방사성 물질을 수만 년간 방출하며 관리가 필요하고 폐기물 관리뿐만 아니라 인건비, 토지오염, 토지 효율에 대한 손실도 우려되어 경제적 효율성에 대해 인정할 수 없다. 후쿠시마 원전 사고 이후 전 세계는 탈핵을 외치고 있다.

2011년 3월 11일 동일본대지진 직후 핵분열 반응을 멈추기 위해 제어봉을 후쿠시마 제1 원자력 발전소(FDNPP) 원자로에 삽입했지만 이후 쓰나미로 원자로 냉각 시스템이 파괴되었다. 각 원자로에서 나오는 연료 잔해 물질은 냉각되어 안정적이라고 하나 연료 파편의 회수 및 관리에 있어서 연속적인 핵분열 반응은 심각한 안전 및 물질 관리 위험을 초래할 수 있다.

2022년 7월 25일, 일본은 후쿠시마 원자력 발전소에서 발생하는 오염수 130만 톤을 바다로 방출하기로 결정했다. 7개월 후인 2023년 2월쯤에는 어류를 많이 취식하는 우리나라, 제주도 앞바다까지 올 예정이라고 한다. 오염수의 삼중수소를 제외한 방사성 물질을 모두 제거했기 때문에 문제가 없다는 일본의 주장 아래 국제원자력기구 IAEA마저 일본의 방사능 오염수 방류에 문제가 없다며 일본 편을 들고 있다. 방사능 오염수의 삼중수소는 사람의 몸에 흡수되면 유전자 변형, 암 유발, 생식능력 저하 등 치명적이고 파괴적인 부작용을 낳을 수 있다. 전 정부는 강력히 국제해양법재판소에 소를 제기하여 이를 문제화하려고 노력하였으나 현 정부는 수입 수산물 유통이력 신고 및 원산지 단속대상 어종 확대 등 수산물 안전관리를 강화시키고 해양 방사능 감시체계를 확대하겠다고 하였다. 특히 일본이 원전 오염수를 국제기준(IAEA)에 부합하게 처리하는 데

협력하겠다고 하였다. 앞서 정부는 국제해양법재판소에 제소하고 일본 오염수 방류계획을 동의할 수 없다는 중국의 입장과 함께했지만 동 정부는 국제기준에 부합하는 경우 문제되지 않는다고 밝힌 것이다.

    이러한 문제는 정치적으로 대응할 일이 아니다. 우리 후손들의 목숨이 달려 있는 문제이기 때문이다. 국내에서는 환경에 대한 우리 생활의 재점검에 대한 각성의 시도 운동이 일어나고 있다. 전 세계적으로 탈핵을 외치고 있는 정세에 반해 우리나라는 새 원전을 세우고, 노후화된 원전을 계속 운행하는 등 많은 위험을 감수하고 있다. 이에 우리나라 또한 이유 있는 세계 정세를 돌아보고 탈핵 선언을 외쳐야 할 것이다.

위례시민연대, 뉴스레터 23호, 2022. 10. 13.

가상현실, 일상의 피난처가 아닌 삶의 연장이다

가상과 현실의 경계가 허물어 가는 사회에서 가상현실이 현실의 연장선상으로 제대로 인정받고자 하는 경우 그러한 편의성을 가상에서 누린다면 그에 따른 책임도 다하여야 할 것이다.

즉, 메타버스가 많은 분야에서 일상의 연장으로 훌륭한 역할들을 해 나가고 있지만 여전히 가장 문제 되고 있는 부분은 보안 위협이라고 할 것이다. 가상의 A와 현실의 A가 같은 사람임을 인증하는 사용자인증으로는 실제 사용자인지 확인하는 것이 충분하지 않은데, 미성년자가 부모의 신분을 이용하여 게임을 하는 경우 등에서 실제 가상의 A와 현실의 A가 다른 일이 많기 때문이다.

최근 메타버스 내에서는 사용자 인증에서 더 나아가 지속적으로 커뮤니티를 형성하고 현실의 삶이 확장된다는 측면에서 안면 인증 등과 같은 보다 강한 보안이 요구된다. 즉, 아바타 인증의 영역은 이용자가 얼마나 머물고 어떤 아이템을 클릭했으며 누구와 주로 인간관계를 맺는지 실질적인 현실의 확장 측면이 더 강하기 때문에 단순히 게임을 누리기 위한 오락보다는 더 강한 보안경영이 요구된다.

메타버스 보안경영의 위협은 내부에서 스토킹, 사기 등 아바타가 현실에서도 동일한 수준의 책임 있는 행위를 하게 하는 것을 요구하는 규범적 인간에 맞는 보안을 요구하므로 휴먼해킹의 영역에서 접근하여 보다 높은 수준의 보안을 요구하여야 한다.

메타버스 사업자는 플랫폼 사업자로서 공간정보를 관리할 수 있지만, 현실에서 매장의 사업자가 CCTV 등으로 이용자의 공간을 살펴보아 누굴 만나는지, 어디에 머무는지, 무엇에 관심을 가지는지 수집하는 것은 사생활 침해의 여지가 있다. 그러나 메타버스 내에서 사이버 범죄 등을 예방하기 위해서는 이러한 이용자의 이용 내역을 수집하는 것이 부득이하게 요구되는 부분이 있고 이를 근거로 해야지만 사이버 범죄의 증거를 찾아낼 수 있기 때문이다.

메타버스 보안에 있어 적절하게 위협적인 요소를 효율적으로 경영하기 위해서는 어디까지나 사생활의 침해와 이용자의 이용정보 수집의 관계를 해소할 필요가 있게 된다. 효율적인 메타버스 보안은 이상행동 탐지 시스템이라 할 수 있으므로 사이버 범죄를 예방하고 메타버스 산업이 활성화되기 위해 메타버스 플랫폼 사업자는 현실에서의 CCTV와 같은 역할에서 한 단계 더 나아가 이상행동을 탐지하고 이를 저지할 수 있으며 이의가 제기되면 이를 해소하는 경찰의 역할까지 요구된다.

메타버스 활용과 관련하여 많은 사람들이 게임과도 같은 과몰입 방지 정책이나 사이버 멀미감 해소를 위한 이용시간 제한 등의 요소가 요구된다고 할 수 있는데, 이 경우 메타버스 내 체류시간과 사이버 멀미와의 관계와 당해 정보가 의료정보인지 등의 많은 법적 연구가 요구되는 분야라고 하겠다.

메타버스 내에서 보호되는 법익이 가상현실과 다를 바 없다고 했을 때 보안 대상으로 하여야 할 정보는 무엇인지 기준을 마련할 필요가 있고 가상현실과 실제상의 인증이 최초에만 있어서는 안 되고 매회 되어야 할 뿐 아니라 보편적인 사용자 인증이 아니라 안면 인증과 같은 휴먼 인증이 되어야 할 것이다. 메타버스는 현재 거울 세계라고도 하여 현실의 책임과 같거나 더 가중하게 처벌하는 것이 적절하다는 주장이 많은 가운데 추적하면 안 되는 정보는 메타버스 내에서도 추적할 수 없는 것인지 메타버스가 커뮤니티 외에도 공적인 목적으로도 활용되는데 그저 사적인 영역, 사생활의 침해 법리로 접근하는 것이 적절한지 이용자의 정보주권을 중심으로 고민해야 할 문제라고 볼 수 있고 이러한 것들이 해결되면 메타버스 산업은 사이버 범죄의 장소가 되지 않고 활성화될 수 있을 것이다.

최근 메타버스 내 많은 커뮤니티가 키즈라고 하는 초등학교 이하의 어린이들의 소통 장소로 활용되고 있는데, 부모에게 자녀의 교육권을 가졌다는 이유로 자녀가 어느 방에 얼마나 머물렀는지 어떤 아이템을 구매했는지 등의 정보를 제공하는 서비스를 해도 되는지 의문을 가진다고 한다. 때에 따라서는 오프라인상 발생할 위험을 온라인상으로 경험하여 아이들의 훌륭한 교육 장소가 될 수도 있고 청소년들에게 안식처가 될 수 있으나 범죄가 있는 경우 장소를 특정하기가 곤란하고 입증의 어려움을 가지고 있으며 현행 제도인 등급제도 등을 그대로 적용해도 되는 것이 적절한지 논의가 필요하다.

2000년 이후에 태어난 세대들은 스마트폰 세대라 태어날 때부터 가상현실에 익숙한 세대이다. 그래서 가상과 현실이 혼동되는 것이니 사이버 범죄를 보다 엄격책임으로 하고 보안의 수준도 생체인증 이상의 방식을 요구하여 매회 접근제한과 이용제한으로 가상세계 메타버스를 출입할 수 있도록 할 필요가 있다. 또한 사후약방문이 되지 않기 위해서는 메타버스 보안 위협에 있어 아바타가 평소 하던 행동을 벗어나는 이상행동을 탐지하는 경우 이에 대해 본인 확인을 거치는 수준의 보안이 요구된다. 우리도 가상현실에서 일어나고 있는 많은 일들에 대해 중장년층도 관심을 가지고 어떠한 규범이 적절한지 실제상황과 동일한 수준의 규범으로 제재할 것인지 가상공간의 행위들을 더 중하게 제재할 것인지 등 다양한 논의를 시작할 때이다.

위례시민연대, 뉴스레터 24호, 2022. 11. 18.

1인 가구 장례문화에 대한 공론화가 필요하다

계속해서 증가하는 1인 가구에 비해 우리 장례문화는 여전히 가족 중심으로 구성되어 있다. 즉, 1인 가구의 급증은 무연고 사망자의 증가도 필연적으로 가져오는데 무연고 사망자란 연고자가 없는 경우, 연고자를 알 수 없는 경우, 연고자가 있으나 거부하거나 기피하는 경우를 말한다. 2020년 나눔과 나눔(무연고 장례지원 사회단체) 통계에 따르면 연고자가 있으나 거부, 기피하는 경우가 전체의 72.6%로써 시신위임의 주요 이유는 경제적 어려움과 죽기 전 오랜 기간 관계의 단절 등으로 인한 것이었다.

무연고 사망자들은 한 번 이상의 실패를 경험하거나 대부분 경제적 어려움을 겪었고 가족과 단절되거나 사회와 단절된 무연생을 산 경우가 많으며, 1인 가구가 대부분이었다. 그러나 가족은 아니지만 사실혼 관계, 사실상 가족관계, 친구, 요양원 관계자들, 이웃, 직장동료, 종교나 시민단체 등과 관계를 맺고 있었던 경우 그들이 1인 가구의 장례를 치러 주길 원하는 경우가 많았지만 법률상 장례를 치러 줄 수는 없는 것이 현실이다.

이를 박탈된 애도라고 하는데 상실을 공개적으로 인정받을 수 없는 자들이 공개적으로 애도할 수 없고 사회적으로 지지받을 수 없는 애도를 의미한다. 상조회사에 셀프장례 상품이 있어 이를 가입한다고 하더라도 장례는 결국 남겨진 가족들의 몫이다.

「장사 등에 관한 법률」 제2조 제16호에는 장사를 치러 줄 수 있는 연고자의 범위가 정해져 있다.

16. "연고자"란 사망한 자와 다음 각 목의 관계에 있는 자를 말하며, 연고자의 권리·의무는 다음 각 목의 순서로 행사한다. 다만, 순위가 같은 자녀 또는 직계비속이 2명 이상이면 최근친(**最近親**)의 연장자가 우선 순위를 갖는다.

가. 배우자
나. 자녀
다. 부모
라. 자녀 외의 직계비속
마. 부모 외의 직계존속
바. 형제·자매
사. 사망하기 전에 치료·보호 또는 관리하고 있었던 행정기관 또는 치료·보호기관의 장으로서 대통령령으로 정하는 사람
아. 가목부터 사목까지에 해당하지 아니하는 자로서 시신이나 유골을 사실상 관리하는 자

여기서 법 제2조 제16호 사목에서 "대통령령으로 정하는 사람"이란 다음 각호의 어느 하나에 해당하는 사람을 말한다.

1. 「의료급여법 시행령」 제2조제1호에 해당하는 자에 대하여 의료급여를 실시하는 특별자치시장·특별자치도지사·시장·군수·구청장 (자치구의 구청장을 말하며, 이하 "시장등"이라 한다)

2. 「노숙인 등의 복지 및 자립지원에 관한 법률」 제16조제1항제1호 부터 제4호까지의 규정에 따른 노숙인복지시설의 장
3. 「노인복지법」 제31조에 따른 노인복지시설 중 노인주거복지시설 및 노인의료복지시설의 장
4. 「장애인복지법」 제58조제1항제1호에 따른 장애인 생활시설의 장
5. 「정신건강증진 및 정신질환자 복지서비스 지원에 관한 법률」 제22조에 따른 정신요양시설의 장
6. 「아동복지법」 제52조제1항제1호부터 제3호까지의 규정에 따른 아동복지시설의 장

결국 1인 가구, 배우자가 없고 자녀가 없고 부모가 없는 대부분의 급증하는 1인 가구는 자신의 셀프장례를 준비하고 죽더라도 결국 무연고장례시스템으로 가야 하는 것이다. 분명 고인이 장례에 대해 원하는 바가 있었다고 하더라도 사후자기결정권이 인정되지는 않으므로 「장사법」 제12조(무연고 시신처리, 시장등은 관할 구역 안에 있는 시신으로서 연고자가 없거나 연고자를 알 수 없는 시신에 대해서는 일정 기간 매장하거나 화장하여 봉안하여야 한다)를 따라야 한다.

결국 상조회사에 나의 부고를 알릴 방법도 없고 법적인 가족이 아니기 때문에 상조회사는 사망진단서를 발급받지 못하므로 상조회사의 셀프장례 상품은 일반 상조상품과 다를 바가 없다.

「의료법」상 처방전과 사망진단서를 받을 수 있는 범위는 가족(배우자, 자녀, 부모, 형제자매에 한함)에 한하므로 이웃과 실제 오래 살았던 동거인들은 장례를 치를 수가 없는 것이다.

우리 모두 죽는다. 죽음 앞에 우리는 모두 평등하고 장례가 필요한 사

람과 필요하지 않은 사람을 나누지 않는다. 내가 시신을 거두어 주길 바라는 사람이 가족이 아닐 수도 있고 살아생전 가족보다 더 많은 친교를 나누는 사람도 있을 수 있다. 가족 위주로 되어 있는 「장사법」과 「의료법」이 개정되지 않는 한 수많은 1인 가구는 자신의 의사와 무관한 장례를 치를 것이고, 그것은 국가재정에도 적절하지 않다(물론 무연고 1인 가구가 남기는 모든 상속분은 국가 소유가 된다. 「민법」상 특별연고자 상속이 있으나 이를 입증하기란 쉽지 않다). 이는 1인 가구 정책이 생애 설계 전반에 걸쳐 공론화하고 토의되어야 하는 이유이기도 하다. 현재 무연고사체 처리는 「장사법」 제12조, 시행령 제9조, 시행규칙 제4조에 따라 가족 외에 사망진단서를 받을 수 있는 검찰청이 부검 후 사망진단서를 떼어 시장에게 접수, 시장 등은 무연고 시신 등을 처리한 때에는 보건복지부령으로 정하는 바에 따라 지체 없이 공고하여야 하며, 공고한 사항을 보건복지부령으로 정하는 기간인 5년 동안 보존하고 소거하고 있다.

위례시민연대, 뉴스레터 25호, 2022. 12. 28.

복지서비스와 AI 기술의 활용 방향에 관하여

　최근 미국 스타트업 오픈AI가 개발한 대화 전문 인공지능 챗봇인 'ChatGPT'가 뜨거운 화제이다. IT 기술이 자본화를 근간으로 탄생한다는 것은 잘 알고 있지만 어떻게 하면 복지서비스에 더 많이 상용화되어 더 많은 사람의 삶을 구현할 수 있을까. 입법적 지원을 연구하는 나로서는 인공지능 기술의 개발마다 사람에게 필요한 정보를 검색 없이 찾아다 줄 수 있다고 믿기에 복지사업에 인공지능의 구현에 관심이 많다. 예를 들어 발달장애인이나 치매노인들은 길을 나가 집을 찾아오는 길을 잃기 일쑤인데 인공지능이 얼굴을 인식해서 당황하는 모습이 보이면 어디 있는지 알려 주거나 스스로 인터넷에서 정보를 찾기 어려웠던 사람들에게 필요한 정보를 제안해 주는 등 그동안 인간의 노동력이 부족한 분야에 인공지능이 들어갈 여지를 복지 관련 법령에 근거화하고 싶은 것이다.

　현재 우리 복지서비스는 탐지주의가 아닌 신청주의이다. 국내 복지서비스의 내용은 선진국 수준으로 열거될 정도로 그 종류가 많지만, 해당 서비스가 필요한 사람들 전원이 그에 대한 서비스를 모두 받는 것은 아니고 공무원이나 사회복지위탁법인의 사회복지사의 공고를 보고 신청 기간에 맞추어 신청서를 작성하면 심사위원회가 열려 선착순으로 이에 대한 서비스를 제공하는 형식인 것이다. 또한 1980년대에 들어와 장애인 지원정책에 국가가 관심을 기울이다 보니 오랫동안 종교나 사회단체, 각종 사회복지법인이 장애인 복지서비스를 담당해 오면서 장애인에게 사회복지 공무원이 직접 서비스를 제공하는 비율이 높은 일본에 비해 우리나라는 사회복지법인이나 종교나 사회단체의 경영비용으로 상당 부분 충당되고 난 뒤 장애인에게 해당 비용이 지급되기 때문에 다른 국가에 있는 사업이 우리나라에 유사한 것이 도입된다고 하더라도 필요한 장애인 전부가 이를 수혜받는 것이 아니라 선착순 아주 일부만 받게 되는 명목만 있는 사업들이 많다. 이는 UN 장애인권리협약을 외형적으로는 지키는 것 같으나 실질적으로는 장애인들이 제대로 수혜를 받지 못하는 사업이 많고, 백화점식으로 열거되는 프로그램의 종류만 많을 뿐이다. 또한 한시적 프로그램이 많아 지속적인 생애와 연계되기 어려울 뿐 아니라 장애인 시설이라고 하더라도 (예를 들어 곰두리 체육센터) 비장애인 프로그램이 장애인 프로그램보다 훨씬 많을 수밖에 없고, 운영비 부담을 정부가 지방자치단체에 주고 있다. 이로 인해 장애인은 쿼터제 없이 비장애인 센터 프로그램을 거의 사용할 수 없으나 비장애인은 장애인 체육센터가 들어와도 비장애인 센터로 활용할 수 있는 결과를 가져왔다.

 이는 아리스토텔레스의 교정적 정의를 제대로 실현하지 못한 결과로서 사업이 시작된다고 하더라도 지속적인 모니터링 등을 통해 본 제도가 합목적적으로 법적 안정성과 정의롭게 시행되는지 검토할 수 있는 역할이 국가에 부재하기 때문이다. 같은 맥락으로 국제노동기구에서 우리나라 병역제도를 계속하여 「노동법」 등의 위반으로 전반적인 검토를 요구하도록 하였음에도 이를 검토하는 것을 미루거나 2020년 낙태죄의 헌법 불합치제도가 있었음에도 국회가 입법의무를 다하지 않아 많은 여성들이 낙태를 해 주지 않으려는 병원의 의료보험 되지 않는 값비싼 낙태비를 혼자서 감내해야 하는 것을(낙태비 120만 원에서 280만 원까지 한다고 한다) 그저 바라만 보고 있는 것은 국가가 원래 태어난 목적을 잊은 것이나 다름없다.

흔히 노르딕 모델이라고 하는 인구가 적은 나라에서는 복지가 필요한 사람은 사회복지사가 직접 컨택하여 생애설계를 해 주는 방식의 탐지주의를 택하고 있지만, 우리나라는 그 같은 복지 정보의 집중을 하지 못하고, 사회복지사의 업무 증대로 인해 꿈도 꾸지 못한 현실이었다.

그러나 챗GPT의 경우 일정한 정보를 요청하면 그에 대한 구체적인 데이터를 제공할 수 있어서 탐지주의로 가는 복지정책의 시발점이 될 수 있을 것이다. 우리는 교육시스템 나이스와 같은 강력한 DB를 구축한 경험이 있는 IT 강국으로 각 장애인들의 상태를 DB로 기록하고 적절한 서비스를 국가가 제안하는 등 AI 기술이 복지 분야 적재적소에 들어갈 수 있도록 하여야 한다. 인간은 20세에서 65세까지 자립할 수 있고 1세~19세, 66세~100세는 누군가의 도움 없이 살 수 없다. 결국 45년이 55년을 바치는 적립금을 위해 살아가야 함을 의미한다. 기업이 기국제사회에서 잘 경쟁할 수 있도록 돕고 국가가 넘어지는 국민들에게 적절한 복지수혜가 갈 수 있도록 정보를 구석구석 밀어 넣는데 AI 기술은 분명 긍정적인 영향을 발휘할 수 있을 것이다.

그동안 가장 복지서비스가 필요한 사람이 해당 복지서비스를 받지 못하는 대다수의 이유는 장애인이 그 많은 복지서비스가 어디에서 어떤 기간에 신청을 받는지 알지 못하는 것 때문이었다. 복지관과 복지단체 모두가 개별적으로 자기 홈페이지에만 프로그램을 공지하고 일정 기간 동안 신청을 받아 심의하기 때문에 자주 해당 홈페이지에 들어가 보고 구체적으로 그 요건을 판단하여 신청서를 작성하지 않는 한 서비스 프로그램을 받지 못하는 것이다.

즉, 자신의 가까운 지역에 있는 복지관 홈페이지를 복지가 필요한 사람은 자주 들어가 보고 프로그램조차도 계속적으로 하는 것이 아니라 일정 기간만 제공하기 때문에 복지서비스가 필요한 사람은 일일이 모든 것을 기록하고 신청하지 않으면 안 되는 것이고 정보화교육을 받지 않은 취약계층은 그러한 서비스를 받는데 이와 같은 어려움이 있었던 것이 사실이다.

그동안 장애인 중 정신장애인, 지적 장애인, 자폐성 장애인과 같은 경우에는 장애의 특성상 스스로 사회복지서비스의 필요를 깨닫고 적정한 프로그램을 찾아 신청을 스스로 하는 것이 쉽지 않다.

그러므로 부모가 있는 장애인의 경우 부모들의 정보력이 곧 장애인의 복지와 연계되는 것이고 그러한 정보를 주고받기 위하여 장애인단체들이 결성되어 있다 보니 때에 따라서는 장애인단체에 들어와 있지 못한 비회원들은 회원들에 비해 정보에서 결핍을 느끼는 경우가 많다. 그러나 때로는 부모가 장애인의 욕구를 잘못 이해하는 부분도 존재하고 비회원도 회원과 동일하게 정보를 접근할 수 있어야 한다는 지적이 계속되어 왔다.

이와 같은 모든 문제점을 챗GPT는 해결할 열쇠를 가지고 있다. 예를 들어 보건복지부가 자신이 운영하고 있는 모든 사업을 잘 학습시켜 놓으면 장애인이나 장애인가족들이 지금 가지고 있는 장애인의 욕구에 맞는 프로그램을 찾아 달라고 할 수 있는 것이다.

현재 챗GPT는 심리상담이나 여러 가지 가장 좋은 결정에 대한 조언은 배제하고 대부분 각각의 상황에 따라 다르다는 방식의 케바케(케이스 바이 케이스)식 답변을 일관성 있게 내놓고 있어 그 인기가 금방 식을 것이라는 주변의 우려도 존재한다.

하지만 비장애인 수준을 따라가지 못하는 검색능력의 부족과 여러 프로그램이 산만하게 흩어져 있는 사회적 시스템이 꼭 필요한 사람들에게 복지서비스를 전달하는 것의 부족으로 이어지고 있는 것이 현실인 만큼 돌봄민주주의, 즉 단순히 기회만의 제공이 아니라 그에 맞는 도구도 개발하는 민주주의를 가져올 필요가 있는 것이다.

영국의 옹호현장에서는 옹호(Advocacy)란 "사람들이 원하는 것을 말하고 권리를 확보하며, 자신의 이익을 대변하고 필요한 서비스를 얻도록 돕는 행동"이라고 정의하고 있고, 미국사회복지사협회(National Association of Social Workers)가 간행한 『사회복지대백과사전』에서는 "사회적 정의를 확보, 유지하기 위한 목적에서 하나 이상의 개인이나 집단 또는 지역사회를 대신해서 일련의 조치를 주장, 방어, 개입, 지지, 추천하는 행위"라고 정의하기도 한다.

챗GPT는 분명 복지서비스 신청주의의 일정한 한계를 넘어설 중요한 도구가 될 것이고, 권리 옹호를 가져올 도구임이 분명하다.

이에 대해 중앙정부와 지방자치단체는 챗GPT에 대해 복지서비스로서의 연계와 활용을 깊이 있게 논의하여야 할 시점이다.

위례시민연대, 뉴스레터 26호, 2023. 2. 27.

자율주행차 산업, 법적 리스크 분석이 우선

자율주행 자동차는 운전자 또는 승객의 조작 없이 자동차 스스로 운행이 가능한 자동차를 말한다. 교통사고 대다수가 사람의 실수에서 비롯되는데 자율주행차는 차량의 첨단 센서를 통해 교통 상황을 인지하고 컴퓨터가 빠른 속도로 위험 상황을 판단해 제어 시스템을 활용한다. 교통사고를 사전에 방지할 확률과 사고 발생 시에도 위험을 최소화할 수 있다는 점, 도로교통 환경의 안전성을 극대화할 수 있다는 장점으로 여러 나라에서 기존 자동차업체를 비롯해 구글, 우버, 등 IT 기업도 자율주행 시장에 뛰어들었다. 그뿐만 아니라 네바다주와 캘리포니아주는 이미 자율주행차에 면허를 준 바 있다.

그러나 2016년 2월 캘리포니아에서 구글이 개조한 SUV 차량이 교차로 진입 중 뒤따라오는 버스와 충돌했는데 사고 당시 도로 위 모래주머니를 장애물로 인지해 차선을 변경했고, 운전자는 사망했다(센서 오작동). 같은 해 5월 테슬라 모델S 사고는 고속도로를 지나던 트레일러를 구별하지 못해 최고 속도로 돌진해 고속도로 펜스 및 전봇대와 추돌했고, 운전자가 사망(센서 오작동)했다. 이후 2018년 3월 캘리포니아에서 테슬라가 고속도로 진출 램프 분기점에서 분리대와 충돌(센서 오작동), 애리조나주서 자전거를 타고 건너던 보행자 사망(시스템 긴급 제동 오류)과 같은 사고로 보아 여전히 비상 상황 발생 시 대응은 인간 운전자가 수행해야 하는 레벨3 수준이 요구된다는 것을 알 수 있다.

　최근 '2023 모빌리티쇼'에서 자동차회사들은 야심 차게 자율주행차를 선보였고 곧 레벨4, 인간 운전자가 운전에 관한 준비 의무로 완전히 해방되는 단계로의 실현을 발표했다. 이 경우 자율주행차의 주행 시스템 개발과 운영, 결함과 하자에 대한 세밀한 법적 논의가 필요하다. 레벨4나 레벨5의 자율주행차로 인해 교통사고가 발생하는 경우 인간이 운행에 관여할 수 없으며, 주의 의무가 없는 승객에게 그 책임을 물을 수 없어서다. 운행작업을 담당할 자율주행 시스템의 역할이 커지면 주행 시스템의 결함 혹은 하자로 인한 사고 가능성이 상대적으로 커지게 될 것인데 사회는 자율주행차의 결함으로 인한 제조물 책임을 누구에게 물어야 리스크관리가 더 잘될 것인지에 자동차회사에 답변을 요구하고 있다.

　레벨4, 레벨5 수준의 자율주행차는 인간을 제어 시스템에서 완전히 배제하고 기계에 모든 통제권을 부여하는 방식을 채택한다. 자율주행 시스템을 운용하기 위한 인공지능은 규칙 기반형에서 통계확률형 인공지능으로 발전해 왔다. 통계확률형 인공지능은 비정상적인 상황에 대한 대처능력이 떨어져 사고 위험성이 적지 않았다. 딥러닝을 활용한 인공지능은 테스트 주행데이터를 스스로 학습하는 능력이 통계확률형 인공지능보다 현저히 높아 비정상적인 상황도 사전에 학습해 대처할 수 있을 것으로 기대한다. 그러나 승객 사고와 보행자, 제3자 사고 등 교통사고가 불가피할 경우 누구를 피해자로 선택할 것인가 하는 알고리즘 개발 전제의 원초적 질문 아래 제조국 중심의 책임주의, 관제 시스템 운용국가와 관제 시스템 개발자 책임주의, 사고 발생 시 법 책임주의 등 책임귀속에 대한 논의가 명확하지 않은 게 현실이다. 따라서 자율주행차 산업의 도약을 위해서는 대한민국은 이제 법적 리스크 분석이 필요한 때다.

해럴드경제, 2023. 5. 18.

국가에 대한 예의

현재 「노량」이라는 영화가 극장가에서 흥행하고 있다. 조선을 지키기 위해 최선을 다하는 이순신과 거북선 기술을 활용한 해군의 활약을 생각하면 대한민국 국민 그 누구라도 가슴 뜨겁지 않을 수 없다. 거북선은 1415년 태종 15년에 조선왕조실록에서 기록이 처음 나온다. 대한민국의 5대 잠수함 수출국 저력은 하루아침에 완성된 것이 아니다.

우리는 일상에서 허겁지겁 일을 하는 좀비처럼 살다가 때로는 내가 왜 이 일을 하는지 목적을 잃는 경우가 있다. 그럴 때 「노량」과 같은 영화를 보면 다시 한번 대한민국 국민이라는 소속감에 피가 뜨거워지고 국가를 위해 무엇이든 하고 싶다는 생각이 든다.

물론 일상에 돌아오면 우리는 바쁜 생활을 핑계로 언제든 조국을 잊을 수 있다. 즉, 조국을 지켜 온 방위기술이 내가 누리고 있는 평화와 바꾸었다는 것은 어렵지 않게 생각할 수 있다.

정부는 경제안보를 중요한 정책 결정의 최우선에 두고, 2022년에는 「산업기술유출방지법」이 있음에도 국가핵심기술 외 전략기술까지도 철저하게 보호하는 「국가첨단전략산업법」을 제정하는 등 우리가 가진 기술을 지키기 위해 노력하고 있다.

방위기술에 대한 대외적 위협은 언제나 있어 왔다. 외국의 첩보활동과 각국의 이익을 위해 수단을 가리지 않는 기술에 대한 탈취는 그 누구도 예상하지 못하는 것이 아니기에 정보보안의 중요성은 언제나 있어 왔다.

그러나 많은 보안사고는 대내적으로 일어나고 있다. 정보보안은 정보를 알아야 할 사람만 알아야 한다는 접근통제와 내용 통제가 그 핵심으로 시간과 장소와 상관없이 대내적이든 대외적이든 해당 정보에 접근한 사람 누구나 예외는 없다.

작년, 대우조선해양의 수출형 잠수함 DSME1400의 기술 유출로 인해 대만 하이쿤 잠수함이 탄생하는 데 일조한 것으로 전해졌다.

이는 매우 충격적인 일이 아닐 수 없다. 게다가 현재 사법 처리가 진행되고 있는 대상은 대우조선해양에 근무했던 직원이었으며, 그들은 대만에서 컨설팅서비스를 제공하여 대만 하이쿤 잠수함을 만드는 데 조력했다고 알려져 있다.

현재 「대외무역법」과 「부정경쟁방지 및 영업비밀보호법」 위반 혐의로 재판 중인데 한국인이 대만의 국력을 위해 조력했다는 사실은 피의자들이 국적의식이 전혀 없음을 보여 준다.

이는 기술정보 접근권을 가진 사람들 중에 안보의식이 전혀 없는 사람들이 있다는 뜻이다. 국가핵심기술 지정이 없더라도 잠수함과 관련한 기술이 방위기술이라는 것을 모르는 이는 없다.

물론 「대외무역법」은 물품뿐 아니라 서비스 수출도 승인이라는 제도로 규제하고 있어 이를 처벌할 수 있다고는 하지만, 입증해야 하는 피해회사의 고통은 실로 말할 수 없이 크고, 범죄자를 처벌한다고 해도 이미 발생한 방위기술 유출 피해는 되돌릴 수 없다.

이 같은 사례는 국내 기업 간에도 확인되어 충격을 주고 있다. 현대중공업 직원들이 대우조선의 핵심 기술들을 조직적으로 훔친 혐의로 최근 모두 사법 처리를 받았다. 국가안보와 직결되는 핵심기술 관리에 의구심이 들 수 있는 대목이다.

　게다가 최근 왕정홍 전 방위사업청장의 직권남용 혐의는 더욱 절망스럽다. 왕 전 청장은 국무총리에게 보고한 문건에서 방위기술 보호와 관련된 평가규정을 입찰기관 평가에서 존중할 것을 명확히 했다.

　그럼에도 불구하고 2020년 당시 현대중공업이 대우조선해양을 제치고 KDDX 입찰과정에서 좋은 점수를 받을 수 있었던 것은 왕 전 청장이 보안사고를 낸 업체에 감점을 주는 규정을 적극적으로 삭제하였기 때문이다.

　대한민국 방위기술 보호를 책임지는 방위사업청장이라는 공직자가 대한민국 국민을 안전하게 보호하는 기술보호규정을 입찰평가기준에서 적극적으로 삭제하였다는 것은 안보의식의 해이를 뜻하며 그로 인해 직권남용 피의자가 되었다는 것은 국가를 위해 공을 세운 자들을 보상하는 국가보훈청을 국가보훈부로 격상한 현 정부의 의지와는 전혀 상반된다.

　현재 방위기술을 보호하기 위해 「방위기술보호법」과 방위기술보호지침, 「대외무역법」, 방첩업무규정 등 법규가 마련되어 있다. 즉, 이 모든 사고는 제도의 미비로 온 것이 아니다.

　전 세계가 앞서거니 뒤서거니 하며 거의 대동소이한 법제를 통해 방위기술을 관리하고 있다. 물론, 제도에 전혀 문제가 없는 것은 아니다. 국가가 해외 기업과 국내기업의 M&A에 대한 규제를 더욱 강화하자 외국인들이 한국에 직접 기업을 설립하여 M&A를 하는 등 제도의 취약점을 이용한 기술 탈취가 기승을 부리고 있다.

　제도의 취약점을 분석해 해결해 나가는 것보다 궁극적인 문제의 해결은 애국심의 회복에 있다. 이 땅에서 대한민국 국민으로 누리는 평화와 모든 것에 대해 국민으로서 최소한의 예의를 지키고 있는지 총체적으로 되돌아볼 때인 것이다.

목적을 잃은 삶은 좀비와 다름없고 방위기술을 유출하는 것은 다름 아닌 자유경제시대의 매국노라 할 것이다. 국수주의나 군국주의로 나아가자는 것이 아니다.

아무 생각 없는 좀비가 가득한 세상, 살점을 뜯기 위해서라면 언제든지 달려드는 좀비처럼 오직 자신의 이익만을 생각하고 사회와 국가를 생각하지 않을 때 국민 모두는 위험에 빠질 수 있다. 대우조선해양의 잠수함 관련 기술 유출이나 전 방위사업청장의 입찰 탈락 과정에서의 직권남용은 대한민국 안보의식의 심각성을 보여 주는 단면이다.

우리는 지금이라도 길게 클랙슨을 울려 새롭게 재정비하여야 한다. 정보보안에 대한 책임을 명확히 묻고 국가에 대한 예의를 차려야 한다. 국가를 위해 몸 바친 이순신에게 공정하지 못한 평가와 보상으로 대응했던 조선이 무너질 뻔했듯이 한 발만 잘못 디뎌도 기술 유출로 인해 대한민국은 무너질지 모른다.

뉴스핌, 2024. 1. 25.

여자들에게 출산을 강요하지 말고 성문을 열어라

정부는 임신, 출산, 양육이 행복한 선택이 되는 사회적 환경 조성을 위해 2024년 저출산 5대 핵심 분야 지원을 대폭 확대한다고 밝혔다. 2023년 3월 저출산 고령사회위원회가 지정한 저출산 세대 5대 핵심 분야는 ① 양육비용 부담 경감, ② 촘촘하고 질 높은 돌봄과 교육, ③ 건강한 아이 행복한 부모, ④ 일하는 부모에게 아이와 함께할 시간 확보, ⑤ 가족친화적 주거서비스이다.

그럼에도 불구하고 출산율 성적표는 처참하다. 2023년 기준으로 대한민국의 출산율은 0.7명 정도로 매우 낮은 수준인데 이는 세계에서 가장 낮은 출산율 중 하나로, 인구 감소와 고령화 문제에 대한 심각한 우려를 낳고 있다.

이쯤 되면 우리나라는 다양한 출산 장려 정책으로 출산율 회복에는 어려움이 있다는 것을 받아들여야 한다. 낮은 출산율로 인하여 인구 구조의 불균형이 심화되고 장기적으로 노동력 감소와 사회 보장 제도의 지속 가능성에도 영향이 있다는 것을 모르는 사람은 이제 없다.

그렇다면 지하철에 핑크 좌석을 만드는 등의 임산부 우대정책 몇 가지로 여자들에게 출산을 강요할 수는 없다는 것을 수용하고 눈을 들어 다른 나라의 해결책을 돌아볼 필요가 있다.

스페인은 출산율이 1.4 이하로 떨어지자 인구 감소와 고령화 문제에 직면하게 되었고, 이를 해결하기 위해 우수한 이민자를 받아들이기 위한 정책을 추진해 왔다. 특히, 젊고 고숙련된 이민자들을 유치함으로써 노동력을 확보하고, 사회보장제도의 재정적 부담을 줄이려는 노력을 기울여 왔다. 이러한 이민자 유입은 스페인의 출산율이 낮아지면서 발생한 인구 감소 문제를 완화하고, 국가의 경제성장과 생산성 증대에 기여하고자 하는 목표를 가지고 있다.

다른 유럽 국가들도 출산율 감소와 인구 고령화 문제를 해결하기 위해 다양한 이민 정책을 추진하고 있는데 각국의 이민 정책은 자국의 경제 상황, 사회적 여건, 정치적 분위기에 따라 다르지만, 공통적으로 고숙련 이민자와 젊은 노동 인구를 유치하려는 경향이 존재한다.

독일은 유럽 내에서 가장 활발한 이민자 유입 국가 중 하나로, 고숙련 기술 이민자를 적극적으로 유치하고 있다. 독일은 기술 인력 부족 문제를 해결하기 위해 2020년 「숙련 노동자 이민법」(Skilled Workers Immigration Act)을 도입하여 비유럽연합 출신 숙련 노동자들이 독일로 이주하여 일할 수 있도록 문을 열었다. 이 법을 통해 외국인들이 자격을 갖춘 경우 독일에서 일자리를 찾고 거주할 수 있는 기회를 제공하고 있다.

프랑스는 저출산 문제를 해결하기 위해 가족 지원 정책과 함께 이민 정책을 강화해 왔는데 특히 고숙련 인재와 학생들을 대상으로 프랑스 「이민법」을 통해 유학생들의 취업 기회를 확대하고 있으며, 이민자들이 프랑스 사회에 쉽게 통합될 수 있도록 지원하고 있다. 프랑스는 유럽에서 가장 높은 출산율인 1.8을 유지하고 있음에도 불구하고, 추가적인 인구 유입을 통한 인구 증가를 도모하고 있는 것이다.

이탈리아는 출산율이 1.24명으로 매우 낮은 수준을 기록하고 있어 심각한 인구 감소 문제에 직면해 있다. 이탈리아는 상대적으로 이민에 대한 정치적, 사회적 저항이 큰 편이지만, 인구 감소 문제를 해결하기 위해 일부 지방자치단체는 이민자 유치와 정착 지원 프로그램을 마련하고 있으며 노동 시장에서의 이민자 통합을 촉진하기 위해 고용 관련 정책을 재정비하고 있다.

스웨덴 역시 비교적 관대한 이민 정책을 유지해 오고 있으며, 이민자 수용을 통해 고령화 문제를 완화하고자 하고 있다. 스웨덴은 복지 국가로서 이민자들에게 사회적 안전망을 제공하며, 특히 난민 및 비유럽연합 국가 출신 이민자들이 자국 내에서 일자리를 찾고 정착할 수 있도록 다양한 정책을 시행하고 있다.

이와 같이 유럽 각국은 인구 감소 및 고령화 문제를 해결하기 위해 이민자 유치를 중요한 정책 수단으로 활용하고 있다. 이민 정책의 성공 여부는 국가별 사회적 수용성과 이민자들의 노동 시장 통합 능력에 따라 달라질 수 있지만, 많은 나라들이 이민을 통해 경제적 성장을 촉진하고 인구 구조의 균형을 유지하려 하고 있다.

「대성당의 시대」라는 노래는 프랑스 가수 Jean-Pierre Ferland의 노래 「Les Cathédrales」에서 영감을 받은 곡으로, 프랑스 혁명 이후의 변화와 사회의 발전을 상징적으로 다루고 있다. 이 노래는 주로 대성당이 세워지던 중세 시대부터 현대까지의 변화를 노래하며, 인간의 창조력과 그 과정을 통해 성장하는 문명에 대한 찬양과 성찰이 담겨 있다.

노래에서 대성당은 단순한 건축물이 아니라, 인간의 꿈과 신념, 그리고 역사의 상징으로 그려진다. 중세 시대의 대성당은 신앙과 공동체의 중심이었으며, 이 곡은 그러한 대성당을 짓는 과정에서 나타난 인간의 위대함과 그 속에 담긴 희망, 그리고 한계를 표현하고 있다. 동시에,

현대에 들어서는 산업화와 기술의 발달로 인해 변화된 사회와 그에 따른 새로운 도전들에 대한 이야기도 담겨 있다. 이 노래에서 가사는 "성문 앞을 메운 이교도들의 무리 그들을 성안으로 들게 하라. 시인들도 노래했지, 수많은 사랑의 노래를 인류에게 더 나은 날을, 약속하는 노래를 대성당들의 시대가 찾아왔어. 이제 세상은 새로운 천년을 맞지."라고 쓰여 있다.

"성문을 열게 하라."라는 표현은 주로 변화와 혁신을 받아들이고 새로운 세계로 나아가자는 상징적인 의미로 해석될 수 있다. 성문은 과거에 도시나 성곽을 보호하는 중요한 역할을 했으며, 이를 여는 것은 외부의 새로운 사상, 변화, 혹은 기회를 받아들이는 것을 의미할 수 있기 때문이다. 이 표현은 역사적, 문학적 맥락에서 자주 사용되며, 고립되거나 폐쇄된 상태에서 벗어나 자유와 개방을 지향하는 의미로도 사용될 수 있는데 이러한 맥락에서, "성문을 열라."라는 고정된 틀을 깨고 미래를 향해 나아가는 행동을 독려하는 상징적인 구호일 수 있다. 인구의 감소를 이 땅에 사는 여자들이 출산을 하지 않는 이유로 돌려서는 곤란하다.

우리나라의 출산장려정책은 2000년대 중반부터 본격적으로 시작되었고 1980년대까지는 인구 억제 정책을 시행해 오던 것을 2005년 출산율이 1.08명으로 떨어지자 정부는 인구 감소와 고령화 문제를 해결하기 위해 출산 장려 정책을 본격적으로 시행하기 시작했다. 그리하여 2005년 「저출산·고령사회 기본법」이 제정되었으며, 2006년부터는 "저출산·고령사회 기본계획"이 수립되어 다양한 지원 정책이 도입되었으며 주요 정책으로는 출산 및 육아 지원금, 산후조리비 지원, 아동수당, 보육 시설 확충, 육아휴직 제도 강화 등이 있으며, 이후에도 계속해서 개선되고 확대되었으나 20년째 그 효과는 미미하다.

이제 성문을 열어 우리가 필요한 고숙련 기술 이민자를 비롯하여 이민을 통한 경제성장 촉진에 대해 고려할 때이다. 성문을 여는 것은 새로운 천년을 열게 해 줄 것이며, 과거보다 개방적이고 자유로우며 새로운 기회가 생기는 전환점이 될 것이다.

뉴스핌, 2024. 9. 23.

가족의 조건

가족은 인간에게 어떤 존재일까. "가족의 조건"은 법적, 사회적, 문화적 맥락에 따라 다르게 정의될 수 있지만 일반적으로 혈연, 혼인, 입양을 통해 형성되며, 사회적 및 법적 체계 내에서 가족 구성원 간의 권리와 의무가 발생한다고 할 수 있다. 우리나라는 「민법」 제779조에서 가족의 범위를 규정하고 있는데 ① 배우자, 직계혈족, 형제자매가 있고 ② 직계혈족의 배우자, 배우자의 직계혈족 및 배우자의 형제자매(단, 생계를 같이 하는 경우에 한함)가 가족이 될 수 있다.

가족의 범위가 중요한 이유 중 하나는 유산 상속의 범위와 밀접하게 관련이 있기 때문이다. 「상속법」에서는 법적 가족관계가 중요한 요소로 작용하며, 가족의 범위가 상속인 자격과 상속 순위에 영향을 미친다. 가족관계는 상속에서 법적 상속인이 될 수 있는 자격을 결정하는데 예를 들어, 직계 혈족(부모, 자녀)과 배우자는 상속 순위에서 상위에 있으며, 형제자매나 직계 비속(손자, 손녀 등)은 그다음 순위에 해당한다.

가족의 범위는 상속 순위에도 영향을 미치는데 상속인은 법에 따라 우선순위가 정해지며, 직계혈족이 없는 경우 형제자매나 더 먼 친척이 상속인이 될 수 있다. 가족으로 인정되는 범위에 따라 상속받을 권리와 상속의 비율이 결정되기 때문에, 법적 가족의 범위는 상속에서 중요한 역할을 한다. 가족의 범위는 상속뿐만 아니라 세제 혜택, 보험 혜택, 사회복지 등 여러 법적 및 사회적 제도에도 중요한 역할을 한다.

그러므로 가족이 되는 데는 혈연, 혼인, 입양이 있으며 각 나라와 문화마다 가족의 정의와 범위는 다를 수 있으며, 최근에는 비혼, 동거, 동성 결혼 등 다양한 형태의 가족이 등장하면서 가족의 조건에 대한 법적 정의도 점차 확대되고 있다.

물론 우리나라만 가족의 범위를 정하는 것은 아닌데 독일 「민법」(Bürgerliches Gesetzbuch, BGB)에서도 가족의 범위는 명시적으로 규정되어 있는데, 결혼, 혈연, 입양에 기반한 관계뿐만 아니라 동성 결혼이나 등록 파트너십도 법적으로 가족으로 인정받는다.

미국은 주(state)마다 가족의 정의가 다를 수 있지만, 대부분의 주에서 결혼, 혈연, 입양을 통해 형성된 관계를 가족으로 규정한다. 또한, 많은 주에서는 동거 또는 동성 간의 결혼도 가족 범위에 포함된다. 따라서, 우리나라만 가족의 범위를 법적으로 정하고 있는 것은 아니며, 세계 여러 나라들에서도 가족의 범위를 규정하고 있다. 프랑스 법률에는 한국의 「민법」 제779조와 같은 가족의 범위를 명확하게 정의하는 조항이 따로 존재하지는 않는다.

그러나 가족의 범위를 규정할 때, 법적으로는 혼인, 출생, 입양과 같은 법적 관계를 기준으로 삼으며, 배우자, 부모-자녀 관계가 주요한 범주에 속한다. 다만, 형제자매와 배우자의 친족은 한국과는 달리 특별한 경우가 아니면 법적으로 생계를 같이하는지 여부에 따라 가족 범위를 제한적으로 정의하지는 않는다. 특히 PACS(Pacte Civil de Solidarité, 시민연대계약) 제도를 통해 결혼하지 않은 커플도 법적으로 가족으로 인정받을 수 있다.

또한 프랑스에서는 동성 결혼이 법적으로 인정되며 2013년에 제정된 법률인 「Taubira 법」(Loi Taubira)에 따라, 프랑스는 동성 간 결혼을 허용하는 국가가 되었다. 이 법은 남성과 여성 간의 결혼뿐만 아니라 동성 간의 결혼도 동등하게 인정하며, 결혼한 동성 커플은 이성 커플과 동일한 법적 권리와 의무를 가진다. 프랑스에서 동성 결혼이 합법화되면서, 동성 부부는 입양, 상속, 세제 혜택 등 여러 면에서 이성 부부와 동일한 권리를 누릴 수 있게 되었다.

이에 따라 프랑스는 유럽에서 동성 결혼을 인정하는 국가 중 하나가 되었다. 이 법의 통과는 프랑스에서 큰 사회적 논쟁을 불러일으켰지만, 현재는 동성 커플이 법적으로 결혼하고 가족을 구성할 수 있는 법적 권리를 가지고 있다.

국가가 가족의 범위를 법적으로 규정하는 것은 상속, 복지, 세금 등 여러 법적 제도를 운영하는 데 필수적이다. 그러나 국가가 법적으로 가족의 범위를 제한하고, 개인의 가족관계를 결정할 권한이 있는지에 대해 논의가 있을 수 있다. 특히, 이는 「헌법」상 자유권과 개인의 사생활의 자유에 대한 침해로 여겨질 가능성이 있는데 「헌법」은 개인의 사생활의 자유와 자기결정권을 보호한다. 개인이 누구와 가족관계를 맺을 것인지를 결정하는 것은 개인의 사적 영역에 속하는 문제로 간주될 수 있다. 국가가 지나치게 개입하여 가족의 범위를 일률적으로 규정한다면, 이는 사적 합의에 의한 가족 구성의 자유를 침해할 가능성이 있다.

국가가 가족관계를 지나치게 엄격하게 정의하고 제한한다면, 이는 자유권 침해로 해석될 수 있다. 예를 들어, 동거인, 비혼 부부, 동성 커플 등이 가족으로 인정되지 않을 경우, 개인의 가족 선택에 대한 권리가 제한되는 문제를 초래할 수 있다. 국가가 가족의 범위를 규정하는 것은 공공의 필요와 법적 질서를 유지하기 위해 분쟁해결 기준이 있어야 하므로 필요한 것은 사실이지만 개인의 자기결정권과 사적 합의를 무시해서는 안 된다. 이에 따라 헌법적 자유와 국가의 공적 목적 사이에서 균형을 찾는 것이 중요하다. 법적 제도와 사적 합의가 공존할 수 있는 방식으로, 가족의 범위에 대한 규정이 형성될 필요가 있다.

 결론적으로, 가족의 범위를 규정하는 국가의 권한은 「헌법」상 자유권과 충돌할 수 있으나, 이는 공익과 개인의 권리 사이에서 신중한 균형을 유지해야 하는 문제로 볼 수 있다. 가족은 국가보다 오래된 조직과 역사를 가지고 있고, 인간 누구나 생계를 같이 하고 가족으로 지내고 싶은 합의가 있다면 이에 대해 국가가 조건을 들어 범위를 한정할 필요가 있는지 재고해 볼 때이다.

뉴스핌, 2024. 9. 25.

당신에게 학교는 어떤 곳입니까

학교는 교육을 위한 장소이다. 대체로, 학교 하면 여러 교육에 필요한 시설을 갖추고, 여러 학생들이 교사들의 지도에 따라 지식을 얻는 형태로 교육이 이루어진다.

그러나 최근에는 학생들의 참여 위주의 수업이 늘고 우리는 만 18세까지 우리의 유년기를 학교에서 보내면서 함께하는 세상이 무엇인지를 배우고 있다. 인간은 오로지 학습을 통해서만 인격적 존재, 사회적 존재로 성장할 수 있고 대한민국「헌법」제31조는 제1항에서 "모든 국민은 능력에 따라 균등하게 교육을 받을 권리를 가진다."라고 규정하고 있다.

그리고 초중등교육은 의무교육이고 무상이며(「헌법」제31조 제2항, 3항) 국가는 학교를 통해 이러한 서비스를 제공해야 한다.

최근 백승아 대표발의안「초중등교육법(안)」(의안번호 1441)은 인권의식 감수성이 상당히 부족할 뿐 아니라 학생들을 학습권을 침해하는 자와 학습권을 침해하지 않는 자로 교원이 명확히 구별하고 물리적 제지를 도모하도록 정당화하는 법안으로 이는 학교교육이 오직 지식을 얻기 위한 곳이 아니라 함께 사는 법을 배우는 것을 가르치는「교육기본법」제2조의 교육 이념을 전면 포기하는 법안이다.

백승아 의원 대표발의안은 교육부 고시에서는 학생생활지도의 내용 중 긴급 상황 시 학생 행위를 물리적으로 제지할 수 있도록 규정하고, 학생이 교육활동을 방해하여 다른 학생들의 학습권 보호가 필요하다고 판단하는 경우 학교의 장과 교원이 학생을 분리할 수 있도록 규정하고 있는데, 이를 교권 신장의 견지에서 고시가 아닌 법에서 다음과 같이 규정하겠다는 것이다.

백승아 의원 대표발의안은 제20조의2 "학교의 장 및 교원의 학생생활지도"라는 제명 아래 "학교의 장과 교원은 교육활동 중 자신 또는 타인의 생명·신체에 위해를 끼치거나 재산에 중대한 손해를 끼칠 우려가 있는 긴급한 경우에는 학생의 행위를 물리적으로 제지할 수 있다. 이 경우 물리적 제지의 방법 등 필요한 사항은 대통령령으로 정한다."(제2항)라고 규정하고 "제1항에 따른 교원의 정당한 학생생활지도와 제2항에 따른 물리적 제지에 대해서는 「아동복지법」 제17조제3호, 제5호 및 제6호의 금지행위 위반으로 보지 아니한다."(제4항)라고 규정한다.

또한 제20조의4 "학생에 대한 분리조치"라는 제명 아래 "학교의 장과 교원은 학생이 교육활동을 방해하여 다른 학생들의 학습권 보호가 필요하다고 판단되는 경우 대통령령으로 정하는 방법에 따라 해당 학생을 분리할 수 있다."(제1항) "학교의 장은 분리조치를 거부하거나 여러 차례 분리조치를 실시하였음에도 학생이 지속적으로 교육활동을 방해하여 다른 학생들의 학습권 보호가 필요하다고 판단하는 경우 보호자에게 학생 인계를 요청하여 가정학습을 하게 할 수 있다. 다만, 보호자에게 학생을 인계하기 어려운 경우 교육청에 학생을 인계하여야 한다."(제2항) 결국 학습에 방해가 되는 학생은 분리 조치를 보호자에게 학생 인계를 요청하여 가정학습을 하게 하거나 보호자가 없는 경우에는 교육청 산하의 교육복지센터에 학생을 인계하겠다는 것이다. 이것은 학교가 의무교육을 담당하는 자신의 역할을 포기하는 것이나 다름없다.

위와 같은 백승아 의원 대표발의안이 없더라도 현재 교육부 고시에 따라 수업에 큰 방해가 되지 않는 상동행동에 불과한 발달장애 학생의 행동에도 장애의 이해가 부족한 교사는 수업을 멈추고 교육의 방법이 없다는 이유로 복도로 분리 조치하여 서 있게 하고, 수업 시간에 고양이를 찾는다고 말하자 수업에 방해되는 행동을 하였으므로 교실에서 교사는 특수교육실무사와 나가 줄 것을 요청받았으나 분리학생을 위한 공간 및 지원이 없고 특수학급은 다른 특수교육대상자가 수업 중이므로 특수학급으로 갈 수 없어 귀가 조치를 하는 등 분리 상황이 늘 발생하고 있다.

도전행동은 어디까지나 학생에게 모든 책임을 지우는 언어이며, 발달장애 학생은 모든 상황에서 도전행동을 보이는 것이 아니라 의사소통의 어려움을 겪기 때문에 일정한 상황에서 자신의 불편함을 소거하기 위해 상동행동을 하기 때문에 배려를 통해 그러한 불편함을 소거시켜야 하는 것이다. 양치기 소년이 늑대가 나타났다는 거짓말을 하는 개인의 문제가 아니라 양치기 소년을 방임하여 산에 혼자 두는 것에 대해서 생각해 보는 것이 교육의 본질이기 때문이다.

학습력이 부족한 학생에게 교육의 대체 방안이 마련되는 것이 먼저다. 학생조례도 폐지된 현재 오직 교사의 결정에 따라 학급에서 분리되는 것을 정당화하는 「초중등교육법」 개정안을 통해 학생들은 함께 사는 세상을 위한 통합교육의 실체를 보게 된다.

다른 국가에 이와 같이 교원이 학생을 분리하라는 법률은 어디서도 찾아보기 어렵다. 프랑스의 경우 프랑스에서는 발달장애 학생을 포함한 장애 학생들의 교육과 비장애인의 통합교육은 교육의 기본 원칙으로 하고 있으며, 학교가 사회의 축소판임을 인식하며 장애 학생들이 일반 학교에서 비장애 학생들과 함께 학습할 수 있도록 하는 것이 우선된다.

그러나 발달장애 학생의 특성과 필요에 따라 일부 경우에는 분리된 특수 교육을 제공할 수 있는데 이는 교육지원이 전제된 경우에만 분리 교육을 선택하는 것이다. 발달장애 학생들이 일반 학교에서 학습할 수 있도록 다양한 지원이 제공되며 학교는 장애 학생을 위한 개별화된 교육 계획(PPS, Projet Personnalisé de Scolarisation)을 수립하여 학생이 필요한 교육 지원을 받을 수 있도록 한다. 우리나라와 같이 서류만으로 존재하는 개별화 교육계획이 아닌 이에 대해 여러 학습장애가 있는 경우 방안까지 함께 마련된다.

ULIS(Unité localisée pour l'inclusion scolaire), 즉, 발달장애 학생들이 일반 학교 내에서 특수한 지원을 받을 수 있도록 도와주는 통합교육 지원 학급인 도움반도 일반 학급에 소속되어 있다가 개별적인 장애학생의 진도에 맞게 특수교육교사와 함께 소규모로 공부하거나 맞춤형 교육을 받을 수 있는데 이때 체계적인 학습평가 등을 통해 학습권 침해가 없도록 하는 프랑스 교육부의 순회지원이 있다.

IME(Institut Médico-Éducatif)는 발달장애가 심한 학생들을 위해 의료 및 교육적 지원을 제공하는 특수 교육 기관으로 학생 개별적으로 필요한 자료와 여러 가지 지원 등을 특수교육교사와 논의할 수 있고 IME는 장애 학생이 일반 학교에서 학습하기 어려운 경우, 별도의 환경에서 교육을 받을 수 있도록 하는 역할을 한다.

그 밖에도 IME는 특수 교육 및 의료 지원을 받아야 하는 발달장애 학생들이 다양한 전문가(심리학자, 언어치료사, 작업치료사 등)의 지원을 받을 수 있으며, 필요에 따라 병행되는 의료적 지원을 통해 교육의 질을 높일 수 있다.

분리가 먼저가 아니다. 형해화되어 있는 우리 교육환경을 먼저 점검하고 체계적인 개별화교육계획의 준비와 그에 따른 집행이 먼저이며, 학습을 하고 있는 교육시간 내에 모든 학생들 앞에서 장애 학생의 명시적 배제는 한 인간의 존엄성과 인격권을 침해하는 것이며 사회를 축소한 학교가 통합을 어떻게 이해하는지 보여 주는 단적인 예이다.

백승아 대표발의 「초중등교육법(안)」은 다양하고 다변화하며 유연하게 변화하는 학교를 획일화하며 "달라도, 불편해도 괜찮아."라고 하며 인내심을 키우고 문화적 시민을 양성하는 학교교육을 역행하는, 통합사회를 전면 포기하는 행위이다.

뉴스핌, 2024. 9. 27.

미술품 재판매보상청구권, 미술시장 호재일까? 악재일까?

작년 제정된 「미술진흥법」의 시행이 지난 7월 26일에 시행되었다. 「미술진흥법」의 시행에서 가장 기대되는 것은 바로 제24조 내지 제26조 "미술품 재판매에 대한 작가보상금" 규정이 미술품 시장에 도입된 이후 미술품 시장이 어떻게 달라질까 하는 부분이라 할 것이다.

그동안 미술품을 판매해 온 화랑, 미술품 경매회사는 미술품 재판매 보상청구권이 그리 달갑지만은 않은 모양이다. 화랑의 경우 자신이 정해 둔 그림을 사러 가는 고객이 많고, 구매 순위 1위가 의사들 위주인 데다가 소수의 거래에 지나지 않지만, 미술품 경매회사는 다수의 미술품을 입찰하고 판매하기 때문에 재판매보상청구권 도입으로 판매할 때마다 작가에게 보상금을 준다는 부분에 있어 미술품 가격에 부담을 느낀 고객이 재판매보상청구권을 도입하지 않은 국가의 미술품 경매회사 입찰장으로 발걸음을 돌릴까 우려하고 있다.

미술품 경매회사는 재판매보상청구권으로 인해 예술가와의 관계를 강화할 수도 있고, 이미 재판매보상청구권이 도입되어 있는 국가의 유명 작가들도 한국 미술품 거래와 자기 국가에서 미술품 거래의 법제가 같아졌기 때문에 한국 미술품 시장에도 자신들의 작품을 거리낌 없이 입찰 제안하여 우리 미술품 경매회사의 입찰장에 재판매보상청구권을 원하는 유명 작가의 작품이 쏟아져 들어와 새로운 작가들의 작품도 판매할 수 있는 기회를 얻었다고 볼 수도 있다.

그러나 한편으로는 기존 재판매보상청구권이 도입되어 있는 국가에는 이미 마련되어 있는 여러 가지 제반 사항이 우리나라에는 현재 준비되어 있지 않아 한국 미술시장의 경쟁력을 보여 주기 쉽지 않다는 것도 사실이다.

예를 들어 진품 확인에 대해 연구하는 교육기관과 다양한 전문가들의 감정기관이 부족하고, 위험을 최소화할 수 있는 미술품 보험이 활성화되어 있지 않아서 결국 미술품 분야에 분쟁이 발생하면 해외 감정기관의 도움을 받아야 할 뿐 아니라 이러한 위험 관리를 위해 미술품 경매회사가 추천해 줄 수 있는 보험도 해외 미술품 보험을 활용하게 될 것이기 때문이다.

게다가 미술품 거래 시장에서 재판매보상청구권으로 이득을 얻을 작가들은 대개 기성 작가와 그 상속자들이며 이미 그들은 미술 산업에서 취약한 지위에 있지 않은 1%에 속하기 때문에 재판매보상청구권이 굳이 필요한가라는 회의감이 있고 (미술품의 재판매가가 500만 원 이상일 때 재판매보상청구권이 성립) 해외 유명 작가의 미술품을 주로 거래해 주게 되어 국내 작가들의 미술품 거래에는 거의 이득이 없을 것이라는 고민도 있다.

최근 우리나라는 웹툰 등 디지털 아트를 즐겨 하는 인구가 증가하고 생성형 AI 소프트웨어 개발 등으로 인해 한국의 미술교육 기초가 흔들린다는 지적도 받고 있어 우리나라 작가의 작품 가격이 상승할 것인가에 대해서도 불확실한 미래이다.

특히 미술품 경매회사는 기존에 해 왔던 입찰과 미술품 판매 외에도 기록을 더 자세히 관리하고 이를 정리하는 행정 업무가 증가하는 데 대한 추가적인 인력과 자원의 부족으로 당분간 어쩌면 꽤 장기간 동안 운영 효율성에 부담을 줄 수 있다.

　프랑스의 재판매보상청구권 역사보다 우리나라는 100년이 늦게 제도를 도입하지만 아시아에 있어서는 유일하게 도입하는 국가이기도 하다.

　또한 미국도 「연방법」에서는 실패하여 캘리포니아주 내에서만 활용하고 있는 재판매보상청구권을 우리나라가 성공적으로 도입하기 위해서는 미술산업의 철저하고 전략적인 준비가 필요하다. 현재 우리나라는 재판매보상청구권의 재판매보상금의 상한을 정하거나 재판매보상금을 판매자가 줄 것인지 또는 구매자가 줄 것인지도 정하지 않았다. 또한 작가의 작품을 경매하는 미술품 경매회사의 기록의 진실성이나 여러 부정행위에 대해 최소한의 주의의무도 연구되어 있지 않고 이를 관리 감독할 법제도 완비되지 않았다.

　이와 같이 불완전한 제도 앞에 미술품 경매장은 어떤 작가가 작품을 가져올지 또 어떤 관객들이 미술품 경매장을 찾아올지 불확실한 미래 속에서 행정처리와 재판매보상청구권을 행사 가능한 시스템 구축과 인력 확보를 고뇌하고 있다. 이에 국가는 우리나라 작가를 세계 콜렉터들에게 보여 줄 기회로 삼고, 재판매보상청구권을 이미 도입한 국가의 유명 작가들이 우리나라 미술품 경매장에 작품을 대거 의뢰할 수 있는 유인책을 연구하여 우리나라 미술품 시장의 활성화를 가져와야 한다. 해외 작가보다는 우리나라 작가에게 기회가 될 수 있도록 하고 기성 작가가 독식하지 않도록 신진 작가들의 경쟁력을 높이기 위해, 또한 예비 신인 작가들을 양성하기 위한 미술교육도 돌아볼 때이다.

　그 밖에도 미술품 재판매보상청구권이 안정적으로 안착하기 위한 인프라인 미술품 전문보험의 연구와 진품 확인을 위해 연구할 교육기관과 이를 인증해 줄 전문기관이 활성화되고, 미술품 경매회사의 주의의무와 지원을 살펴야 한다. 「계약법」상 미술품 경매회사는 작가에게 신의성실의 의무를 다하며 기존보다 더 많은 서비스를 제공해야 하는 처지에 놓였다. 추후에 재판매보상청구를 할 수 있도록 정확한 거래 정보를 제공하여야 하고 진품 여부를 확인할 의무도 지며, 경매 절차를 투명하게 하는 등 국제적 신뢰를 쌓기 위해 노력해야 한다. 즉, 모든 입찰자가 동등한 기회를 가지도록 보장하고, 입찰 과정에서 부정행위가 발생하지 않도록 감독해야 하며 재판매보상청구권을 작가가 행사할 수 있도록 추후에 협조하여야 한다.

또한 경매 과정이나 재판매보상청구권을 작가가 행사함에 있어서 가격 담합이나 입찰 조작 등의 불법행위가 발생하지 않도록 관리하고 낙찰대금을 수령하여 및 안전하게 보관할 의무도 있다. 또한 작품의 인도와 소유권 증서의 이전, 세금 및 법적 규제 준수 등의 문제도 해결해 줄 필요가 있다.

미술품 경매회사가 국제적으로 위상을 가지기 위해 100년 앞선 역사로 재판매보상청구권이 안착된 프랑스를 모델로 하여 「미술진흥법」과 하위법령을 재정비할 필요가 있다. 장기적으로 미술품 경매회사에 새로운 미술품을 제공할 수 있는 우리나라 신진 작가 발굴과 미술품 보호, 진위 판정 전문가의 양성, 미술품 보험 기반의 준비, 데이터베이스의 안정적 구축, 불법거래 신고 의무 및 불법 거래 방지를 위한 미술품 거래사들의 자격규정 등 정비에 대해 추후 「미술진흥법」 개정을 체계적으로 논의하게 되길 바란다.

뉴스핌, 2024. 10. 1.

장애인에 대한 예의

사회에서 질서는 참 중요하다. 이것을 배우는 장기간의 교육이 어쩌면 학령기일지도 모른다. 그렇지만 질서는 누가 정하는가? 함께 살아가기 위해서 질서를 조금 바꾸는 것은 어떠한가?

일본 도쿄도(都) 다마(多摩)시 다마 뉴타운, 도쿄도청이 있는 도쿄 부(副)도심 신주쿠에서 30km가량 떨어져 있는 일본 수도권 대표 신도시 다마 시립 중앙도서관, 그리고 마포 푸르메 어린이 도서관의 규칙은 '쉿! 조용! 여기 도서관이야!'가 아니다. 물론 정숙함을 요구하는 도서관 실도 있다. 하지만 떠들어도 좋은 어린이 도서관들이 늘어나면서 도서관은 항상 조용해야 하고 책은 혼자 읽어야 한다는 규칙이 깨어지고 있다.

바다는 휠체어 탄 장애인은 갈 수 없는 곳일까? 강릉시청 복지정책과는 보행 약자도 주문진 해변을 가까이 보고 느낄 수 있도록 접근성을 높이기 위해 바다 가까이까지 휠체어가 들어갈 수 있도록 무장애 길을 만들어 놓았다.

생각보다 장애인가족은 6가족 중 1가족꼴이다. 고령화가족도 마찬가지이다. 그렇다면 우리의 제도는 항상 비장애인에게만 맞추어져야 할 것인가? 혹자는 "장애인들도 노인들도 알아야지. 세상에 안 된다는 것도 있다는 것을 알아야지. 포기도 학습인데 배워야지." 이렇게 생각하는가? 세상을 묵묵히 견디는 법만 배워서는 아무것도 달라지지 않는다.

장애인가족의 숙명은 주변 사람들에게 소통자가 되어 장애인에 대해 이해시켜 주는 데 앞장서야 한다. 비장애인도 장애인과 함께 할 수 있는 방법을 끊임없이 연구하고 알려 주는 것이다. 발달장애인이 그네를 타고 싶은데 탈 수 없다면 만들어 달라고 요청할 수 있어야 한다. 비장애인은 요구하면 만들어 주는데 발달장애인의 요구는 왜 들어주지 않는가? 우리는 양치기 소년이 거짓말을 하는 가운데 그 소년이 거짓말을 하는 나쁜 아이라고 손가락질하기 전에 양치기 소년이 거짓말을 하지 않아도 되는 환경을 제공했는지, 미성년자의 노동환경에 대해 생각해 보아야 한다.

우리는 발달장애인의 상동행동을 '도전행동'이라고 표현해서는 안 된다. 도전행동은 그 주체가 발달장애인이기 때문에 발달장애인에게 모두 책임을 돌리는 말이다. '돌발상황에서 생겨난 상동행동'이라고 표현해야 한다. 비장애인도 돌발상황에서는 갑자기 화를 낼 수도 있고 자기방어 행위가 커질 수 있다. 즉, 돌발상황은 발달장애인에게만 그 잘못이 있는 것이 아니라 그 당시 발달장애인의 상황에 제대로 대처하지 못했기 때문이다. 상황이 사람을 악하게도 선하게도 만든다는 것, 비장애인도 강력한 악한 통치 아래에서는 언제나 바른 행동을 하기 힘들다는 것 우리는 알고 있지 않은가?

그러기 위해서는 소통이 필요하다. 검은색으로만 스케치북에 그림을 그리니 부모가 학교에서 무슨 일이 있는가 하여 걱정했으나 아이에게 물어보니 아이는 다른 크레파스는 다 닳았는데 검은색 크레파스가 너무 새 거여서 사용했다더라는 우스갯소리처럼 우리의 문제는 소통의 부족이다. 그들의 진심 어린 의사, 우리는 그것을 알기 위해 멈춰서서 무릎을 꿇고 귀를 기울였는가? 우리 모두 최선을 다해 오늘을 살고 있다. 장애인들도 언제나 나름의 최선을 다하고 있다. 비록 못 부르는 노래이지만 진심을 다해 들어 주고 서투른 표현이겠지만 그들의 목소리에 귀 기울이려 했는가? 그들이 표현할 때까지 기다려 주었는가?

　도와준다가 아닌 함께하는 것, 우리가 힘들 때 진정한 위로는 솔루션 디자인이 아닌 곁에 있어 주는 것이다. 우리가 힘든 것은 해결되지 못했다가 아니라 아무도 곁에 없었다는 것이다.

　당신은 장애인이 불쌍한가? 장애인은 동정을 바라지 않는다. 앞이 잘 보이지 않는 사람, 길에서 혼잣말을 하고 있는 사람, 휠체어를 탄 그 사람은 그저 틀린 게 아니라 다를 뿐이다.

　틀린 것은 함께할 수 없지만('1+1=2'가 아니면 동그라미를 쳐 줄 수가 없다) 다른 것은 함께할 수 있다. 내가 피아노를 잘 치지만 체육을 못하듯이 그들은 감각이 예민하고 혼잣말하는 것을 좋아하는 것에 불과하다. 우리 모두 함께하고 웃고 이야기하는 것을 좋아하듯이 발달장애인도 소통은 서툴지만 비장애인과 어울리고 싶다. 그저 도착하는 방법이 조금 다를 뿐이다.

　우리도 새로운 사람을 만날 때 긴장하듯이 그들도 자신의 약점을 알고 소통이 어렵다는 걸 알기 때문에 라포가 형성된 사람을 선호하고 새로운 사람을 만날 때 긴장한다.

　우리가 상호작용과 의사소통이 조금 어려운 사람들, 지적 기능이 낮은 사람들의 자신이 자신을 진정시키기 위해서 하는 상동행동을 두려워할 필요는 없다. 어쩌면 그들도 상동행동을 하는 뚜렷한 이유를 찾아서 비장애인을 설득하고 싶지만 아직 그것을 배우지 못했을지 모른다.

　그러니 장애인에게 비장애인과 같이 자연스럽게 시선 처리하고 도움을 주기 전에 무엇을 도와줄지 물어보라. 단문으로 명확하게 천천히 말하자. 그들은 의사소통과 관계를 맺는 데 어려움이 있는 장애를 가진 사람이라는 것을 잊지 말자.

　잘 이해해 주지 못한다고 목소리를 높이거나 큰소리로 화를 내지 말자. 정상이 아니라거나 모자르다거나 배제적 표현은 무례한 행동이다. 내가 누군가를 평가하고 있는 지금 누군가도 나를 평가한다는 것을 잊지 말자.

　여러분은 무관심한 사회에 던져져 내가 이 세상에 왔다 가는지도 모르는 인생을 살고 싶은가? 장애인도 그렇지 않다. 우리가 같이 사는 방법을 알려고 노력할 때마다 사회는 보다 성숙해질 것이다.

뉴스핌, 2024. 10. 8.

영화 「그녀에게」를 보고

한 아이가 묻는다. "선생님, 저 친구는 장애인이죠?" 우리가 안경을 착용한 사람과 안경을 착용하지 않은 자를 구분하지 않듯이 우리 뇌는 영리하게 자신이 유익한 방향으로 분류하기를 좋아한다. 분류한다는 것은 내 마음과 표시가 그 효과를 달리한다는 것을 의미하기도 한다. 장애인인가를 묻는 아이의 마음속에는 '장애인은 나와 어울릴 수 없어'일까? 아니면 '장애인이니 혹시 내가 편의를 줄지 알아봐야겠어'일까? "예. 저 친구는 언어로 빠르게 소통하는 데 장애가 있어요. 하지만 다음부터는 저 친구의 이름을 먼저 물어 주고 무엇을 좋아하는지 궁금해 주면 선생님은 더 좋겠네요."라고 아이에게 답해 준다.

장애인가족은 장애인과 비장애인에게 평등한지 알 수 없다. 장애인자녀와 비장애인자녀가 있다면 장애인자녀의 치료에 몰입하며 유년기를 보내다가 비장애인자녀에게 본의 아니게 소홀하여 상처를 주기도 한다.

장애인가족을 둔 비장애인자녀 캠프에서 한 비장애인자녀는 "평생 제 분노는 장애가 있는 오빠를 향한 것이 아니었구요. 나도 똑같은 자식인데 평등하게 한번 바라봐 주지 않는 엄마에게 있었어요." 그 말을 곁에서 듣는 순간 나는 아무 저항 없이 눈물샘에서 눈물이 또르르 굴러떨어졌다. 그녀가 엄마에게 바란 것은 태어날 때부터 정해져 있던 운명의 그녀에게 "엄마가 오빠 곁에만 함께 있어서 정말 힘들었겠구나. 미안하다. 딸아."

이 따뜻한 말 한마디였을 것이다.

경계성 장애 자녀의 엄마들과 만나면 티슈가 아닌 손수건을 준비해야 한다. 경계성 장애를 가진 아이들은 내가 왜 배제당하는지 잘 알고 있다. 왜냐하면 언쟁이 났을 때 자기주장을 잘하기 때문에 같이 학교를 다니는 아이들은 궁금할 것이기 때문이다.

"선생님, 저 친구는 우리랑 같은 것 같은데 왜 우리가 배려해 줘야 해요?"

그럴 때 어른들은 순수했던 아이들의 마음을 잃어버린 지 오래이다. 그래서 그 마음을 아무리 눈을 크게 떠도 그 친구의 손을 잡아도 사이코메트리로 읽어 줄 수 없다. 하지만 나는 어른이고 내가 아이일 때 그렇게 기대했듯이 성숙하고 반듯하게 어른다운 답을 해 주고 싶다.

"그래요. 왜 그런 것 같은데요?"라고 어쩌면 아이는 답을 스스로 내 줄지도 모른다. 아이들은 또래 아이들 사이에서 하는 행동과 부모나 어른 앞에서 하는 행동이 다르다. 그래서 반드시 답을 주지 않아도 된다. 그저 잘 경청하고 그들 곁에 잠시 머무르면 된다.

자폐 스펙트럼 중학생이 있다. 매일 쉬는 시간 "키 재자." 하고 친구들에게 다가간다고 한다. 처음에는 친구들이 키 재자고 하니 함께 재주었다고 한다. 그러나 매 쉬는 시간마다 "키 재자." 하고 다가가니 친구들이 노이로제 걸릴 상황이 되었다. "선생님. 저 친구는 왜 맨날 키 재자고 해요?" "그 친구에게 직접 물어보세요. 분명 이유가 있을 거예요."

자폐 스펙트럼인 친구는 아이들이 자기를 무시하지만 친구들 사이에 있고 싶었다. 그러나 방법을 몰랐는데 자신은 키가 크다 보니 "너는 키 커서 좋겠다." 이런 말을 듣게 된 것이다. 아이들이 자기를 무시하니까 아이들에게 다가가는 합법적 방법은 '키 재자'였다는 것이다. 또 다른 자폐 스펙트럼 중학생은 친구들만 만나면 "사탕 줘."라고 말한다. "선생님 저 친구는 왜 맨날 사탕 달라고 해요?" 특수반 선생님도 그 이유를 모르고 아무도 왜 그 친구가 사탕에 집착하는지 몰랐다. 하지만 그 친구의 엄마가 말씀하시기를 "제가 초등학교 아이가 다닐 때 학급에 아이를 보내면 자폐 스펙트럼 학생인 제 아들을 이해해 달라고 항상 학급에 사탕을 포장해서 나누어 주었어요. 하지만 중학교에 와서는 아이들도 성숙하니까 하지 않았어요."

그제야 "아!" 하고 깨닫게 된다.

자폐 스펙트럼 중학생은 언어가 유창하지 못하다. 마음속에서 "우리 엄마가 너희들에게 사탕을 주었잖아. 그러니까 너희들도 나에게 사탕을 줘."라는 말을 끊임없이 하고 있었구나 하고 생각된다. 그 이후 학생들은 주머니에 사탕을 가지고 다니다가 자폐 스펙트럼 학생에게 하나씩 나누어 주고 웃어 주기로 했다.

함께 사는 사회, 내 소리만 내는 것이 아니라 남의 소리를 듣는 것도 중요하다. 장애인에 대해 이야기를 하려고 하면 얼굴을 찌푸리는 사람도 많다. "우리는 모두 이 시기를 잘 지나고 있다는 걸 알지요. 그런데 한 번 더 확인시켜 드리려고요. 우리가 약자들을 위해 조금만 멈춰서 경청해 주시면 우리 내면의 약한 모습도 들여다볼 수 있게 되지요. 빠르게 지나가면 아름다운 꽃 사이에서 사진 찍을 시간을 놓치게 되잖아요."

그렇다. 이 세상의 모든 순간은 일기일회 전생을 통틀어 딱 한 번 있는 순간들의 연속이다.

우리는 모두 사람이다. '장애인'이라는 글자에 그대로 '사람'을 놓으면 아무것도 헷갈릴 것이 없다. 사람에 대한 예의, 장애인에 대한 예의는 같은 말이다.

선천적 장애인은 장애인의 10%밖에 되지 않고 90%는 후천적으로 사고와 질병으로 장애를 갖는다고 통계에 나온다. 20대에 교통사고로 장애를 얻게 된 한 여성이 말한다. "'나는 몇 시부터 장애인이 될까?' 하고 아침에 일어나면 생각해요." 집에서 그녀는 장애인이 아니다. 근력운동을 해서 휠체어에 탈 수도 있고, 싱크대 하부장을 모두 없애서 요리하고 설거지하는 데 어려움도 없다.(적어도 자신의 집에서 그녀는 장애인이 아니다.) 그러나 현관문을 열고 마주하는 사람의 눈빛을 마주하는 순간부터 그녀는 장애인이 된다고 말한다.

살아가는 데 불편함을 느끼는 사람, 그게 장애인이다. 그래서 「그녀에게」라는 영화를 보면 장애인의 한자를 바꾸어 어떤 책에는 길게 사랑해 주어야 할 사람들('길 장', '사랑 애 자'를 써서)로 표현하기도 한다.

그러한 관점에서 본다면, 발달장애인의 의견을 우리가 들어야만 한다면, 그들과 소통해야 하는 사람들인 우리가 불편하니까 불편한 우리가 장애인일까? 이와 같이 장애라는 개념은 그 자체로 상대적인 것에 불과하다.

버스를 탈 수 없어요. 이 말에서 우리는 버스를 탈 수 없게 설계되어 있는 버스와 도로 설계의 잘못이지 존중받지 못한 장애인이 버스 타러 온 것이 잘못이 되어서는 안 된다.

청소년들에게 "'버스를 탈 수 없다'는 무슨 의미일까요?"라고 물으면 "돈이 없어서 버스를 못 타요." "먹을 걸 들고 있어서 버스 기사님이 타지 말라고 해요."와 같이 답변한다. 그러나 과연 장애가 오직 불편만을 의미하는 것일까? 장애인에게 버스를 타지 못하는 것은 저상버스 배차간격이 넓고 도와주는 사람이 없어서 휠체어로 버스를 못 타는 것이 아니라 그동안 시간이 걸리는 것을 참아 주지 못하는 사람들의 시선이다. 그래서 때로는 장애인가족 중에 집은 못사는데 좋은 차를 타는 사람이 있다. 그들은 승차감보다 하차감이 중요해서 그렇게 한다고 한다.

여기서 하차감은 차에서 사람이 내릴 때(하차) 사람들이 보는 시선이(감각) 그나마 가난한 장애인가족에게 향하는 시선보다는 낫지 않을까 하는 기대 때문이라는 것이다. 그래서 장애인과 함께 다니려면 도종환의 시「담쟁이」처럼 손을 잡고 담벽을 넘는 각오로 시선의 홍수를 견뎌야 한다.

40이 넘은 발달장애인이 사람들에게 90도로 모두 인사를 한다. 이유는 부모님이 그렇게 시켰기 때문이다. "인사하면 좋은 일 아닌가요? 남의 존재를 아는 척해 주는 선한 일인데요."

부모는 이렇게 말하지만 40이 넘은 사람 누구도 그렇게 모두 90도로 이웃에게 인사하지 않는다. 그렇게 인사를 하는 것은 한국 사회에서 유치원생 정도까지이다. 모두가 그분이 장애인이라는 사실을 인식하게 되고 이후 그 부모는 아는 사람에게 목례 정도만 하도록 했다고 한다. 비장애인과 동일하게 취급하는 것, 장애인가족은 안타까운 마음이 있어 더 쉽지 않다.

농인 친구들은 필담이 잘 안된다. 농인 친구들의 카톡을 읽으면 이해가 잘 안되는 말들이 너무 많다. 구화도 있고 수어도 쓰며 그들은 다양한 몸짓언어를 쓰며 발달장애인만큼은 아니지만 이해할 수가 없다. 또한 우리는 점자책을 읽지 못한다. 누군가에게 책을 읽을 수 없음이 장애라면 점자책만 가득한 공간에서 우리는 분명 장애인이다. 시각장애인 코너로 들어가면 아무 책도 우리는 읽을 수가 없다. 그렇다면 우리는 그 공간에서 장애인이 된 것은 아닐까? 누군가 "탈시설이 정답이다."라고 말한다. 한편에서는 "시설이 여전히 필요하다."라고 말하기도 한다. 하지만 장애인에게 먼저 선택할 기회를 줄 수 있어야 하기에 둘 다 있어야 한다. 인권의 시작은 "도와줄까?"라고 먼저 묻고 그들이 "좋아요. 저를 좀 지원해 주시지요. 이 방법으로 도와주시면 당신과 같이 세상을 누릴 수 있겠네요."라고 선택의 기회를 많이 주는 것이니까.

발달장애인 엄마에게 명절에 올 필요가 없다고 시어머니로부터 전화가 왔다고 한다. 기분이 이상하다고 내게 말한다. 시댁에 오지 않아도 된다는 배제됨은 차별인가, 아닌가? 장애인과 함께 지내다 보면 세상이 얼마나 불친절한지 알게 된다. 장애인이 중증일수록 장애인가족의 무게감은 더욱 커진다. 그렇다고 내 아이를 책임져 줄 사회가 아니니까 데리고 일찍 죽어야 된다는 생각은 현실도피에 불과하다.

영화 「그녀에게」를 보면 장애인 자녀가 어렸을 때 치료를 데리고 다니는 재활 난민의 생활이 나온다. 지푸라기라도 잡고 싶은 부모에게 장삿속 속내만 보여 주는 센터들도 적나라하게 보여 준다. 엄마는 뇌병변장애 자녀가 웃기만 해도 여러 해석을 한다. 허탈한 걸까? 기쁜 걸까? 절박한 엄마는 앞에 나타나는 순서대로 치료면 치료, 보조기기면 보조기기 모두 매달린다.

하지만 사람들은 쳐다보고 있다. 내가 내 아이를 어떻게 대하는지를. 내 아이의 인권을 존중해 주지 않으면 다른 사람도 존중해 주지 않는다. 많은 사람들이 사회복지사나 선생님들이 어떻게 장애인을 대하는지 보고 학습효과를 받는다. 그래서 인권은 중립을 유지하기 힘들고 약자 편들기에 치중된다. 그러나 모든 자녀에 대한 부모의 바람은 자립이고 우리는 우리 방식의 자립을 선택해야 한다. 목소리가 없는 우리 발달장애인들이 어떻게 하면 잘 살 수 있냐고 비장애인들은 장애인가족에게 묻는다. 그래서 장애인가족은 그 불편함을 사회에 알릴 의무가 있는 사람이기도 하다. 장애인에 대한 예의는 장애인을 지우고 그 자리에 사람을 넣으면 성립된다. 그때 비로소 그들의 삶이 보일 것이다. 우리 모두 사람이니까.

발달장애인 전 생애 권리기반 지원체계 구축을 요구하는
화요집회 93회차, 2024. 10. 8.

새 교육감의 조건

서울시 교육감 선거가 다가왔다. 정말 우리 미래인 학생을 위한 교육을 해 줄 교육감은 누구인가. 대동소이한 공약을 내세우며 실질적으로 방법은 제시하지 않고 선언에 그치는 문구를 나열한 후보자들 가운데 진심으로 학생들의 성인이 되고 난 다음의 사회에서의 자립을 책임져 줄 사람은 누구인가.

최근 교사 출신으로 국회의원이 된 백승아 의원 대표발의안인 「초중등교육법」 제20조의2를 살펴보면 "학교의 장 및 교원의 학생생활지도"라는 제명 아래 "학교의 장과 교원은 교육활동 중 자신 또는 타인의 생명·신체에 위해를 끼치거나 재산에 중대한 손해를 끼칠 우려가 있는 긴급한 경우에는 학생의 행위를 물리적으로 제지할 수 있다. 이 경우 물리적 제지의 방법 등 필요한 사항은 대통령령으로 정한다."(제2항)라고 규정하고 "제1항에 따른 교원의 정당한 학생생활지도와 제2항에 따른 물리적 제지에 대해서는 「아동복지법」 제17조 제3호, 제5호 및 제6호의 금지행위 위반으로 보지 아니한다."(제4항)라고 규정하고 있다.

범죄자도 미란다 원칙이 고지되고 적법한 「형사소송법」 절차를 거쳐 3번의 재판을 통해 사회와의 격리가 결정되고, 징역형의 경우 교정을 위해 교도소라는 장소가 따로 마련되어 있고, 여기에서 노동과 교육을 통한 교정이 이루어진다.

그런데 교원의 판단상 학생이 "자신 또는 타인의 생명·신체에 위해를 끼치거나 재산에 중대한 손해를 끼칠 우려가 있는 긴급한 경우"에 해당되면 즉시 물리적으로 제지하고 학생을 교실에서 내보낼 뿐만 아니라 가정학습을 하라고 가정으로 돌려보낼 수 있다는 법안이 발의된 것에 대해 학생인권조례가 사라진 현재 학생을 걱정하는 공약을 내건 교육감은 어디에도 없다.

즉, 의무교육을 수행하는 학교 교실에서 학생과 교원을 대립하는 관계로 파악하는 것을 우리 학생들은 지켜보면서 현실에서 사회의 통합이란 있을 수 없는 미륵의 왕림 같은 것이고, 권력자를 따르지 않으면 언제든지 절차의 공정성 없이 즉시 배제된다는 것을 깨닫게 하는 것이다.

대한민국 「헌법」 제31조는 "모든 국민은 능력에 따라 균등하게 교육을 받을 권리를 가진다."(제1항)라고 규정하고 있고 "모든 국민은 그 보호하는 자녀에게 적어도 초등교육과 법률이 정하는 교육을 받게 할 의무를 진다."(제2항)라고 규정하면서 "의무교육은 무상으로 한다."(제3항)라고 규정하고 있다.

이 규정은 무상으로 자녀에게 적어도 초등교육과 법률이 정하는 교육을 통해 이 사회에 살아갈 필수적인 인성과 지식을 학생의 능력에 따라 최선을 다해 교육하여야 한다는 의미이다.

코로나19를 겪으면서 이전에는 경제적, 사회적 취약으로(가난, 장애 등) 학습에 장애를 겪었으나 최근에는 코로나 19시기 초등학교 입학 학년이었던 학생들은 현재 고학년이 되어서도 학습에 심각한 부적응을 경험하고 있고 그 밖에도 부모나 가정환경, 기질 등 다양한 원인으로 인하여 정서적 취약을 겪는 학생이 계속 증가하고 있다.

그런데 이에 대해 정부가 제시한 것은 보건복지부가 제안할 법한 "늘

본다."라는 뜻의 늘봄 정책으로, 교육부에 교육복지늘봄지원국을 운영하면서 방과후 활동과 돌봄교실의 강화하는 예산을 늘리겠다는 의견만 거듭 밝히고 있는 것이다.

그러나 이는 학부모들의 양육 스트레스를 경감하겠다는 목표일 뿐 경제, 사회적, 더 나아가 정서적 취약 학생을 위한 학습권 증대의 견지라고 이해할 수는 없다. 학령기의 교육은 복지가 아니다. 복지는 사전적으로 행복을 누릴 수 있게 하는 상태를 의미한다. 학령기의 교육은 국가의 의무일 뿐만 아니라 성인이 되어 사회에서 국민으로 살아가게 하기 위해 필수적으로 해야 할 것들을 가르치는 국가의 존재 이유이기도 하다.

「초중등교육법」 제28조는 학습 부진 학생들에 대해 국가와 지방자치단체가 교육상 필요한 시책을 만들어야 한다고 규정하고 있다. 이에 교육청은 교육복지센터라는 것을 각 구에 두어 학교에서 학습에 어려움을 겪고 있는 학생들을 멘토와 매칭하여 부족한 교육프로그램을 운영하게 하고 있다.

그러나 현재 '교육복지센터'라는 법적 근거도 존재하지 않고 있을 뿐만 아니라 사회복지사 경력자들이 프로그램을 운영하고 있으나 보건복지부와 달리 교육부 산하의 사회복지사는 매년 경력을 인정받아 호봉이 승급되지도 않고 있다.

또한 교육복지센터의 교육복지사(사회복지사)들이 매칭해 주는 멘토(나의 경우 역사와 영어를 가르쳤다)는 1일 1만 원이라는 유급 자원봉사로 운영되며, 해당 학생을 장기적으로 챙겨 줄 수도 없고 3월에서 11월까지 사업을 종료한 뒤 다음 해에는 다른 학생을 배정받는다.

교육복지가 필요한 학생들은 대다수가 한부모가정, 다문화가정, 조부모가정, 양부모가정 순이었는데 학생과 멘토는 라포가 필요하고 신뢰 관계를 쌓는 시간이 필요하다. 즉, 학습능력의 배양도 중요하지만 정서적으로 학생을 지지해 줄 성인 하나만 있다면 학생은 사회에 나가서 국민으로서 살아갈 힘을 분명 얻을 것이다.

그런데 학생 위주의 선택이 아니라 교육청은 개인이 태움을 하지 않는 한 교육복지가 필요한 학생을 구원해 줄 수 없는 시스템으로 운영하고 있다. 점점 더 교육복지센터의 역할은 중요해지는데, 이에 대한 적절한 지원은 실패가 아니라 포기하는 분위기이다.

센터의 일관적인 사업의 법적 근거의 부족(각 구마다 사업이 중구난방이다), 교육복지사의 잦은 이직, 자원봉사자 멘토의 처우, 학생 위주의 사례 관리 불가능 등 학교교육을 가능하게 하기 위해 지원하는 교육복지의 영역에 대해서 그 어떤 교육감도 고민하지 않는다. '디아스포라'는 흩어진 사람들이라는 뜻으로, 팔레스타인을 떠나온 세계에 흩어져 살면서 유대교의 규범과 생활 관습을 유지하는 유대인을 이르던 말이었다.

우리나라에서 외국에 유학을 가서 디아스포라를 경험한 학생들은 부유한 계층에 속한다. 그러나 우리나라의 다문화가정에서 태어나 학령기 디아스포라를 경험하고 있는 학생들은 상당한 관심과 그들의 정체성에 대한 고민이 필요하다.

AI 시대 기계는 인간다워지고 인간은 기계를 닮아 가는 것이 우리 미래 교육의 목표인가? 장애가 생기면 이는 사회의 소통과 통합 과정에서 해결하지 못해 생겨난 개념임에도 불구하고 비장애인 다수의 교육을 위해 교원은 장애 학생을 물리적으로 분리시켜도 아동학대가 되지 않는 비통합을 가르치는 것이 대한민국 헌법의 실현인가? 새 교육감은 미래의 우리 국민에게 필요한 인성과 최소한의 살 수 있는 지식을 제공하는 사람이 되어야 한다.

그리고 다양한 학생들의 눈높이에 따라 그러한 교육이 제공되고 있는지 행복하게 만들기 위한 선택적인 복지가 아니라 반드시 해야 하는 학령기 교육의 의무를 국가가 다할 수 있도록 접근해야 한다. 모든 학생들은 평등하다.

이 말은 그대로 모든 인간들은 평등하다로 치환된다. 학업에 어려움을 겪는 그들을 어떻게 할 것인지 학부모의 양육을 덜어 주는 것뿐 아니라 사회에 나갈 준비를 평등하게, 다양한 학생들에게 지원할 준비가 되어 있는지 교육부와 교육 환경이 점검해야 한다. 현재 교육복지센터에서 '복지'라는 용어 대신 '지원'이란 용어를 삽입하여야 하는 이유가 여기에 있다.

뉴스핌, 2024. 10. 15.

항생제의 시대, 생물 다양성이 답이다

17세기, 아이작 뉴턴은 빛을 입자설로 설명했는데, 그는 빛이 작은 입자로 이루어져 있으며, 이 입자들이 직선으로 이동한다고 주장했다. 그의 이론에 따르면, 빛은 입자처럼 반사와 굴절을 일으킬 수 있다는 것이었다.

그러나 크리스티안 하위헌스는 빛을 파동설로 설명했다. 그는 빛이 입자가 아니라, 파동의 성질을 가진다고 주장했으며, 물결처럼 퍼져 나가는 파동이기 때문에 빛이 굴절하고 간섭 현상을 설명할 수 있다고 보았다. 그의 이론은 시간이 지나면서 더 많은 실험적 증거로 뒷받침되었고, 나중에 전자기파 이론에 의해 보강되었다.

결국, 두 이론은 이후 양자역학의 발전과 함께 빛이 입자성과 파동성을 모두 가진다는 이중성으로 통합되었다. 빛은 특정 상황에서는 입자처럼 행동하고, 다른 상황에서는 파동처럼 행동한다는 것이 현대 물리학의 기본 개념이다.

질병도 다르지 않다. 질병은 저절로 생기지 않는다. 바이러스는 보유숙주의 몸속에서 항상 존재하다가 때때로 보유숙주에서 다른 동물로 전파된다.

인류 앞에 나타난 에볼라 자이르 바이러스는 파동가설에 따르면 중앙아프리카에 퍼진 지 오래되지 않았고 조상 격인 어떤 바이러스로부터 비교적 최근에 갈라져 나온 바이러스라는 것이다. 즉, 보유숙주의 몸을 통해 숙주에서 숙주에게로 물결처럼 퍼져 나간다. 그러다가 에너지가 끝나면 서서히 멈춘다.

한편 입자가설에 따르면 종간전파가 파동처럼 진행되었다기보다는 일정한 바이러스가 등장할 수 있는 최적의 환경이 매회 갖추어질 때마다 바이러스는 인류 앞에 나타난다는 것이다. 즉, 모두 개별적인 독립사건이다.

어떤 사람에게 질병은 불가항력으로 나타나고 어떤 사람에게는 피해 가는 것으로 보이지만 과학의 관점에서 질병은 결코 저절로 오는 것이 아니라 인류가 저지른 일들의 원치 않았던 결과가 분명하다는 것이 점점 밝혀지고 있다.

1906년 루이 파스퇴르와 로베르트 코흐, 조지 프리스터를 비롯한 과학자들의 연구로 어마어마한 미생물의 세계를 인지하지 못했던 인류는 이제 점점 그 비밀을 밝혀 가고 있다. 일단 홍역과 같은 경우 약 18개월 간격으로 유행하며, 면역이 취약한 사람 숫자가 충분하지 않으면 유행이 가라앉고 새로운 아기들이 태어나 취약한 면역의 예비 희생자 숫자가 충분해지면 또 다른 유행이 시작된다.

이전에 병을 앓았거나 면역이 있는 사람은 제외되고 면역이 취약한 사람의 밀도와 감염된 사람의 밀도를 곱한 숫자, 두 집단 사이의 접촉이 홍역을 발생하게 한다는 역학이 밝혀진 것이다. 그러므로 질병은 생태학적 측면뿐 아니라 인간의 사회적, 경제적 측면과 깊은 관계를 맺을 때 문제가 복잡해진다.

인류의 활동이 대재앙을 초래할 만큼 빠르게 자연 생태계를 붕괴시키고 있다. 숲을 파괴하면 숲에서 쉬었던 동물들은 하루아침에 서식지를 잃는다. 2차 세계대전이 끝났을 때 인류는 18억에 불과했다. 그런데 겨우 100년도 되지 않은 지금 인류는 81억을 넘어섰다. 살 곳이 더 필요하고 먹을 것이 더 필요한 것은 어쩔 수 없지만 우리는 너무 많이 아무 데나 존재하고 아무 데나 침범하고 있다. 자연에게 예의를 지키지 않으면서 자연에게 예의를 기대할 수는 없다.

우리는 묻지도 않고 토종생물들이 자리를 옮길 기회도 주지 않고 숲을 해체하고 재건한다. 그러므로 질병이 인류를 의도적으로 표적으로 삼는 것은 전혀 아니다. 그저 미생물은 우리 인류만큼 거대하고 바이러스, 세균, 곰팡이, 원생생물 등 우리에게 발견되지 않은 것이 너무 많으며 그들이 기생하는 숙주도 인류에게 알려지지 않은 것들이 많을 뿐이다.

우리는 그들에 대해 충분한 지식을 전혀 가지고 있지 못한 상황에서 바이러스는 기생할 수밖에 없는 운명 속에 살아남기 위해서 숫자가 많고 서식지를 침범해서 들어온 인류를 안식처로 삼고 있다. 그들은 생태계가 너무 파괴되어 숙주가 달아난 현재, 그 자리에 들어온 인간에게 기생하여 살아남거나 아니면 기생을 못하는 경우 멸종해야 할 위기에 있다.

그러므로 바이러스, 보유숙주, 증식숙주, 그리고 바이러스의 희생자가 될 인간인 종말숙주까지 미생물 생태계를 갖추고 원치 않게 자신의 존재를 자꾸 인류에게 드러낸다. 바이러스는 의도적으로 뇌가 있어 어디 들어가 숨는 것이 아니라 특정 생명체의 몸에 서식하고 전염시키는 조건이 우연히 맞아떨어져 생존과 번식의 기회가 제공되었기 때문이다.

바이러스는 다른 생물과 달리 단순하고 빨리 진화하며 항생제에 듣지 않아서 찾아내기 힘들다. 또한 유전이 되는 바이러스도 있고 그렇지 않은 바이러스도 있으며 숙주를 생명의 위험에 빠뜨리기도 한다.

종간 전파는 불과 8천~1만 년 전 농업의 발명과 대를 같이 했음은 분명하다. 가장 먼저 나타난 존재는 모기로 인류를 가장 많이 죽인 동물이다. 인간이 논밭에 물을 대기 위해 개척, 관개사업을 하면서 아노펠레스 모기가 자라기 쉬운 환경 속에 8천 년 전부터 동남아시아에서 닭을 가축으로 키워 먹으면서 원충 중 플라스모듐 놀레시와 플라스모듐 갈리나세움이 닭과 같은 가금류를 감염시켰다.

종충은 낭충으로 다시 생식모세포로 변형되어 인간 희생자의 몸속을 가득 채운 후 다른 모기가 그의 피를 빨았을 때 모기의 몸속으로 들어가 또 다른 인간을 물 때마다 매개체 감염병을 만들었다. 그리고 모기는 삼림파괴 속에 원숭이 숙주 대신 더 많은 인간 숙주를 택했고 인류를 죽게 만들었다.

최근 인수공통감염병이 보유숙주로 밝혀진 박쥐들을 혐오의 대상으로 만들고 있는 가운데 호주의 헨드라 바이러스에 있어 말은 왜 증식숙주가 되었는지 생각해 볼 필요가 있다.

말은 2세기 전 호주에 유럽인들이 데리고 온 외래종이다. 왜 그동안 잠복기를 거치다가 이제 나타났는지는 밝히지 못했지만 브리즈번강 주변의 개간으로 말들의 목초지를 만들면서 시작된 것은 분명하다.

에볼라 바이러스 역시 더 많은 데이터를 얻으려면 더 많은 유행이 발생해야 하는 아이러니가 있기는 하지만 에볼라강을 중심으로 울창한 열대우림을 개간한 바 있었다.

앵무새병이라고 불리는 클라미디아 시타시라는 세균의 인수공통감염병 역시 새를 좁은 서재 등에 가두어 놓고 조악한 음식을 주면서 햇빛도 자주 쐬지 못하게 하면 새는 스트레스를 받고 세균을 쏟아 냈던 것이다.

Q열이라고 불리는 콕시엘라 버네티라는 세균 역시 유럽연합이 우유 수출입할당제를 1984년부터 무리하게 하면서 인간들이 젖소 대신 염소

를 좁은 공간에 많이 가두어서 키우면서 한번 짚을 깔아 주면 수주 또는 수개월간 갈지 않아도 되는 비위생적인 공간을 염소에게 제공하면서 발생한 것이다.

라임 지방에서 급증했던 라임병 역시 기후가 예전과 달라져 발생했다. 기후 변화로 도토리가 과다하게 열리면서 먹을 것이 풍부해지자 1년 이내 75마리씩 새끼를 낳는 흰쥐가 급증하고 흰쥐를 숙주로 삼는 진드기가 늘어나면서 인간이 걷는 어디나 사슴진드기가 증가했다. 이로 인해 관절염이 증가하자 보렐리아 부르크도르페리라는 이 바이러스를 죽이기 위해 진드기 서식지인 사슴을 모두 죽이기 시작했다.

우리는 생태계의 큰 시스템 안에서 무언가의 개체를 인위적으로 줄이면서 자연에게 예의를 지키지 않고 있다.

숲이 조용하다고 하여 개간한 뒤 미생물들의 생존경쟁 아우성 속에서, '갈등'의 맥락으로 지금 상황을 파악하지 않는다면 항생제의 시대 감염병은 안정적으로 영원히 생존할 수 있다. 사실상의 평형상태, 극상단계에 도달하기 위해 인류를 택할 수밖에 없음을 잊지 말아야 한다.

A가 많아지면 B, C, D에게 어떤 영향을 줄지 생각하지 않고 야생동물과 진드기의 상호작용에 갑자기 뛰어들어 생태계의 침입자가 된다면 지구공동체에서 함께 살아갈 수 없다.

그러므로 항생제의 시대, 세균의 공격 대상이 되지 않는 방법은 우리가 자연에 대해 공존자로서의 예의를 지키고 스스로 개체수를 조절하는 생물다양성에 대한 존중을 잊지 않는 것이다.

뉴스핌, 2024. 10. 22.

AI 시대, 인간은 무엇을 준비하여야 하는가

최근 생성형 AI 기술에 대해 사람들은 더는 AI 시대를 피할 수 없다는 것을 인식하였고 이에 대해 인간은 무엇을 대비하여야 할지 활발히 논의 중이다. 어떤 기술이 해당 산업에서 퍼져 나가는 관건은 "기술이 인간의 욕망과 얼마나 친화적인지, 그에 따른 대비가 얼마나 잘 되어 있는지"라고 할 것이다.

AI 기술 이전에 4차산업혁명과 함께 논의되던 기술 중 하나는 메타버스 기술과 블록체인 기술이었다. 그러나 두 기술 모두 일상에 완전한 침투는 실패했다. 신기술로 인정받으며 차세대 인터넷이라는 많은 관심을 받은 두 기술은 현실적인 구현 가능성에 비해 지나치게 부풀려진 기대감이었다는 것을 알게 되었다.

메타버스 기술의 경우 코로나19 당시에는 모든 국가 연구가 메타버스 기술 투자와 관심에 집중되었지만 결국 메타버스 플랫폼들은 대중화되지 못했고 결국 사용자 수가 제한적이고, 플랫폼 간의 호환성 문제로 인해 네트워크 효과가 충분히 발휘되지 않아 탄력적으로 기술은 있기 전으로 되돌아갔는데 이는 인간의 필수 생애설계 주거, 여가, 교육, 근로 분야에 완전히 침투하지 못했고 교육과 근로 분야에서의 사용이 천천히 도태되면서 이전과 같이 게임과 같은 여가의 영역으로 밀려나 제자리로 돌아가고 말았다.

메타버스 기술이 인정되지 못하였던 이유는 대중화되기 어려운 비용의 문제가 컸다. 메타버스의 완전한 경험을 위해서는 고가의 VR/AR 기기와 높은 사양의 컴퓨터가 필요한데 모든 교육현장과 기업에서 이를 수용하기는 쉽지 않고 지연 시간(latency), 그래픽 품질, 상호작용의 자연스러움 등에서 한계가 존재하며, 이는 사용자 경험을 저해하고 축척되는 사용 경험자가 제한적이게 되다 보니 산업의 거품은 꺼지고 말았다.

무엇보다도 기술에 따른 대중에게의 윤리도 중요한데 현실과의 경계에 대한 철학적, 윤리적 담론이 충분히 이루어지지 않은 상태라 사회적인 수용이 더디게 진행되었던 것이다. 또 하나의 기술, 블록체인도 마찬가지이다.

기술적 구조상, 많은 트랜잭션을 빠르게 처리하는 데 제한이 있어 현재 시스템으로는 대규모 사용자 수요를 모두 충족시키기 어렵고 비트코인과 같은 작업증명(PoW) 방식을 사용하는 블록체인은 막대한 에너지를 소모하여 에너지 부담이라는 각국의 재생에너지 등 환경 논의와 충돌하면서 이 기술을 전 세계로 확산시키는 데 한계가 있다는 것이다.

또한 국가가 법정화폐 외에 가상자산에 대해 열린 자세로 접근하기에는 여전히 몇 가지의 안정성의 산을 넘어야 한다.

AI 기술은 인류를 이끌어 온 사람들의 호기심을 일상에서 채워 주는 기술이라 메타버스나 블록체인 기술과 달리 상생할 수 있는 기술이지만, 이 기술 역시 저절로 성장하게 두어서는 안 된다.

현재 EU AI Act가 나왔으므로 이를 기준으로 입법화하면 그뿐이라고 생각하는 학계와 정부의 대응은 매우 위험하다. 메타버스 사례에서 보듯이 높은 기기비용의 부담, 블록체인에서 보듯이 에너지 부담과 시간 처리 부담과 같이 AI 기술 역시 데이터에 대한 주권, 분석 기준을 인간 스스로 세워 주지 않으면 우리는 인간을 대신하여 판단하여 융합지식을 쏟아 내는 AI 기술의 통제를 받는 존재로 전락할 것이다.

현재 병원에서 자신의 병적 이력을 떼려면 의사의 저작물인 처방전에 대한 비용을 환자 본인조차 지불해야 한다. 관행의 고착으로 의사의 저작물인 처방전에 접근하는 논리를 저작권에 근거하여 판단하고 있다. 환자의 병원 내원 이력과 그에 따른 처방이 정리된 처방전은 의사의 저작권이 환자의 개인정보권보다 정말 우선하는 것일까? 데이터를 구매하기 위해 AI 사업자는 병원만 접촉하여 업무상 저작물인 의사의 처방전을 구매하면 되는 것인가?

타인의 저작물을 사용한 저작권은 어느 정도 국제질서가 있지만 타인의 개인정보를 사용하여 작성된 저작물의 저작권은 누구에게 권리가 분배되어야 합리적일까?

통계산업 분야에서는 개인정보를 포함하여 설문지를 작성해 주는 데 있어서 설문에 응한 자가 진실한 정보를 제공했다는 전제 아래 데이터 구매비용으로서 일정 사례를 하는 것이 관행화되어 가고 있다. 또한 설문지를 통해 재구성한 표와 결과물로 만든 보고서 작성자인 사업자는 데이터베이스 제작자로서의 권리가 인정된다고 답변해 준 바 있다.

그렇다면 데이터가 오염되거나 보안적으로 탈취당한 데이터센터는 소유권 또는 점유권을 주장할 수 있는가? 환자의 개인정보나 의사의 저작물이 침해받은 것인가? 소유권, 점유권, 저작권, 개인정보권 등 데이터를 둘러싼 권리분쟁에서 누가 우위를 가져야 하는지 설명이 필요하다.

「저작권법」에서 미술저작물은 원본의 판매를 촉진시키기 위해서 저작권인 화가보다도 소유권자인 콜렉터를 우위에 두는 규정을 가지고 있고, 저작권자인 사진관 사장님보다 사진을 찍어 주길 요청한 위탁자의 초상권을 더 우위에 두는 규정을 마련해 놓고 있다.

　이와 같이 각 분야마다 이제 우리는 데이터에 있어서 AI가 임의로 답변을 쏟아 내어 공공질서를 어지럽히지 않도록 준비가 필요하다. 최근 교육감 선거가 있었고 새 교육감은 AI 기술과 교육에 있어 학생들의 다양한 상황과 배우는 다른 속도로 인하여 AI 교육의 도입을 공교육 공백을 메꾸는 방안으로 검토하고 있다. 이는 어떤 검인정 교과서를 우리 후손들을 위해 선택하는가와도 같은 문제라고 할 수 있다.

　현재 우리가 우려하는 것은 현재 데이터 불완전성이라는 전제 아래 이를 학습한 AI 회사가 다수일 때 국내 AI조차 모두 다른 판단을 내놓으면 어떻게 할 것인지에 대한 것이다. "'만일 길에서 어른이 도와 달라고 하면 어떻게 해야 하는가?'라고 했을 때 A 사의 AI는 도와주라고 하고 B사의 AI는 도와주지 말라고 한다면 어떻게 해야 하는가?"라고 묻는 후손들의 질문에 우리는 답하여야 한다.

　최근 학회 등에서 인공지능 공부를 하면서 가장 우려스러운 것은 EU AI Act가 위험 요소가 있는 AI 기술에게 투명성 의무를 부과하였으나 구체적으로 어떻게 하면 이 의무를 만족시키는지 설명하지는 못하고 있는 상황에서 EU AI Act를 AI 기술의 모범 기준 수준으로 생각한다는 것이다.

　그래서 EU AI Act를 전제로 인공지능 법안을 우리도 만들면 된다는 말은 매우 위험한 말이 아닐 수 없다. 우리는 AI 시대 기술의 지배로 우리 머릿속이 통제되지 않기 위해서 인간이 분명하게 기술 우위에 있음을 천명할 필요가 있다. 이것은 우리 후손들에게 물려줄 미래와 직결되는 그 무엇보다도 중요한 문제임을 모두 인식해야 한다.

뉴스핌, 2024. 10. 29.

입장권 티켓 불공정 거래를 방지하기 위한 티켓법 제정을 촉구하며

최근 입장권 티켓 유통에 대해 소비자의 불편이 급증하고 있다. 흑백요리사에 나오는 쉐프의 식당 입장권 가격이나 매크로를 통한 유명 음악가의 입장권 접근권의 침해 등 다양한 불만이 쏟아져 나오는 가운에 이를 그대로 방치하는 것은 거리의 쓰레기를 줍지 않는 행위나 다름없다.

현행 「공연법」은 암표 거래금지규정과 스켈핑(영리 목적 매크로를 이용하는 대량구매행위) 규제규정 두 가지 유형을 가지고 있다.

먼저 암표 거래금지규정의 경우 흥행장, 경기장, 역, 나루터, 정류장, 그 밖에 정하여진 요금을 받고 입장시키거나 승차 또는 승선시키는 곳에 웃돈을 받고 입장권, 승차권 또는 승선권을 다른 사람에게 되파는 경우를 말하는데 여기서 '웃돈'의 정의가 애매모호하며 정식 판매처의 영업이익을 보호하는 것을 법의 목적으로 하고 이 경우 적발 시 20만 원 이하의 벌금, 구류 또는 과료와 같은 형사처벌 규정이 존재한다.

둘째, 「공연법」은 부정판매의 정의를 "입장권 등을 판매하거나 그 판매를 위탁받은 자의 동의를 받지 아니한 자가 다른 사람에게 입장권 등을 상습 또는 영업으로 자신이 구입한 가격을 넘은 금액으로 판매하거나 이를 알선하는 행위"로 규정한다. 그러나 이 정의는 법이 갖추어야 하는 요건, 목적의 정당성, 방법의 적절성, 법익의 균형성, 피해의 최초성 등을 갖추지 못한 것으로 보인다.

먼저 개인이 입장권 수장을 타인에게 판매하고자 할 때 이는 사적 자치의 영역에 속하는 것이므로 국가가 개입하는 것은 적절한 것이 아니다. 「민법」 제104조는 "당사자의 궁박, 경솔, 무경험으로 인한 폭리행위를 제재"하는데 본조는 형사처벌 규정은 없으므로 민사거래상 강행규정으로 볼 수 있어 계약을 무효화할 수 있는 규정으로 볼 수 있다.

첫 번째 요건인 "입장권 등을 판매하거나 그 판매를 위탁받은 자의 동의를 받아야" 합법적인 거래라고 하는 부분의 경우 다른 거래와의 형평성이 맞지 않다. 일반인은 공연 또는 스포츠 경기 주최자가 자신이 지정한 판매처가 어디인지 그러한 정보에 일상적으로 접근하기 어렵다. 그러므로 본조의 "입장권 등을 판매하거나 그 판매를 위탁받은 자의 동의를 받아야"만 일반인이 티켓을 거래할 수 있도록 하는 사전 승인 요건은 토지규제 등의 부동산 거래나 문화재 매매와 같은 공공복리라는 뚜렷한 공익적 질서가 요구되는 것이므로 입법의 과잉금지의 원칙위반에 해당한다.

두 번째 요건인 "입장권 등을 상습 또는 영업으로"라고 하고 있는데 이는 '상습'의 불법성을 거래의 위험으로 보고 있는 것인지 '영업으로' 하는 거래의 위험을 규제하고자 하는 것인지 애매모호하다. 우리나라 「형법」에서 상습범은 일정한 범죄를 반복적으로 저지르는 범인을 의미하는데 대개 동일한 범죄를 여러 번 저지른 경우에 해당하며, 2회 이상의 범죄를 저질렀을 때 비로소 상습범으로 간주된다.

그렇다면 본조에서 최초로 판매하는 것은 부정판매가 되지 않는다는 것인데 왜 같은 행위를 최초인지 두 번째인지를 구별하여 면책과 책임의 구별을 두는 것인지 납득할 수 없다. 상습범을 「형법」상 가중 처벌하는 이유는 어디까지나 범죄의 반복성과 그로 인한 사회적 해악성을 추정하여 보다 엄격한 처벌을 도모하는 것인데 티켓을 구매하는 자는 현재 티켓을 매도하는 자가 상습인지 알 수 있는 방법이 존재하지 않는다.

만일 본조가 실효성을 가지게 해서 티켓 구매자가 이 계약을 무효로 하고자 하고 상습인지 알아보지 않은 계약체결상의 과실책임을 져야 하는 부분이라면 이에 대한 정보는 플랫폼 사업자가 주어야 할 것이다.

그러나 플랫폼 사업자 역시 상습거래라는 개념의 정의를 내리는 데 있어 상습의 기준을 거래의 상대방인 매수인으로 할 것인지, 티켓을 매도하고자 하는 자를 기준으로 할 것인지 알 수 없고, A 플랫폼에서 매도한 것과 B 플랫폼에서 매도한 것을 합산할 것인지, 자신의 플랫폼인 A 플랫폼 내에서만 상습의 수를 계산할 것인지 티켓 거래의 신속성과 효율성 측면에서 이와 같은 여러 가지 계약의 해석이 불명확해지는 것이 적절한지 생각해 볼 필요가 있다.

'영업으로' 요건도 재고가 요구된다. '영업으로' 티켓을 판매하는 자와 '영업으로 하지 않고' 티켓을 판매하지 않는 자를 구별하는 실익이 과연 있는가? 우리는 '영업으로' 티켓을 판매하는 자를 보다 시장에서 신뢰해 왔다. 이는 차기의 계속적 상행위를 유도하기 위하여 상행위를 업으로 하는 '영업으로' 티켓을 판매하는 자가 거래의 상대방을 덜 기망할 것으로 예상한다. 그런데 '영업으로'가 불법성의 요건이 될 수 있는가?

무엇보다도 '영업하는 자' 중에서 "입장권 등을 판매하거나 그 판매를 위탁받은 자의 동의를 받았는지 여부"를 국가가 일일이 검토하겠다는 것은 과도한 사적 자치의 제한이 아닐 수 없다. 국가가 '영업하는 자'의 티켓 거래를 단속해야 할 법적 근거는 무엇인가.

저작물에 있어서도 최초판매의 원칙상 이미 판매한 뒤에는 권리가 체화된 물품에 더 이상 권리자의 권한이 미치지 못하는 것이 대부분이다. '상습 또는 영업으로'라는 요건으로 인한 반대적 규범해석으로 '비영리

최초행위는 면책된다'는 부분도 납득하기 어렵다.

'상습'은 불법성으로 가중 요건이 될 수 있겠지만 '영업'은 오히려 국가로부터 규제를 받는 상행위이므로 오히려 신뢰되고 권장되어야 할 부분인데 이를 한 번에 규정하는 것은 일반인에게는 '영업'이 권장되지 않아야 할 사회에서의 행위라는 부정적 이미지를 줄 수도 있게 된다.

끝으로 "자신이 구입한 가격을 넘은 금액으로 판매하거나 이를 알선하는 행위"라는 요건의 경우 "자신이 구입한 가격"이 적합한 요건인지 의문이다. 예를 들어 자신이 구입한 가격은 5,000원이었으나 티켓 가격이 10,000원인 경우 5,000원으로 판매해야 하는 것을 의무화하는 것이 사적 자치의 원칙에 부합하는가? 반대로 "자신이 구입한 가격"이 10,000원인 경우 티켓 가격은 5,000원이라면 반드시 5,000원을 손해 보아야만 본조를 지킬 수 있는데 이 또한 사적 자치에 부합하는가?

공정가격의 필요성은 어디까지나 사회에 사행성을 조장하지 않는 데 있다. 물가안정의 의무는 국가에게 있는 것이며, 시대에 따라 가격안정 도모를 위해 일정한 상한가를 정하는 것은 필요할 수도 있겠으나 해외 입법이 판매자가 최초로 정한 티켓 액면가격의 10~25%를 정하고 있는 점을 볼 때 현행 기준인 "자신이 구입한 가격을 넘은 금액"을 불공정가격으로 보는 것은 재고의 여지가 존재한다.

그 밖에도 판매행위를 제재하는 것은 이해되나 '알선'을 한 자까지 부정판매의 개념에 포섭하는 것은 일반인에게 수용되기 어렵다고 할 것이다. 알선은 어디까지나 어떤 사람이나 사건에 대해 중개하거나 연결해 주는 행위를 말하는데 이는 형법에서 범죄의 실행을 도와주거나 이를 가능하게 하는 행위로 위법성으로 추정되어 정범을 돕는 방조범으로 인정된다. 공연티켓에서 알선행위는 티켓을 구매하는 플랫폼이라 할 것인데 플랫폼이 어떤 역할을 해야 면책될 수 있는지 본조는 불분명하다.

셋째, 스켈핑(영리적 대량 구매) 행위의 수단을 매크로로만 한정 짓고 있는데 이를 적발할 수 있는 자는 검사나 소비자가 아닌 공연, 스포츠 티켓 판매 플랫폼 사업자, 즉 OSP이므로 OSP의 책임 규정, 매크로를 통한 영리적 대량 구매 행위에 대해 모니터링 의무를 가지고 이를 적극적으로 제재하지 않는 한 실효성은 담보될 수 없어 매크로 행위의 적발을 위해서는「저작권법」제102조 내지 제104조와 같은 OSP의 주의의무가 논의되지 않으면 매크로 규제는 불가능하다. 특히 법률효과에 있어 각 법마다 20만 원 벌금, 1년 이하의 징역 1천만 원 벌금과 과태료~5년 이하의 징역 5천만 원 벌금까지 걸쳐 있어 티켓의 종류에 따라 천차만별이다.

일반인들이 그저 바라는 것은 시장 질서의 확립으로 절차적으로 티켓 접근권이 공평하게 제공될 수 있도록 매크로 등으로 스켈핑을 하여 얻은 거래를 무효화하고 처벌하여 일반인들에게 입장권을 누구나 구매할 수 있게 하는 것이다.

또한 입장권의 가격에 있어 과도한 히든 프라이스(수수료와 지정좌석에 대한 과도한 추가금액의 부당성)의 공정화와 표시의무, 티켓 액면가의 가격상한제, 실제 판매자가 실제 티켓을 가지고 있는지 여부의 플랫폼 사업자의 확인, 개인정보보호 등의 부분이라 할 것이다.

공연기획사도 마찬가지이다.「개인정보보호법」은 개인정보를 최소수집과 최단기간의 보관이 될 수 있도록 규정하고 있다. 청소년 접근 금지 공연을 제외하고 공연기획사가 개인정보를 일일이 알아야 할 이유는 어디에도 없다.

공연을 봐 주는 소비자가 있어야 공연시장도 존재한다. 이를 위해 티켓 유통거래질서를 바로 잡기 위한「전자상거래등 소비자 보호에 관한 법률」의 개정이나 해외입법을 참고하여 별도 입법인 「입장권 유통질서에 관한 법률」(Ticket Act) 제정을 촉구한다.

뉴스핌, 2024. 11. 5.

아시아 스포츠 발전, 청소년 스포츠 교류가 먼저

한 국가의 미래를 보려면 청소년의 현재를 보면 된다. 그들이 국가의 미래가 되기 때문이다.

11월 9일~10일 중국 우한대학교에서 그동안 코로나19로 열리지 못했던 아시아 스포츠 법학회 학술대회가 개최되었다.

1999년 11월에 창립된 스포츠법학회는 국내 유일하게 스포츠법을 연구하는 학회로서 2005년에는 창립회장이었던 동국대학교 연기영 교수가 아시아법학회를 창설한 이후, 이어 일본 스포츠법학회 회장이 2대 회장을, 3대 회장은 중앙대학교 장재옥 교수가 선출되었으며 4대 회장은 중국스포츠법학회 회장이 맡아 주최국인 중국 우한대학교에서 학술대회를 개최했다.

이어 2년 후에는 일본 스포츠법학회가 학술대회를 개최할 예정이다.

아시아 스포츠에 있어 공통적인 문제는 한, 중, 일 모두 스마트폰으로 인하여 청소년들이 스포츠를 할 시간이 줄어들고 있다는 것이다. 또한 청소년들에게는 가장 저렴한 취미가 게임이고 스포츠는 많은 시간과 비용이 든다는 인상 때문에 청소년들은 스포츠에 접근할 의지도 줄어들고 있을 뿐만 아니라 한, 중, 일 모두 과도한 입시로 인하여 스포츠에 청소년이 시간을 할애하지 못하여 건강이 위협받고 있다.

이에 학교체육의 중요성과 지역사회에서 청소년들이 건전하게 교류할 수 있는 공간으로서 스포츠 시설에 대한 고민을 3국이 함께 할 필요가 있으며, 청소년들의 스포츠는 아시아 스포츠의 미래이기도 하며 올림픽에서 아시아인의 기량을 뽐낼 수 있는 부분이기도 하다.

이미 한, 중, 일은 EU와 같이 할 수는 없겠지만 서로 활발한 무역과 문화적 교류를 해 온 역사적인 파트너이며, 지리적으로 가까워 교류를 자주 할 수 있기 때문에 청소년들의 친선 목적으로서 스포츠의 활용은 매우 중요하다.

이미 오래전에도 쿵푸와 태권도, 가라테는 모두 동양철학으로 단순한 전투기술이 아니라 청소년들의 인격 수양과 정신적 훈련의 역사를 가지는 등 아시아는 올림픽 경기종목 외에도 유사하지만 달라진 많은 스포츠 종목을 올림픽 경기 종목으로 만들 수 있는 공통의 스포츠를 가지고 있다.

현대에 들어 아시아는 여러 스포츠 대회에서 협력하고 경쟁해 왔다. 서로 경쟁자이지만 스포츠 외교를 통해 상호 존중도 보여 주고 있어서 관계의 개선과 우호를 다지는 계기로도 스포츠는 많이 활용되어 왔다.

중국은 최근 아시아에서는 처음으로 올림픽에서 1위를 보여 주었다. 그동안 미국과 러시아가 독식하던 1위를 중국이 베이징 올림픽에서 차지함으로써 스포츠 과학과 훈련방법론에서 앞서 나가고 있다는 것을 세계가 알게 되었다. 한국, 일본 등 다른 아시아 국가들은 이러한 성과를 자극제 삼아 스포츠훈련 프로그램과 정책을 개선하고 더 높은 성과를 목표로 노력할 수 있다.

중국은 중화인민공화국 「체육법」, 「의무교육법」, 「청소년보호법」과 같은 법이 있기는 하지만 실질적으로는 프로그램으로 운영되고 있다. 한편 우리나라는 문화체육관광부의 「국민체육진흥법」과 교육부의 「학교체육진흥법」이 서로 연계되어 청소년 스포츠를 시설이나 장비, 교사 등을 적절하게 지원할 의무를 함께 논의할 필요성을 가지고 있다.

중국이 올림픽에서 좋은 성적을 거두는 이유는 여러 가지 요인들이 있지만 청소년스포츠정책과도 밀접한 관계가 있다. 학원이 없는 중국은 사교육이 아닌 공교육에서 스포츠 학교와 훈련기간을 두고 잠재력 있는 청소년을 선발하는 시스템을 가지고 있어 최근 발전하고 있는 의무교육 과정에서의 체육교육 지정과 최근 10년간 200여 개 넘는 시도 단위의 청소년 스포츠 행사의 급증 등과 무관하지 않다.

물론 이러한 저변에는 고등학교 학급의 한 반에 학생이 평균 50명이고, 실제 3명 이상의 자녀를 낳는 것을 시진핑 주석의 정부가 독려하고 있어 풍부한 인력풀에 기인한 것이기도 하다.

아시아의 청소년들이 스포츠를 통해 국제 교류를 늘리는 것은 여러 가지 긍정적인 효과를 가져올 수 있다. 스포츠는 언어와 문화의 장벽을 넘어서 사람들을 연결하는 강력한 힘을 가지고 있다.

스마트폰 시대의 청소년들이 국제 스포츠 대회나 교류 프로그램을 통해 서로의 문화, 전통, 생활 방식을 배우고 이해함으로써 상호 존중과 문화적 수용성을 키우고 아시아의 미래에 대해 함께 의논하고 문화적 이해를 같이하며 우호적으로 지낼 수 있다.

특히 아시아의 공통 주제인 외아들 외동딸의 증가 등으로 청소년들에게 협동과 팀워크의 중요성을 가르치는 데 가장 효과적인 것이 스포츠로서 관계에 대한 자신감을 가지게 하고 협력적이고 포용적인 글로벌 사회를 만드는 데 기여할 뿐 아니라 올림픽에 있어 다양한 전략과 기술에 대해서도 함께 발전할 수 있을 것이다.

청소년 스포츠는 아시아에 증가하고 있는 다양한 인종과의 통합 문제,

지역과의 편차 해결, 장애인과 비장애인의 평등 등 아시아 전체의 정책이 뒷받침되어야 하는 부분이다.

이를 위해서 아시아 스포츠 법학회가 과도한 입시경쟁, 지역에서 청소년들에게 부족한 스포츠 시설과 용품, 지도자, 다양한 능력에 따른(장애인 등) 스포츠 프로그램 사례 발굴 등 청소년스포츠의 문제에 보다 많은 관심을 기울이게 되기를 기대한다. 아시아에 있어 청소년 스포츠 교류를 보다 증대시킨다면 아시아의 미래는 밝을 것이다.

2023년 전라북도 부안군 새만금 간척지에서 개최된 제25회 세계스카우트잼버리에서 한국스카우트연맹, 전라북도와 여성가족부, 행정안전부, 문화체육관광부 등 대한민국 정부 중앙 부처들이 함께 주축이 된 조직·집행위원회의 부실 운영과 열악한 부대시설 및 안전문제 등 여러 가지 문제점들이 드러나 중도 퇴영 국가가 발생한 사건이 있었다. 세계 청소년들이 모이는 자리에서 우리나라가 5만여 명의 청소년을 실망시켜 안타까울 뿐이다. 2027년 7월 교황이 우리나라를 지정 세계청년대회가 다시 열린다. 이때는 10배인 50만여 명의 청소년이 우리나라에 올 예정이다. 사실 2년도 준비기간으로 부족한데 아직 2027 제41차 서울 세계청년대회 지원 특별법안은 소관위심사 중이다. 부디 이번에는 우리 청소년들을 실망시키지 않기를 바란다.

뉴스핌, 2024. 11. 12.

학원형 기획사 사기, 법 공백 채울 논의 필요하다

두 달 전 내가 멘토로 봉사하던 교육복지센터의 교육복지사의 부탁으로 계약서를 살펴보다가 큰 충격에 휩싸여 함께 나서서 해결해 보고자 했던 일이 있었다.

그 계약서는 800만 원이나 하는 일시불을 내야 하는 학원형 기획 계약서였는데, 최근 K-컬처로 높아지는 예능인에 대한 청소년의 꿈을 이루어 주기 위해서 연기와 노래, 무용 지도를 포함하여 무대에도 데뷔하게 해 주는 비용을 요구하는 계약서였다. 전속계약서라기보다는 서비스 이용계약서에 가까운 내용이었는데 이 내용은 계약 기간과 해 줄 서비스가 명확해 보이는 매우 체계적인 계약서였다.

그러나 계약서 곳곳에 함정도 존재했는데, 데뷔를 시켜 주겠다는 무대가 어떤 무대인지가 나와 있지 않았고, 연기와 노래, 무용 지도를 하는 시간과 장소가 불명확했다.

또한 다른 에이전시에 전속기간 동안 갈 수 없다는 규정도 존재하여 전속계약서라는 느낌도 주고 있지만 책임지는 선생님이 누구인지, 에이전트사로서 매니저가 누구인지도 나와 있지 않았다.

특히 계약서가 분쟁해결을 하는 예방적 측면에서 봤을 때 분쟁해결과 관련된 내용은 없었는데 여러 가지 계약상 불만이 있을 때 누구에게 불만을 이야기하고 분쟁을 해결해야 하는지도 나와 있지 않았다.

그러나 13세의 초등학교 5학년 여학생의 퇴교 시간에 맞추어 학교 앞에서 집까지 따라간 미남 대학생 아르바이트생은 집요하게 학교의 학년 반과 주소, 전화번호를 물었고 블랙핑크의 리사(태국 출신으로 우리나라의 걸 그룹으로 성공한 여학생)처럼 될 수 있다고 했다.

초등학교 5학년 여학생은 최근 외가인 필리핀을 다녀와서 자신이 한국에서 2류 국민이 될 수밖에 없는 부분이 엄마에게 있다고 생각하여 이유 없이 마음속에서 화가 나는 사춘기, 질풍노도의 시기를 지나고 있었던 차였는데 자신의 외모를 감탄하는 미남 대학생 아르바이트생과의 연락은 신선한 삶의 청량제가 되었다.

최근 충동적으로 엄마의 생활비 카드를 가지고 나가서 비싼 신발과 옷을 구매하였으나 이미 택을 제거한 관계로 환불할 수 없었는데, 이와 같은 문제에 대해 교육복지사 멘토 선생님이 "왜 그랬냐."라고 묻자 "엄마에게 벌을 주고 싶어서."라고 말하며 나는 필리핀에서 태어난 엄마를 둔 것이 싫다며 뿌리를 강하게 부정하고 눈물을 보였다는 것이다.

그녀의 엄마는 선교를 하러 온 한국인 남성과 필리핀에서 사랑으로 결혼하여 한국에 왔으나 얼마 있지 않아 남성의 외도로 이혼을 하였고 양육은 엄마가 하게 되었는데, 한국인 남성에게 제대로 양육비를 받고 있지도 못했고 그녀는 한국어에 전혀 능숙하지 못했다.

딸의 성화에 못 이겨 끌려와 계약서에 사인을 해 준 엄마는 비록 성인이지만 계약서의 의미를 제대로 이해하지 못했을 뿐만 아니라 변제자력도 거의 없는 상태였는데, 이는 복지 일자리 대상자로서 순환 일자리를 받아 간신히 딸을 키우는 중이라는 사실이 이를 입증하였고, 한국어를 잘 못해서 외국어에 약한 사회복지사들도 회피하는 분 중 한 분이었던 것이다.

그런데 딸의 말을 듣고 사인해 준 서류는 학원형 기획사 계약서와

800만 원의 대출 서류였다. 결국 일시불 800만 원을 결제한 후 두 달이나 지나서 모녀 앞에 계약서가 왔던 것이다.

해당 에이전시에 대해 알아보니 여러 구직 사이트에서 사람을 모집하고 있었는데, 대부분 외모가 준수한 대학생, 대학원생 등을 아르바이트생으로 고용하고 있었다.

아마도 그들은 초등학교나 외국인학교 등에서 한국어에 능숙하지 못한 학생들을 계약의 대상으로 데려오는 일을 맡았던 것으로 보였다. 이후 이 일은 우여곡절 끝에 결국 "소송을 하겠다, 가만 있지 않겠다."라는 의사를 교육복지센터 측에서 강하게 밝히는 방식으로 일부 금액인 400만 원을 환불하겠다는 약속을 받아 내 주는 것으로 마무리되었다.

약속을 받은 데까지 관여했기 때문에 이후 환불의 실행이 있었는지는 알아보지 않았다. 그들이 공제한 금액은 프로필 사진값 120만 원(요즘 휴대폰 카메라가 있는데 이 금액은 말도 안 되는 금액이 아닌가!), 시장 무대에 세워 준 매니지먼트비 80만 원(해당 무대의 증빙사진을 살펴보니 버스킹이나 다름없었다), 그동안 주말에 몇 번 춤 지도(대학생 아르바이트생의 연기지도 수준이었다)가 있었던 금액 200만 원을 제한 금액이었는데 이 일로 딸과 엄마는 큰 상처를 받았다.

최근 감사로 일한 적 있었던 다문화복지센터의 사회복지사 몇 분과 식사를 하면서 최근 한국어 공부하는 혼인으로 국내에 온 여성분들과 한국어 강사들 사이의 이야기를 듣다 보니 이러한 학원형 기획사 사기가 생각보다 많았다는 것을 알게 되었다.

내가 왜 이러한 문제가 통계에 잡히지 않느냐고 하면서 사회복지사들은 이를 알려야 할 의무가 있다고 하자, 사회복지사들은 전수조사를 할 법적 근거가 없으며(확인해 보니 실제 없었음) 국가 통계에 잡히지도 않으며, 다문화가정 대상으로 집중적으로 일어나는 범죄가 생각보다 많다는 것을 알게 되었다.

또한 입증에 있어서 한국어가 부족하기 때문에 입증이 쉽지 않다는 것을 알게 되었다.

그래서 예전에 다문화가족지원센터에서 내가 인권 교육을 했을 때 그들이 말하던 바람인 "착한 한국 언니 한 명만 알고 싶어요."라는 말의 의미를 이제야 진심으로 이해할 수 있게 되었다.

그들은 이런 어려운 문제가 생겨났을 때, 어떻게 법적 대응을 하는 것이 한국 사회에서 합리적인지 알려 줄 단 한 명의 친절한 사람(일명 '착한 한국 언니')을 가지고자 하였던 것이다.

우연히 얻게 된 '착한 한국 언니'의 실체가 종교를 강요하는 존재가 되거나 같은 학부모로서 친밀해진 이후 과도하게 삶을 통제하여 어려움을 겪게 하는 부작용도 있을 수 있겠지만, 그래도 그들은 우리 사회에 필요한 정보를 얻을 수 있는 '착한 한국 언니'의 중요성을 실생활에서 느끼고 있었다.

이번 일로 몇몇 악명 높은 5개 정도의 기획사가 이름을 바꾸어 가며 이와 같은 사업을 하고 있는 것을 알게 되었다. 디지털에서 모든 정보를 얻는 청소년들에게 해당 연예기획사의 사이트 게시판에 들어가니 유명한 영화와 음악그룹을 소개하는 기사들이 게시되어 있었는데, 디지털 리터러시가 있는 사람들은 그것이 뉴스 기사라는 것을 알아차릴 수 있지만 디지털 리터러시가 부족하거나 한국어 능력이 부족한 사람들은 해당 회사가 직접 제작한 영화와 음악그룹으로 충분히 오해할 수 있는 상황이었다.

문화체육관광부는 연예기획사를 등록하도록 하고(실태조사를 위한 등록에 불과할 뿐 관리 감독을 하는 것은 아니다) 표준계약서도 부지런히 만들어 내고 있다.

  한국콘텐츠진흥원(ent.kocca.kr)의 '등록기업 조회'를 통해 연예기획사의 정보, 현황, 변경 내용 및 휴·폐업 정보 등을 확인할 수 있는데 문제의 연예기획사는 모두 등록이 되어 있는 기업이었다. 이러한 신고로 인하여 연예기획사는 학원업으로 중복신고를 하지 않는 한 공정거래위원회 지침인 소비자분쟁해결기준의 적용은 되지 않아 소비자를 위한 환불기준은 적용되지 않는다.

  학원형 기획사는 문화체육관광부의 표준계약서를 그대로는 아니지만 상당히 응용하여 사용하고 있었다. 그러나 어디까지나 표준계약서는 업계의 표준을 제시할 뿐 강제되는 것은 아니다. 청소년 연습생을 문화산업의 희생양으로 삼은 K-컬처의 민낯을 보면서 인간과 인간의 욕망이 만나는 지점, 자신이 아는 지식을 이렇게밖에 쓸 수 없는 사람들의 존재가 그저 안타까울 뿐이다.

뉴스핌, 2024. 11. 22.

청년 생존전략, 디지털 리터러시 교육에 있다

대학수학능력시험이 끝나고 각 대학들은 논술시험을 보러 오는 학생들과 학부모로 매주 주말마다 북새통을 이루고 있다.

지난주, 각 대학 논술 문제를 분석하는 내용을 보니, 각 대학이 조금씩 차이는 있지만 21세기를 살아가는 청년들에게 진심으로 필요한 소양이 무엇인지에 대해서는 모두 일치하고 있다는 것을 잘 알 수 있었다.

21세기는 빠르게 변화하는 디지털 환경과 지식 경제가 중심이 되는 시대이다. 이러한 시대에서 요구되는 인재는 단순히 정보를 소비하는 능력뿐 아니라, 평생 학습의 중요한 도구로서 정보를 창의적으로 생산, 활용하고 문제를 해결하며, 비판적으로 사고하는 능력을 갖춰야 한다.

그래서 대학은 앞으로 사회를 살아가는 동안 필수적인 디지털 문해력과 독서 능력을 갖춘 인재를 논술로 확인하고자 하는 것이다.

원래 대학은 지식을 제공하는 곳이 아니라 플랫폼이 되어야 한다. 고대 그리스의 플라톤 아카데미(기원전 387년경)와 아리스토텔레스의 리케이온은 학문적 탐구를 위한 조직적인 교육 기관으로, 대학의 초기 형태로 간주된다. 로마시대의 리스케움도 마찬가지인데 이들 대학은 지식 전달보다는 정치적, 비판적 사고를 강조했다.

그러므로 대학 논술로서 교수들은 학생들에게 해당 지식을 알고 있는지 여부를 확인하는 교육이 아니라 정보를 분석하고 필요한 정보를 선별하며 이를 활용해 문제를 해결하는 능력을 묻고자 한다.

디지털 사회가 되면서 이러한 비판적 사고는 더욱 중요한데, 지식의 홍수 속에서 더 빠르고 정확하게 지식과 정보를 융합하여 정보를 찾고, 평가하고, 생산하며, 윤리적으로 사용할 수 있어야 하기 때문이다.

그런데 디지털 사회에서 소비되는 많은 콘텐츠가 쇼츠, 릴스와 같이 집중력 짧은 시간에 메시지만 전하는 방식의 영상이다 보니 청년 세대는 오히려 이러한 능력이 더욱 감소하고 있다. 게다가 어떤 공신력 있는 기관이 말했는지, 근거는 있는지, 여러 사람들이 다 승인하는 믿을 만한 지식인지 분별할 수 있는 능력마저 줄어들어 허위 지식을 습득하고 있기도 하다.

이와 같이 디지털 환경에서의 얕고 단편적인 정보 소비를 보완하며, 깊이 있는 학습을 가능하게 하려면 독서교육이 전제되어야 한다.

독서는 단어 중심의 의사소통이 아니라 여러 쟁점을 동시에 가지는 긴 문장에서 전하는 앞뒤 맥락을 이해할 수 있게 하는 가장 좋은 방법이다. 또한 인성 함양에 있어 타인의 의견을 끝까지 경청하고 자신이 의지를 가지고 독서하고 논리적으로 표현하고 이에 대한 토론으로 성과를 공유하며 다양한 문화의 이해를 바탕으로 공감하고 협력하여야 한다.

서울시교육청에서 박사학위 소지자를 모집하여 고교에서 전문 분야의 독서토론을 맡기고 있어 이에 강사로 지정되어 과학 분야 도서 독서토론을 맡고 있는 필자는 지난주, 명덕여고를 끝으로 올해 사업을 잘 마무리하였다.

그런데 이러한 독서교육은 고교에 와서 하기에는 너무 늦다. 태어나면서부터 휴대폰을 통해 세상을 배우는 청년세대에게 우리가 "독서를 해라."라고 잔소리하기 전에 디지털 문해력과 독서교육의 상호 보완점이 일찍이 필요하다.

디지털 문해력은 정보를 폭넓게 다룰 수 있도록 하고, 독서교육은 정보를 깊이 이해하도록 돕기 때문에 디지털 환경에서 얻은 정보를 독서를 통해 심화 학습하는 방식으로 리터러시 능력을 높여야 한다.

또한 디지털 문해력은 빠르게 변화하는 환경에서 비판적으로 판단하고 대응하도록 돕고, 독서교육은 이를 창의적으로 활용할 수 있는 기반을 제공한다. 그래서 일찍이 디지털 도구와 독서 습관을 결합하면 평생 학습에 필요한 태도와 역량을 효과적으로 기를 수 있다.

청년들의 생존전략은 학교 교육에서 관점을 바꾸어 디지털 문해력 및 독서교육 강화를 위해 디지털 활용과 독서를 결합한 통합 교육 과정 설계에 달려 있다.

예를 들어 독서 후 디지털 프레젠테이션 제작, 디지털 자료와 종이책을 병행한 연구 프로젝트를 수행하게 하는 방식이 그것이다. 또한 독서와 디지털 환경을 연결하는 프로그램이 요구된다. 독서 앱, 전자도서관 등을 활용하여 디지털 환경에서도 독서를 지속하도록 장려하고 이로써 진도와 성과를 관리하는 것이다. 최근 독서의 디지털화는 전자출판 산업의 성장을 고도화할 수 있을 것이고 출판사의 판권과 작가의 추가 보상시장을 가능하게 하는 수요를 국가가 기반화하는 것을 의미한다.

또한 디지털로 영상만 소비하는 것이 아니라 글과 그림 콘텐츠 소비 생태계를 제대로 마련할 수 있도록 독서와 디지털 도구를 활용한 토론 및 협업 활동을 교육과목에 추가하여 공감능력과 폭넓은 관점, 상상력을 함께 키워 비판적 사고와 창의적 사고를 지원하여야 한다.

AI 시대 기계와 지식을 경쟁하여야 하는 시대인 21세기가 바라는 인재는 비판적 사고, 창의적 문제 해결 능력, 소통과 협력 역량을 갖춘 사람이라고 모두 입 모아 말한다.

  디지털 문해력과 독서교육은 이러한 인재를 양성하기 위한 핵심 도구로, 지식의 홍수 속에서 신뢰할 수 있는 정보를 선택하고 이를 창의적으로 활용하며, 깊이 있는 사고를 통해 문제를 해결할 수 있는 역량을 제공한다. 디지털 기술과 독서의 지혜를 균형 있게 결합한 교육 프로그램으로 AI에 대항할 수 있는 청년들의 생존전략은 이제 디지털 리터러시 교육에 달려 있다.

뉴스핌, 2024. 11. 29.

동덕여대 폭력 시위, 남녀공학 반대가 설립 취지인가

「로마법」에서 '여성'은 '페미나'(femina, 여성, 암컷, 젖을 먹이다)에서 온 것인데 페미니즘도 이 단어에서 온 것으로 보인다. 그리스·로마시대 여성들은 철저히 남성 중심 세계관에서 살았고 울피아누스는 "여자는 모든 시민적, 공적 직무에서 격리된다."라고 하며, 여성은 인권과 복지에 취약했지만 대신 처벌이 가벼웠다.

"여성에 대한 판결은 좀 더 가벼워야 한다. 그 이유는 여성은 성의 연약함 때문에 덜 흉악하다고 믿기 때문이다."라는 의견이 팽배했기 때문이다.

「로마법」을 연구하는 한동일 교수는 로마법 강의에서 이러한 그리스·로마시대의 여성에 대한 관점, 권리가 적었기에 책임도 적었던 이유는 여성이 공격적이고 폭력적이더라도 생물학적으로 남성보다는 약하다는 확신으로 인한 것이라고 한 적 있다.

현대인들이 능동적인 자는 가상세계인 게임에서 수동적인 자는 영화 속의 세상에서 욕망을 해소하고 이를 하나씩 오프라인 세상 속에서도 실현해 나가듯이 고대인들과 근대인들의 약한 자들과 여자들은 남자들 우위의 욕망 속 절정인 전쟁으로 남성의 인구가 줄 때마다 조금씩 지위 신장을 시도해 왔다. 상속인에서 순위가 올라가기도 하고 자신의 의지를 피력할 기회를 얻기도 했다.

그럼에도 불구하고 남성에 비해 여성의 지위는 매우 느리게 신장되었다. 그동안 여성은 인간 사회에서는 억압당하더라도 신은 남성만을 사랑하지는 않았기에 신앙생활을 통해 신 앞에서 평등한 인간으로 대우받고자 하였다.

"여자나 남자나 다 같이 상대방에게 서로 속해 있다."라는 사도 바오로의 '고린토인들에게 보낸 첫째 편지' 11장 11절의 말이 무색할 정도로 여전히 현대 여성은 종일 일하고 집에 돌아와 육아와 가사의 책임까지 감당하는 분위기가 존재하는 것은 사실이지만 이미 남녀가 평등한 법치주의 앞에 여성이 면책의 특권을 주장하는 것은 곤란하다.

최근 동덕여대 남녀공학 반대 폭력시위 사태는 동덕여대의 설립 취지를 무색하게 만들어 안타까움이 남는다. 우리의 어머니들이 한국의 여성에게 바랐던 교육의 진정성, "여성이 쉽게 무고당하지 않도록 그들에게 방어가 필요할 때 함께 도우러 가야 한다."(파울루스)라는 취지 어디에도 폭력을 통한 목적 달성에 있는 것은 아니기 때문이다. 여성에 대한 교육과 사회적 진보에 대한 바람, 여성의 사회적 지위 향상과 평등한 교육의 실현이 이 땅에서 아직 모두 이루어지지 못한 것은 사실이다.

비록 세부적인 부분에서 여성에 대한 차별적 시선이 존재하고 여성 활동영역의 한계가 있으며, 여성 노동 가치의 평가절차 등의 문제가 남아 있다. 그러나 이러한 일련의 갈등은 인간이 사회적 합의를 이루어 가는 과정에서의 합의통이라 할 것이다.

법적 관점에서 살펴보면 국립대학의 주인은 국가이고 공립대학의 주인은 지방자치단체가 설립 및 운영하기 때문에 해당 지방자치단체가 주인이다. 사립대학의 주인은 법적으로 해당 대학을 설립하고 운영하는 재단으로 총장과 이사회가 대학의 운영을 결정하며, 법적 소유권을 가진다.

물론 대학은 단순히 운영 주체만으로 규정할 수는 없고 교육과 연구를 통해 사회에 기여하는 공적 기관이므로 대학의 주인은 국가, 지역사회, 학생, 교수진, 동문, 그리고 넓게는 사회 전체라 말할 수 있을 것이나 이는 사회적 관점에 불과할 뿐 법치주의에서는 대학 이사회의 자율성을 명확히 하고 있다.

헌법재판소는 '사립대학 교수 재임용사건'(「사립학교법」 제53조의2 제2항 위헌소원, 96헌바33사건)에서 세무대학 조교수의 임기제 임용제도가 「교육공무원법」과 교육공무원임용령에 근거한 합법적인 제도라고 판시하였고, '학칙 개정 처분 무효 확인 사건'(2015년 6월 24일 선고, 2013두26408)에서도 대법원은 국립대학임에도 불구하고 총장 후보자 선정 방식을 학칙으로 정할 수 있으며, 기존의 총장 후보자 선정 방식을 학칙 개정을 통해 변경할 수 있다고 판시하면서 대학의 구성원을 결정하는 문제는 모두 대학의 자율성에 맡기는 부분임을 명확히 하였다.

그러므로 대학의 소유권과 운영 권한은 법적으로 정해진 바에 따라 설립 주체(국가, 학교법인 등)에 속하는 사항으로 학생은 대학의 운영 주체나 의사결정권자가 되는 것은 법적 구조상 불가능하다.

학생들이 남녀공학 전환에 대해 반대 의견을 표명할 권리는 존중되어야 한다. 민주사회에서는 개인이나 집단이 정책 변경에 대해 찬반 의견을 공개적으로 표출하는 것이 보장되어야 하며 대학은 학생들의 표현의 자유를 제한해서는 안 된다.

그러나 특별한 안건이라고 판단하여 학생들이 폭력을 동반한 시위를 하는 것은 법적·윤리적으로 정당화될 수 없다. 다른 구성원의 권리인 학습권이나 통행권을 침해하거나 공공질서를 해치는 방식은 의견 전달의 적절한 방법이 아니며, 표현하는 방식과 경청하여 의견을 제출하는 방식에 대해 합의하여 다른 의견과 동일하게 표현의 자유를 누려야 하는 것이다.

때에 따라 의견을 관철하고 싶은 의지가 강하여 목소리를 높이고 분쟁 자체를 두려워할 필요는 없다. 그러나 왜 그러한 의견을 피력하기 시작한 것인지 그 목적이 무엇인지 다 같이 잊지 않는 균형이 필요하다.

절차가 적법하다고 하여 결과적으로 항상 공정한 것은 아니겠지만 절차마저 불법이라면 결과는 공정하다고 하더라도 합리적인 도출이라고 볼 수 없기 때문이다.

남녀공학은 성별에 따른 교육 기회의 평등을 보장하고, 더 나은 사회 통합과 다양성을 촉진할 수 있으며 진정한 대학의 인재는 이러한 변화가 시대적 흐름과 사회적 요구를 반영한 결정인지를 곰곰이 생각해 보아야 한다.

동덕여대가 단일 성별 교육을 통해 유지해 온 정체성과 전통을 잃을 수 있다는 우려가 있으며 이에 대해 대학의 이사회와 총장, 사회가 경청할 가치가 있는 것은 사실이지만, 대학은 대학의 본질적 목적이 지식 창출과 전파, 인재 양성에 있고 대학의 "주인"은 이를 통해 혜택을 받는 전 인류이며 "대학은 공공재"라고 보아야 함을 잊어서는 안 된다.

법치주의를 벗어난 폭력 시위는 문제를 해결하기보다 갈등을 심화시키고, 타인의 권리와 자유를 침해할 가능성이 크며, 특히 대학은 대화와 토론을 통해 문제를 해결해야 하는 공간으로 이러한 폭력 시위로 의견을 표명하면서 저지를 책임은 성숙한 대학생들이 직접 반드시 져야 할 것이다.

어디까지나 폭력은 정당한 메시지라고 해도 왜곡될 수 있으며 효과적이고 지속 가능한 변화를 절대로 만들 수 없다. 대학과 사회는 이러한 폭력에 단호히 대응하면서도 합리적이고 평화적인 대화의 장을 제공해야 한다.

초심으로 돌아가 대학의 남녀공학 전환 여부보다 더 중요한 폭력에 대응하기 위해 여성의 배움(교육과 연구)이 시작되었던 설립과 취지를 생각하여야 한다.

"Homines nos esse meminerimus."
우리가 같은 인간이라는 것을 기억해야 한다.

뉴스핌, 2024. 12. 3.

일본 문화 속에서 우리 이십 대가 찾고 있는 것들

지난주에 후쿠오카에 다녀올 일이 있었다. 오호리 공원을 가고, 해자가 있는 후쿠오카성을 걷고 도심을 걸었다. 1990년대 명동과 같은 느낌을 받았는데 동행하는 사람들도 크게 다르지 않았다.

문득 내가 1970년대생이라고 하자 한 대학원생이 했던 말이 떠올랐다.

"교수님은 낭만의 시대에 살았던 사람이군요. 우리는 일본에 가서 그런 느낌을 조금 느끼고 온답니다."

낭만의 시대에 살았던 사람? 내가?

우리나라 국민이 해외여행 방문하는 국가 중 단연 1위는 일본이다. 작년에도 올해도 전체 출국자 중 약 40%가 일본을 방문하였고 그중 50% 넘는 인구가 이십 대라고 한다. 이는 지리적 근접성, 엔저 현상, 짧은 비행시간, 다양한 관광 명소, 그리고 풍부한 문화적 경험 등 여러 요인이 있겠지만 그런 것만으로 일본 방문 빈도수를 설명할 수는 없다.

눈은 원하는 것을 쫓고 귀는 원하는 것을 향한다. 우리 이십 대가 찾고자 하는 세상이 여기, 일본에 있는 것일까.

지금의 이십 대들이 부럽다는 낭만의 시대, 1970년대생들은 어린 시절에는 아날로그 시대를, 청년기에는 디지털 시대의 도래를, 성인기에는 인터넷과 스마트폰 혁명을 겪은 세대이다.

아날로그는 우선 따뜻하다. 흑백 TV, 라디오, 만화책, 증가하는 잡지

책들, 아날로그 카메라 등 감성적인 요소가 풍부한 매체는 복제에 더디기 때문에 함께 같은 시간에 방송을 보고 같은 시간에 음악을 들으며 성장하여 공감대가 두터웠다. 유행은 모두 TV와 라디오, 서점 안에 있었다. 국민 연예인 최진실, 국민 스포츠 스타 박찬호 등을 지켜보며, 2000년대 디지털로의 전환을 기대 속에서 맞았다.

혹시나 학자들은 새로운 기술들로 인해 인간이 간신히 만들어 온 평화적 체계와 인권의 약속이 무너질까 눈을 부릅뜨고 검토했고(이 또한 비교할 수 있는 아날로그 세상을 경험할 수 있었기에 가능한 것이었다), 이메일, CD, MP3, 인터넷 채팅, 온라인 게임과 동창 찾기, 카페 등 인터넷 기술로 잊혀진 사회관계를 회복하고 인간관계의 그룹을 확장하는 즐거움과 규칙을 사회관계를 통해 배우고 변화의 중심에서 낭만과 혁신을 모두 경험했다.

즉, 1970년대생들은 아날로그의 문화도 디지털의 문화도 선택할 수 있는 시기에 살았던 선택지가 많았던 세대였다.

이 시기의 사회는 강한 공동체 의식을 가지고 있었다. 월드컵에 열광하고 출사를 목표로 사진 동호회를 다녔으며, 야구에 열광하고 함께 모여 클래식을 듣고, 교회와 절 등 종교 생활 등을 우리의 어머니들은 다니실 수 있었다.

그러면서도 서양에는 없는 우리나라만의 선후배 문화, 동창 친구, 취미가 같은 이웃, 교회와 정치적 유대감을 가진 동네 사람들과의 교류가 활발했고, '나눔과 배려'가 중요한 가치로 여겨졌다.

사람들은 어떤 관계이듯 다양한 그룹 속에서 자신이 디뎌야 할 적절한 위치를 찾으며 자신을 드러내지 않고 겸손의 미덕과 은근히 자신을 알아주길 바라는 것을 좋아했다. 경제적으로 풍요롭지 않았지만, 지금처럼 바

쁘게 살아야 한다는 강박은 덜했다.

　직접적인 반응을 바로 볼 수 있는 스마트폰보다는 우편과 펜팔, 크리스마스와 신년 카드, 사서함, 삐삐 등 그 사람이 나에게 주는 의미를 곰곰이 생각해 본 뒤, 다시 관계를 유지하거나 새롭게 관계를 설정할 수 있는 가볍지 않은 방식으로 인간관계를 맺었다. 이는 오늘날 오직 물질적으로만 사회관계를 경험하는 이십 대와는 다른 방식의 청년들의 문화였다.

　1970년대생은 1980~90년대의 문화적 황금기를 직접 체험한 세대로 조용필, 이문세, 서태지와 아이들, 김광석 등 한국 대중음악의 전성기를 경험했으며, 팝 음악과 록, 레게 음악의 세계적 유행도 즐겼던 문민정부를 지나왔다. 지겨울 정도로 사랑 노래와 영화를 듣고 보았으며, VHS 비디오와 공중파 드라마가 문화의 중심이던 시기로, 많은 명작들이 만들어지면서 시청률이 50%가 넘는 프로를 함께 경험하는 공통 문화를 가졌다.

　시와 소설, 잡지 등의 인쇄 매체가 큰 영향력을 가지고 있었고, 글 잘 쓰는 여성 문인들이 두드러졌으며(양귀자, 박완서, 신경숙, 은희경 등) 대하소설과 같이 호흡이 긴 글을 남성 문인들이 탄생했다(이문열, 조정래, 김진명 등).

　대한민국의 경제 고도성장을 직접 목격하며 '잘살게 될 미래'를 꿈꾸었던 세대들은 지금 누리는 청년 연금과 같은 복지 등은 없었지만 낭만적인 사랑을 꿈꾸고 새로운 물건이나 기술을 접하는 기쁨이 컸으며 공감대가 많아 카페와 술집에서 함께 시간을 공유하는 순간을 겪었다.

　그러나 지금 이십 대는 IMF 금융위기를 지나면서 유년기부터 뉴스만 켜면 단 한 번도 경제란 좋은 적이 없었고 부모의 한숨 소리를 음악으로 듣던 세대이다. 내 마음대로 조작하면 새로운 세상을 구경할 수 있는 디지털 시대의 편의성 뒤로 숨을 수는 있었지만, 디지털 시대의 피로감과 불신으로 자기방어기제를 스스로 키워야 사기당하지 않고 살아남을 수 있었다.

그들의 안식은 여기가 아닌 다른 어딘가였으며, 웹툰과 게임을 즐기며 사교육의 절정에서 무력감을 느끼는 삶이 계속되었다. 전화를 받다가 난감한 질문을 받으면 검색해 보지 못하고 답해야 하는 것을 두려워하는 일면 메신저 세대인 것이다. 그런 디지털을 강요받은 세대에게 빠른 변화와 혁신의 강박에 대한 저항으로 일본 여행은 하나의 선택지였는지 모른다.

일본은 여전히 기사에게 검열당하며 버스에 오르지 않아도 되도록 뒤에서 버스를 타며, 버스를 탈 때 종이 표를 받아서 내릴 때 현금으로 버스 기사에게 버스값을 계산한다.

버스 기사는 몇 푼 부족한 사람이 내릴 때 관용을 베풀며, 호텔 TV에서는 크리스마스 때 함께 보낼 사람을 구하기 위해 청년 남녀들이 나와 자신과 크리스마스를 보내면 어떤 점이 좋은지 피력하는 프로그램이 가득하다.

다양한 외모와 취향의 선택이 가능하고 어른이 되어도 눈치 보지 않고 곳곳에서 캐릭터 게임을 할 수 있었다. 길거리에는 크리스마스 마켓이 열려 있으며, 뱀의 띠 해를 맞아 운세를 점치는 곳과 2025년 근하신년 카드의 종류가 옛날 종로에 있었던 서점처럼 다양하고 가득가득하였다.

5층 전 층으로 구성되어 있는 우리나라 옛날식 오락실과 만화 주인공 피규어 뽑기 하는 곳들, 도시락 파는 가게들과 곳곳에 담배를 파는 곳들, 만화로 가득한 광고판들 등 일본만의 독보적인 매력이 존재했다.

호텔 방문밖에는 아침이면 어김없이 신문을 받아 보는 투숙객이 많았고 고인들이 어둠 속에 찾아와 밥을 나누어 먹을 수 있도록 풍등이 켜진 일본 식당과 고양이 신, 산신 등 여전히 다양한 자연 친화적인 존재를 신격화하였다.

고대와 현대가 함께하고 낮과 밤이 함께하며 삶과 죽음이 함께하는 곳이 일본이었다. 도심 한가운데 죽은 자인 신사와 해자가 있는 영주의 성이 가까이 있고 사무라이, 게이샤 전통적인 문화와 도시의 네온사인 등 현대가 공존한다.

서브컬처인 코스프레, 아이돌 문화, 비디오 게임, 편의점, 대중교통 등 경제적 활력은 다소 줄었을지라도 일본의 여유로운 생활 방식과 미니멀리즘적인 문화, 심지어 맥주조차 매우 적은 135ml 용량부터 큰 용량까지 선택할 수 있는 다양한 선택지와 같은 과거에 번영했던 '쇼와 시대'의 문화와 현대적 재해석이 디지털 세대로서 레트로 감성을 경험하고 싶은 이십 대에게 매력으로 다가왔던 것이다.

우리나라의 거리는 프랜차이즈가 아니면 살아남기 힘든 자영업이다. 우리나라다운 정체성에 대해 근본적인 질문을 해 보게 한다.

일본은 발전이 멈춘 것처럼 보이더라도, 다양한 측면에서 여전히 독특하고 매력적인 요소를 유지하고 있다. 이십 대의 객관적인 관광 선택은 우리가 이십 대에게 강요한 소통의 의미를 되새기게 해 준다.

사회의 변화 방식을 과격하게 바꾸기보다는 우리나라의 관행을 존중하면서 점진적으로 바꾸어 남겨 둘 것을 남겨 두고 받아들일 것을 받아들이는 지혜가 아쉽다. 오늘도 이십 대는 일본을 향한 비행기에 낭만의 시대를 상상하며 몸을 싣고 있다.

뉴스핌, 2024. 12. 10.

'공정 스포츠' 위한 법·정책 연구 부족하다

 올해로 (사)한국스포츠엔터테인먼트법학회를 발족한 지 25년이 되었다. 1999년 학회 창립 때부터 유일하게 「스포츠법」을 연구해 온 본 학회가 25살이 되었다는 것은 현재 우리나라 스포츠 상황을 돌아볼 때 여러 시사점이 크다.

 우리나라는 2024년 파리 올림픽에서 '종합순위 8위'라는 훌륭한 성과를 이루었으며, 4대 글로벌 메가 스포츠 이벤트(IOC 하계·동계 올림픽, FIFA 월드컵, 세계육상선수권대회)를 성공적으로 개최한 명실상부 스포츠 강국이다.

 하지만 이와 대조적으로 대한 체육회, 대한축구협회, 대한배드민턴협회 등 여러 스포츠 단체가 관련된 스포츠계의 제도적 문제점이 제시되면서 사회적으로 비판을 받고 있는 실정이다. 이처럼 스포츠 공정을 침해하는 사건은 과거에도 현재에도 지속적으로 발생하고 있고, 이를 해결하기 위해 스포츠공정위원회와 스포츠윤리센터가 설치되었다.

 먼저 스포츠공정위원회는 2015년 대한체육회 감사결과 스포츠공정 강화를 위해 대한체육회가 제시한 자구책으로 제시한 제도이다. 상벌위원회의 역할에 관련된 제규정의 제정 및 개정, 스포츠 분쟁 조정 등의 몇 가지 역할을 더한 것으로써, 여전히 스포츠 비위자에 대한 징계와 관련된 사안을 심의하고 의결하는 역할을 하고 있다.

한편 스포츠윤리센터는 2020년 故 최숙현 선수 사건을 계기로 스포츠계의 인권침해에 대해 스포츠계 자정능력의 한계를 목도하고 이를 해결하기 위해 「국민체육진흥법」을 법적 근거로 설립된 기구이다.

센터는 체육계 인권침해 및 스포츠 비리 근절을 목적으로 해당 사건과 관련하여 조사권, 징계요청권 등을 가지고 있으며, 사전적 예방 조치로 스포츠 인권 강화를 위한 교육 프로그램도 운영 중에 있다.

두 기구는 스포츠가 가지는 공정이라는 가치를 보호하고 강화하기 위해 설립된 것으로 스포츠 비위자를 조사하고 징계하는 등 스포츠 공정강화를 위해 일정한 행위를 할 수 있다. 이에 필연적으로 두 기구의 역할이 중복되는 부분이 발생한다.

이에 수범자의 입장에서는 중복규제의 위험성에 노출될 수도 있고, 나아가 두 기구 간의 완력 싸움으로 번질 수도 있는 상황에 놓이게 되었다.

스포츠 업계의 문제를 스포츠라고 하는 자치 분야의 문제로 치부하는 것은 곤란하다. 스포츠는 모든 국민과 무관하지 않은 분야일 뿐 아니라 우리나라와 같이 마이너리그 등 다양한 리그가 아닌 단일 리그 체계에서 불공정한 분쟁 해결이 발생하면 그 자체로 스포츠 참가의 한계로밖에 볼 수 없기 때문이다.

피조물이 창조주를 닮는다는 관점에서 보면 25살의 인간은 사회적, 심리적, 생물학적 측면에서 많은 의미를 가지며 25세의 연구법인도 그러하다.

뇌 과학에 따르면 인간의 전두엽(특히 의사결정과 감정 조절을 담당하는 부분)은 보통 20대 중반에 완전히 발달한다고 알려져 있다. 이는 25살이 심리적, 정신적 성숙의 중요한 단계임을 의미한다.

이에 25세의 연구법인도 이제는 스포츠 법학이 어떤 것인지, 무엇이 법학이 개입할 부분이고 아닌지 스포츠의 특성을 충분히 분야별 이해하게 되었다고 하겠다. 인간의 25살은 사회적으로 본격적인 독립적 삶을 시작하고 자신의 선택에 책임을 져야 하는 시기라고 볼 수 있다.

스포츠 법학 역시 이제 사회가 던져 주는 쟁점에 대해 그때마다 임기응변 연구를 하기보다는 장기적 기조를 담아 분야별 연구자들 간에 자주 소통하고 진정한 스포츠 업계의 고민을 우리나라의 방식대로 민주적으로 해결하는 성숙성을 가지는 장이 되어야 할 것이다.

이에 6대 스포츠엔터테인먼트법학회 남기연 회장의 25주년 기념으로 분과위원회를 발족하고 제1분과 e스포츠 분과의 학술대회를 지난 13일 개최한 것은 스포츠학과 스포츠법학에 있어 상당한 의미가 있다. 그동안 e스포츠는 게임에 대한 시선의 연장선상으로 제대로 그 본연의 가치를 인정받지 못하였다.

그런 가운데 '카나비 사건'과 같이 e스포츠 계약 문제, 선수 권리 그리고 팀 운영 등의 불공정성 외 다양한 우리나라의 젊은 스포츠 전문 인력을 해외에 빼앗기거나 제대로 그들의 기량을 존중해 주지 못하고 있다.

사람 나고 법 있는 것이지 법 나고 사람이 있는 것이 아니다. 이미 많은 사람들에게 게임과 e스포츠는 소중한 문화가 되었고 문화는 누군가에게 대중적 판단을(이를테면 사행성, 중독문제 등) 받을 대상이 아니다.

그 밖에도 스포츠엔터테인먼트법학회는 분과 연구모임을 활성화하여 보다 깊이 있는 분야의 연구자 소통을 모색해 보고자 한다.

많은 문화권에서 25살은 청춘의 절정을 의미하며, "더 이상 어린 나이가 아니다."라는 자각을 하게 되는 시점이다. 이제 우리 스포츠 법학회는

25주년을 맞아 더 이상 스포츠의 공정성 강화 문제는 「스포츠법」을 연구하는 몇몇 학자들의 고민이 아닌 국민들이 문화를 향유하는 데에 대한 공정질서 확장의 문제로 수용되어야 할 것이다.

뉴스핌, 2024. 12. 17.

헌법개정, 바로 지금 적기다

 이번 탄핵사태를 지켜보면서 무언가 대한민국 민주주의가 놓치고 있는 것은 없을까를 골똘히 생각했다. 권력은 공정하게 분배되어야 한다. 그래야 불공정하지 않다.
 청소년 입법학교에서 최근 내가 가장 많이 들은 질문은 "선생님, 국회는 대통령이 맘에 안 들 때 탄핵 같은 거 하잖아요. 그런데 국회가 잘못하면 어떻게 해요?"였다.
 우리나라 「헌법」 제65조 제1항은 "대통령·국무총리·국무위원·행정각부의 장·헌법재판소 재판관·법관·중앙선거관리위원회 위원·감사원장·감사위원 기타 법률이 정한 공무원이 그 직무집행에 있어서 헌법이나 법률을 위배한 때에는 국회는 탄핵의 소추를 의결할 수 있다."라고 규정하고 있다.
 이어 "탄핵소추는 국회재적의원 3분의 1 이상의 발의가 있어야 하며, 그 의결은 국회재적의원 과반수의 찬성이 있어야 한다. 다만, 대통령에 대한 탄핵소추는 국회재적의원 과반수의 발의와 국회재적의원 3분의 2 이상의 찬성이 있어야 한다."(제2항)
 "탄핵소추의 의결을 받은 자는 탄핵심판이 있을 때까지 그 권한행사가 정지된다."(제3항)
 "탄핵결정은 공직으로부터 파면함에 그친다. 그러나, 이에 의하여 민사

상이나 형사상의 책임이 면제되지는 아니한다."(제4항)

우리나라는 완벽한 대통령제가 아니다. 의원내각제가 일부 혼합되어 있기도 하다. 예를 들어 국무총리 제도 및 총리 임명 동의나 국회에 대한 행정부 측 답변 의무가 있는 부분(국회 대정부질문, 국정감사), 장관 임명 과정에서 인사청문회 진행 등 비록 의원내각제처럼 국회가 각료 임명에 직접적인 거부권을 가지는 것은 아니지만, 국회 검증을 통해 여론과 정치적 압박을 가할 수 있는 구조는 내각제 요소와 유사하다.

이것이 미국과 다른 점으로 미국은 대통령이 행정부 수장으로서 정부를 이끌고, 국무총리나 국회 대정부질문 제도도 없으며 상원의원이 장관 등 고위직 임명에 대해 인준권을 갖고, 의회는 청문회나 예산 심사, 문서 제출 요구 등을 통해 행정부를 견제하는 수준이라 의원내각제적 제도나 절차는 거의 없다고 보아야 한다.

그러므로 행정부의 붕괴 현상에 대해 국회도 책임이 전혀 없는 것이 아니므로 우리나라는 국회 해산권을 대통령이 가져야 견제와 균형이 이루어지는 것이다.

만일 그렇지 않다면 대통령 탄핵은 상당히 중대한 정치적 사건인데, 대통령을 탄핵한 국회가 그대로 존속한다면, 국회는 "정치적 책임"을 묻는 과정에서는 강한 권한을 행사하지만 정작 자신은 큰 변화를 맞이하지 않고 계속 권한을 유지하게 되는 것이다. 이는 견제와 균형이 깨진 상태이므로 대통령과 국회는 함께 임기를 마쳐야 한다.

왜냐하면 국회가 자신이 내린 결정에 대해(대통령 탄핵) 국민의 심판을 즉각적으로 받을 수 있으므로 보다 책임감 있는 결정을 내리게 만드는 동인이 될 수 있기 때문이다.

현재 대통령 탄핵으로 국가적 혼란이 큰 가운데 국회가 해산되고 재선거를 통해 새로운 민의 구성을 이루면 정치권 전체가 리셋되는 효과를 기대할 수 있게 된다. 이는 국민의 정치 불신 해소와 정치 질서 재정립에 기여할 수 있을 것이다.

국회가 진정 국민의 대의기관인지 국민은 알 수 없는 지경에 이른 현재, 우리나라 헌법의 제도적 불균형에 대해 새삼 다시 생각해 보게 된다.

국회를 견제할 수 있는 것은 무엇인가. 국민의 의지를 배반하는 국회에 대해 우리는 무엇을 할 수 있는가.

「다크나이트」라는 영화를 보면 조커가 도시를 폭파하겠다는 협박 가운데 선량한 시민을 가득 태운 배와 범죄자가 가득 태운 배 양쪽 모두 기폭장치를 주고 먼저 누르는 그룹의 배는 살려 주겠노라고 말한다. 그러나 성숙한 시민들은 양쪽 다 버튼을 누르지 않는다.

우리나라와 같은 학력이 높은 국가에서 시민보다 국회의원이 더 나으리라는 보장은 그 어디에도 없다. 과거 제2공화국 「헌법」(1960년 6월 15일 제정)에서는 국민이 「헌법」 개정안을 제안할 수 있는 권한을 인정한 바 있으나, 1961년 5·16 군사정변 이후 제3공화국 「헌법」에서는 이 권한이 삭제되었고, 이후로 공식적으로 국민발안제가 부활한 적은 없다.

국민은 국회와 대통령이 양자 모두 권력을 적절히 분배되어 있었는지 의문이 있고 이에 대해 「헌법」 개정을 통해 국민발안제가 다시 논의되기를 희망한다.

우리가 후손들을 위해 오늘날에 내리는 결정이 언제나 옳은지도 그른지도 모를 일이다. 국회에게만 대통령 탄핵을 할 수 있는 힘을 줄 것이 아니라 대통령도 국회 해산을 할 수 있고 이 경우 함께 임기를 모두 종료할 필요가 있다.

무엇보다도 헌법재판소는 현재의 국회에 지나치게 편중되어 있는 횡

포를 막으려면 「공직선거법」의 선거비용과 국회 운영 관련 전 규정에 대해 위헌성 여부를 심각하게 판단해 볼 필요가 있다. 현재 양당은 재산이 1,000억 원 이상에 달하고 있고 선거비용, 연간 운영비 200억에 달하는 국회 보조금 등뿐 아니라 선거를 치를 때마다 15% 득표 시 돈을 돌려받는 등 선거를 할수록 잔치를 하는 귀족정치 행진 중이다.

그러한 자들에게 성숙하지만 제도적 불균형으로 이 상황을 빠져 나갈 수 없는 국민의 혼란을 맡길 수 있을까. 양당의 배를 불리는 「공직선거법」, 「정치자금법」 전반에 대해 국회에게 유리한 입법을 스스로 해서 여기까지 온 관련 법령을 재검토하여 권한을 축소시키려면 헌법재판소의 제 역할도 필요하겠지만 국민에게 원래의 권리인 헌법개정권(국민발안제), 국회소추권 등을 돌려주어야 한다.

국회는 언제나 애국의 결정을 하고 있지도 않다. 우리나라는 더 이상 기술을 얻어 오는 나라가 아니라 기술 유출을 걱정해야 하는 나라이다. 이적 국가인 북한만을 견제해서는 우리 기업과 기술을 절대로 지킬 수가 없다.

이와 같은 문제를 외국인 투자자들도 잘 알고 있고 우리나라를 기회는 있지만 위험이 더 큰 나라로 보고 있다.

우리나라의 경제위기는 반드시 탄핵 때문만은 아니다. 국가정보원의 역할 도 재고하고 간첩죄에 대한 명확한 개정부터 하여야 하며 이를 위해 이적 국가 등 국가안보와 관련된 「헌법」 개정도 필요하다. 현재와 같이 기술 유출에 대해 솜방망이 대응을 해서는 조만간 우리 모든 것을 빼앗기게 될 것이다.

「헌법」 개정권을 가지고 있는 국회와 대통령이 과연 국민의 권리를 찾아 줄 마음의 준비가 되어 있는지 모를 일이다. 모든 이슈가 「헌법」 개정에 쏠리는 고충을 지나간다고 하더라도 하루빨리「헌법」개정 논의를 통해 잘못한 국회를 소환하는 제도를 살리고 대통령에게도 똑같이 국회해산권을 주며 국민들이 국회가 놓치고 있는 것들을 발안할 수 있는 국민발안권을 가져야 한다.

이러한 권한이 국민들에게 있었다면 이미 잘 잡혀 있었던 우리나라 의료체계를 충분한 검증 없이 국민건강보험공단의 적자와 공공의료 부족을 이유로 혼란으로 하루아침에 대통령이 몰고 갈 수는 없을 것이다. 의학 공부를 해서 일반 회사원과 같은 돈을 받으면 누가 의료인이 되겠는가.

오히려 의료인의 문제라기보다 총체적으로 공정한 약가 결정과 같은 의료처치비 외의 투약 등의 가격을 공정하게 유도하여 적자를 해결하는 다른 방식을 국가는 선택하고 공공의료는 한 번에 2천 명씩 늘리는 무리수가 아닌 점진적으로 의사들이 스스로 늘려서 공공의료를 함께 만들어 갈 수 있는 해결책을 스스로 제시하도록 했어야 한다.

우리나라의 탄핵 관련 정국을 지켜보면서 계절이 여름에서 겨울로 바뀌었는데 여전히 반팔 티셔츠를 입고 겨울을 지나고 있는 현 상황이 힘없는 국민의 한 사람으로서 그저 안타깝다.

뉴스핌, 2024. 12. 24.

내부자 기술 유출, 어떻게 접근해야 하나

연구보안은 연구자료와 지식재산을 보호하고 연구과정에서 발생할 수 있는 윤리적 문제를 방지한다. 먼저 연구자료는 지식재산으로서 매우 중요한 자산이고 연구보안을 통해 무단 복제나 도용을 방지함으로써 연구자와 연구기관의 권리를 보호할 수 있다.

연구자료는 민감한 정보를 포함할 수 있어 때에 따라 연구자료의 유출만으로도 심각한 피해를 초래할 수 있게 된다. 그러므로 연구보안은 법적 문제로 발생되기 이전에 윤리적 문제를 예방하는 데 큰 도움을 줄 수 있다.

예를 들어 연구 대상자의 동의 없이 연구자료를 사용하는 것은 때때로 윤리적 문제가 될 수 있다. 또한 특정 연구를 연구자가 마음대로 공표하는 것은 국가안보나 사회적 이익과 직결될 수 있다.

그 밖에도 연구의 진정성과 정합성에 있어 보안이 제대로 관리되지 않은 연구는 결과가 왜곡되거나 조작의 위험이 제기될 수 있다. 그러므로 연구보안은 연구의 신뢰성을 유지하고 결과의 정확성을 보장하는 데 중요한 역할을 한다.

이와 같이 연구보안은 연구자가 연구 과정에서 발생할 수 있는 다양한 위험 요소를 최소화하고 연구 결과가 안전하게 보호될 수 있도록 돕는 전반적인 모든 절차에 관한 문제라고 할 수 있다.

먼저 국내 연구자들에 의한 기술 유출 사례를 살펴보면 대표적인 사례는 카이스트 교수의 라이다 기술 유출 사례라고 할 수 있다.

라이다 기술은 레이저 빛을 이용해 대상물의 거리를 측정해 나가면서 3D 공간정보를 생성하는 기술이다. 그래서 주요 원리는 레이저를 발사하고 그 레이저가 물체에 반사되어 돌아오는 시간을 측정하고 물체까지의 거리를 계산하며 이러한 거리를 수백만 번 측정하면서 매우 정밀한 3D 지도를 생성할 수 있다.

이때 레이저 발사에 있어 라이다가 짧고 강력한 레이저 펄스를 얼마나 다각도로 발사하는지가 특허기술이고 레이저가 대상물에 닿아 반사한 뒤 수신기에 포착될 때 이것을 놓치지 않는 부분이 특허기술이며, 가시광선과 수많은 빛 스펙트럼에 분산될 수 있는 빛이 많아 이를 분별하는 기술과 레이저가 발사되어 돌아오는 데 걸리는 시간이 짧아지는 것이 기술혁신이라 할 수 있을 것이다.

이 과정이 반복하면서 거리 데이터를 바탕으로 3D 포인트 클라우드라고 불리는 3차원 데이터가 생성되는데 이는 구글 맵 수준을 넘어서 고해상도 지형지도 생성에 사용되고 항공기와 드론에 장착되어 넓은 스펙트럼 지역의 지형을 신속하게 3D 스캔한다.

자율주행 차량이 주변 환경을 실시간으로 3D로 스캔하여 도로, 장애물, 보행자 등까지 인식하고 차량의 안전한 주행경로를 결정하게 해 준다. 그 밖에도 건물 구조분석, 도시계획, 유적지 3D 모델링 등에도 활용되고 농업에서는 작물 상태를 모니터링하고 토지의 지형을 분석하는 데 사용되고 울창한 산림관리도 이 기술이 해낸다.

라이다의 특허는 정밀한 거리 측정과 복잡한 환경에서도 정확한 3D 데이터 생성에 있는데 수백만 개의 레이저 펄스를 초당 발사하여 매우 빠르게 데이터를 수집한다. 라이다는 대상물과 물리적인 접촉 없이 데이터를 수집할 수 있기 때문에 다양한 환경에서 활용이 가능한 핵심적 기술로서 초기 기술을 제외하고는 대부분 등록된 지 2~3년 미만인 기술이기 때문에 가격 경쟁력상 고비용 기술이고 날씨와 생성되는 3D 데이터의 방대한 용량으로 인하여 고성능 컴퓨터 여부가 필수로 지원되어야 한다.

카이스트 교수는 연구 당시 산업기술이었고 국가핵심기술 지정은 되지 않았으며 그러다 보니 연구비가 부족했고, 고성능 컴퓨터 등을 구매하기 위해 중국의 한 연구원과 공동연구개발계약을 하였으며 이에 따라 연구자료를 공유하고 15억 3천만 원의 연구비를 수령했다.

그러자 교수는 산업기술을 해외 유출한 혐의로 징역 2년 형을 받고 법정 구속되었는데 교수들은 학문의 자유상 다른 국가의 연구원들과 연구를 할 수도 있고 때에 따라 공동연구개발계약서에 서명 아래 연구자료를 공유할 수도 있는데 이로 인해 징역형을 받은 부분에 대해 억울함을 호소하고 있고 동료 교수들이 탄원서를 내주는 등 과연 우리가 애국심에 호소하는 방식만으로 과학자들의 기술 유출을 막을 수 있는지 의구심이 든다.

그러므로 이를 위해서는 공동연구개발계약에 있어 가이드라인이 명확히 서 있을 필요가 존재하며 과학자들의 연구 의지가 꺾이지 않도록 각자 과제와 공동과제 등 공유영역을 명확히 해 줄 연구보안 코디네이터가 필요한 시점이 아닐 수 없다.

기술보호체계[자료=기획재정부]

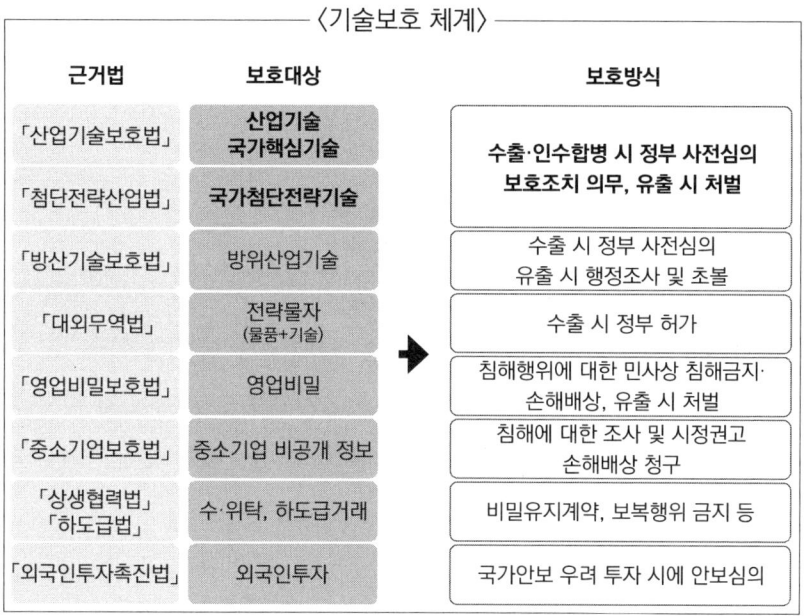

뉴스핌, 2024. 12. 27.

공공연구기관, 강력한 보안 법제 도입 필요하다

중국과의 기술격차가 점점 좁혀지고 있다. 우리 기업들이 아직 중국 기업들보다 기술 수준이 우위에 있는 것은 사실이지만 더 이상 중국으로 빠져나갈 기술이 없을 정도로 이미 많은 기술이 유출당했다. 이와 같이 중국의 기술 추격 심화에도 불구하고 우리나라의 기술개발 및 선진기술 확보 노력은 매우 부족하다.

정부가 기초연구, 원천기술 등 국가차원의 R&D 확대, 자금, 세제 등 기업지원 확대와 같은 정과학기술 중심정책 추진과 국내 기업의 중국진출과정에서의 기술 유출 등을 확고하게 방어하는 체계의 법제 개편이 절실한 상황이다.

과기부 연구원에 재직하던 박사가 비밀유지서약서를 썼지만 까맣게 잊어버리고 이후 항공대 교수로 가서 풍력발전기 날개 적합성 기준 컨설팅 계약을 체결하면서 중국에 첨단기술의 주요 평가방법과 노하우가 모두 넘어갔었던 사건에서 해당 교수는 이미 국가보고서로도 작성했었던 것이라고 항변했다.

물론 검찰은 교수에게 교수가 컨설팅해 준 세세한 노하우는 국가보고서에도 안 써 있다고 입증했고 결국 중국에게 이와 같이 세세한 정보를 성심껏 넘긴 부분에 대해 유죄를 인정받았다. 공공연구기관에서 연구한 내용은 자신의 노동이 들어갔다고 해도 이는 공공연구기관, 국가의 것이라는 명확한 사고가 필요하다.

  국방과학연구소 기술 유출 사건이 벌어졌을 때에도 이렇게 중요한 방위기술이 들어 있는 연구소 PC가 보안 프로그램 하나 안 깔려 있는 PC가 62%라는 보고는 매우 충격적이다.

  특히 자료를 다운로드하거나 복사할 때 기록이 남게 해 두는데 이 프로그램의 설치가 의무임에도 불구하고 처음부터 안 깔려 있었던 PC가 많았을 뿐 아니라 은퇴 후 동종직무금지제한 관리 및 재직 중 재산제출의무가 임원에게만 제한되고 있어 허술하기 짝이 없는 방위기술 관리가 아닐 수 없었다.

  가장 최근에 있었던 한국항공우주연구원 기술 유출 사건의 경우 연구원 4명이 한화 에어로스페이스로 이직하면서 한국형 발사체 누리호 기술 유출을 시도했다고 고발당한 사건이 있다.

  누리호 하드디스크를 외부 반출했을 뿐 아니라 특정 시기에 과도하게 열람했다는 혐의인데 운 좋게 한화가 국가기술이전계약을 통해서 한국항공우주연구원 기술을 이전받는 대상으로 지정이 되었고 문제의 연구원 4명이 모두 그대로 한화 에어로스페이스로 이직하였으므로 큰 문제가 안 된다고 항변하였으나 원칙적으로 보안절차가 엉망이었다는 것은 사실이다.

  PC를 대전 본원에서 나로우주센터로 반출했을 뿐만 아니라 클라우드에 있는 정보라고 항변했지만 국가보안시설에서는 USB만 반출 가능하고 내부에 들어와야지만 클라우드도 접근이 가능하도록 보완 관리되는데, 국가보안시설에서 이 사실을 모두 알고도 그렇게 PC를 통째로 빼돌렸다는 것을 단순 부주의나 인식 없이 했다고 하며 덮어 준 것에 대해 공공연구기관의 안일한 산업보안 인식을 극명하게 보여 주는 것이다.

고려대 창업지원센터 내 에스볼트 코리아는 펑차오에너지가 중국 내 전기차 배터리 회사인 장성기차에게 지시하여 한국 내에 창업한 회사로서 예전에는 우리나라 대기업 연구원을 중국으로 모두 데려갔는데 대학 내 상주기업으로 이직하자고 하여 배터리셀 기술을 모두 유출하게 하였다.

대기업 연구원들이 이 기업을 한국기업이라고 착각했다 하더라도 국가핵심기술을 다루는 연구원들의 퇴직 후 관리의 문제, 대학 내 창업지원센터의 지원프로그램 문제 등을 다시 생각해 보게 한다. 특히 엘지 내에서 영리목적 자문행위를 하지 말라고 내부 공지했음에도 불구하고 동생 주민등록증 등을 사용하여 자문을 계속 수행하여 국가핵심기술을 중국에 유출하는 경우 이와 같은 자문중개업체에 대해 우리나라는 현재 파악조차 하지 못하고 있다.

동남아 등 몇몇 국가에서는 여전히 우리 기술과의 격차가 크지만 중국과의 격차가 이렇게 좁혀져 가고 있는 현재, 공공연구기관과 국가가 지원하고 있는 프로그램에서라도 강력한 퇴직자 관리, 상시모니터링, 기술유출 관련 인식개선을 위한 강력한 법제 도입을 더 이상 미루어서는 안 될 것이다.

뉴스핌, 2025. 1. 8.

연구보안, 소 잃고 외양간 고치는 일이라도 제대로 하면 된다

최근 대학에는 이공계에 상당히 많은 외국인 학생들이 있다. 연세대 시술보조로봇 기술 유출 사건 역시 연세대 내 연구소에 중국인 연구원이 6년간 근속했고 심혈관 중재시술 보조기술에 접근할 수 있었다. 이 연구원은 탈취자료를 자신의 자료인 것처럼 하고 중국에 천인계획 비용을 받고 법인을 중국에 만들려고 했는데 한국 생활을 정리하려 잠시 입국했다가 국가정보원이 검거하였다.

이공계의 인력 부족으로 외국인 연구원들이 우리나라 연구소에 많이 들어와 있는 일은 어제오늘의 일이 아닌데, 우리나라 국적이 아닌 중국인 40대 연구원 A 씨가 퇴직 무렵 연구자료를 지속적으로 빼돌리고 있었는데, 이를 알아차리는 시스템이 아예 연구소 내에 없었다는 것, 접근제한이나 이용제한의 규정이나 데이터 수준 평가와 관리 자체가 아예 존재하지 않았다는 것은 상당히 충격이다.

가까운 국가인 일본 역시 공기 흐름을 연구 분석하는 기술인 풍동기술 유출 사건에서 일본 국립대학에 와서 방문학자로서 조교수나 연구교수 신분 등으로 재직하면서 해당 기술을 유출하는 일이 있었다. 일본은 그동안 학제 간 교류는 상당히 포용적으로 받아들이는 분위기였고 스스로 정착비와 연구비를 가지고 오는 학자들에 대해 이를 막지 않았는데 천인계획으로 전략적으로 왔었던 방문학자라는 사실에 뒤늦게 알고 중국학자에 대한 거부감이 커져 있는 상황이다. 교수가 아닌 유학생 역시 일본 적외선 카메라 기술 유출 사건에서와 같이 고령화로 인하여 일본 대학의 일본 외 아시아 학생의 의존도가 높아지고 있는 현실에서 중국 유학생들의 기술 유출 의혹이 계속되면서 유학생의 비자심사기준을 높이는 방법을 고심하고 있다.

이에 대해 일본 정부는 주요 기술에 대해서는 일본 국적이 아닌 유학생 접근에 대해 허가제를 전면 도입하였고 일본에 6개월 미만 체류하는 유학생에게는 적용하지 않았던 유학생 허가제를「외환법」을 개정하여 전부 경제산업성 장관 허가를 득하도록 하고 있으며 연간 소득 25% 이상을 외국 정부로 받는 유학생도 허가제로 출입국 및 대학과 연구소에 접근할 수 있도록 허가의 범위를 늘린 상황이다. 특히 핵심기술의 범위를 계속 넓혀 가고 있어 전수조사 수준에 이르렀다.

미국의 찰스 리버 교수 역시 매달 5만 달러를 생활비 명목으로 중국 대학이 지급하였고 15만 8천 달러를 수령한 시점에 하버드대 나노기술 접근권을 중국 대학에 주었고, 이러한 수혜 사실을 숨겨서 문제가 되기도 하였다. 중국은 대학에 대한 관심이 매우 높은데, 예를 들어 애리조나 대학에는 MOU를 체결하여 바이오 기술을 유출하고 워싱턴 대는 가상현실 증강현실 학술센터를 지어 주고 관련 기술에 접근하며 미시간대에는 자동차 관련 기술을, 플로리다대에는 감귤류 관련 기술 등 중국의 기술 모으기와 기업에 대한 투자를 학계에 대한 투자로 돌린 부분에 대한 제재는 쉽지 않다.

우리나라 역시 일본과 같이 비자관리와 자금관리를 통해 국가가 충분히 관심을 가지면 외국인 연구원, 교수 등의 이상행위를 걸러 낼 수 있는데 우리나라는 현재 이와 같은 규정이 없다. 미국은 이중 수혜에 대해 불법행위라는 명확한 인식이 있는 반면 우리나라는 이러한 기준이 없어 이공계 학자들은 어디까지 논문으로 공개해도 되는지 민간과 공공의 투자와 지원을 어디까지 받아도 문제가 되지 않는지, 접근권을 목표로 오는 민간의 투자나 학제 간 공동연구는 어떻게 대응해야 하는지 상당히 어려움을 겪고 있다. 개인정보보호 등 여러 법제적 규제가 많은 EU 국가들과 네덜란드 같은 국가는 아예 중국인 유학생은 받지 않겠다고 선언했다.

미국은 「국경보안강화법」, 일명 「비자법」인데 이를 통해 외국인 유학생 규제의 수위를 높이고 있고 일본은 학제 간 연구에 대해 대책을 세우는 등 고심을 하고 있다. 그런데 우리는 현재 어떤 법안도 국회에 나와 있지 않다.

이에 대해 간첩죄를 명확히 하여 「산업기술유출방지법」 등 특별법보다 우위에 있는 일반 간첩의 규정을 명확히 하고 미국의 국방방첩보안국과 같이 주요기술 연구원 등을 관리하는 법정화기구가 있어야 한다. 과거에 연구비를 주면 잊는 게 아니라 공공의 연구는 연구재단이나 기타 새로운 기관이 연구자들의 관리를 해야 하고 대학이나 공공연구기관 인사팀이 재직자와 퇴직자 기술 유출을 다 알 수 없으므로 이를 확인할 법정화기구가 필요하며 지금이야말로 국가정보원과 같은 기구의 위상이 중요하다.

또한 연구, 자문, 교육을 빙자한 범죄에 대해 연구윤리 수준이 아닌 강력한 입법이 필요하다. 재직 중에 교수나 연구원이 노하우를 판매하거나 산학협력단 역시 창업입주기업의 판정을 명확히 하여 외관상 대학의 신뢰를 얻은 것처럼 해서는 안 되며 연구 관련 범죄는 대통령 직속으로 운영하고 미국과 같이 고의 과실 구별을 해서는 안 될 것이다.

우리나라 이공계 유출 3만 명 시대 연구비 지원과 퇴직연구자 관리와 같은 규제 외 연구자들에 대한 대우를 다시 생각해야 한다. 우리나라 대학은 우수과학자들에 대해 어떠한 대접을 해 주는지 생각해 볼 필요가 있다. 주변 국가들이 정년 연장과 배우자 취업, 부모 동행 등 자국으로의 입국을 유도하고 세금 우대조치와 은퇴 과학자에게도 연구 인력을 지원하며 영주권도 주는 정책을 시행하며(미국의 종신교수제도나 대만의 세제 혜택 등) 과학자들이 원하는 것을 지킬 때 우리는 무엇을 했는지 생각해야 한다. 특히 교수 밑의 대학원생들은 자신은 적은 월급을 받는데 지식재산권을 결국 모두 교수가 가지므로 도덕적 죄책감 없이 자료를 가지고 나오므로 이에 대해 「발명진흥법」상 직무보상에 있어 공정한 분배가 있는지도 검토가 요구된다.

외국인 학생의 기술 유출에 대해서도 대학은 연구동과 교육동을 구별하는 것을 재검토하고 외환관리상 의심이 되는 비용을 자국으로 지원받는 유학생은 관리가 필요하며 최근 들어 우리나라 학생들에게 접근하여 이러한 자료유출을 요구하므로 일반적인 연구원을 연구에 개입시킬 때 관리가 요구된다. 그 밖에도 이중수혜 등 교수와 연구자들에게 이와 관련된 지침을 내려 줄 「국가연구개발혁신법」상 법적 근거와 공동연구개발계약 표준계약서도 제작이 필요하다.

현재 19개 정부부처와 6개 위원회 각각 연구지원사업이 진행 중이지만 연구보안에 대한 점검을 체계적으로 하는 곳은 존재하지 않는다.

「국가연구개발혁신법」은 성과가 좋지 않을 때 환수조치를 하는 법이라는 인상이 강한 가운데 과학자들은 자신의 기술이 어떤 기술인지 국가에서의 위치도 알 수 없고 공동연구나 기술연구시 체크할 것이 무엇인지도 알 수 없다.

그러므로 이공계 3만 명 연간 유출의 문제를 다시 원점으로 돌아가 생산과 관리, 유출방지 전 체계에서 연구환경 개선이 요구되며 국내 석학들을 받아 줄 종신 연구소와 공학도 졸업생을 많이 배출할 수 있는 펠로십제도, 과학기술인의 복지에 대해서도 생각해 보아야 한다.

특히 대학마다 연구자와 유학생 관리, 발 빠른 승인제 없이는 해당기술 접근을 막아야 한다. 기술 유출은 일단 되면 되돌릴 수 없고, 기술주권은 하루아침에 만들어지는 것이 아니다. 기술개발혁신도 중요하지만 중요한 기술을 외부에 의존하지 않도록 하고 내부에서 실용화 확산을 지원하며 고급인재를 양성, 유지하고 혼란한 정국에 국내외 경쟁력과 실력을 가지는 것만이 지금 불황을 타파할 수 있는 투자임을 잊지 말아야 한다.

뉴스핌, 2025. 1. 15.

인공지능 예술은 세렌디피티인가

바야흐로 영상저작물의 시대이다. 그러나 영화 한 편 제작 들어가는 것이 그 어느 때보다 어려운 시기에 살고 있다. 아무리 각본 계약서, 감독(연출)계약서, 영화화 권리확인서를 잘 써서 아무 문제 없을 것이라고 돌아섰는데 갑자기 캐스팅과 투자가 원활하지 않은 경우도 있고 실제 크랭크인에 들어가서 서로 양보하지 못하는 창작상 이견으로 모든 계약상 의무를 이행하고 싶어도 이행할 수 없는 상황이 되기도 한다.

더 나아가 이 작품과 관련된 배우들은 실명이 논의되어 일파만파로 당분간 일자리를 잃기도 하고 스태프들도 불안정한 지위 속에서 일용직으로 크랭크인을 기다려야 하는 경우마저 있다.

이러한 문제를 최소화하기 위해 수많은 계약서를 함께 검토해 주고 표준계약서 연구 용역을 하는 데 있어서 해당 분쟁은 최소화하고자 조문을 거미줄처럼 만들어 보지만 때로는 공동저작물 저작 작업에 있어 법률분쟁은 거부할 수 없는 운명이 아닌가 하는 생각이 든다.

최근에는 이해관계가 없는 사람들과도 소통이 나날이 쉽지 않아 공동저작물을 제작해야 하는 문화예술계 분야가 인간 예술가의 조력 없는 경우에 받게 되는 인공지능의 도움은 이제 필연적인 것이 되어 가고 있다.

인공지능 예술은 인간 아티스트의 직접적인 입력 없이 예술을 자율적으로 생산할 수 있는 생성 알고리즘과 딥 러닝 기술을 사용하는 것이 특징이다. 원래 인공지능 기술은 전쟁에 있어서 아군 인명의 피해 없이 우위를 점하기 위한 암호학에서 기초기술이 시작되었으나 1956년에 이르러서는 학문 전 분야에서 인공지능 기술의 도입을 인정하였다.

이제 음악, 미술 분야를 넘어서서 게임, 영상저작물에서 우리는 인간의 안목으로 어느 부분에 인공지능의 도움을 받았고 어느 부분이 인공지능의 도움 없이 저작물을 만든 것인지 구별할 수 없는 수준에 이르렀다. 법학에서 인공지능은 어디까지나 기술이기 때문에 예술을 창작하였다고 하더라도 주체성을 인정받아 권리, 의무를 부여하지 않고 있다.

그러나 법학에서의 인정과 상관없이 기술은 인간의 일상 속에 목적에 맞게 사용되는 경우 떼려야 뗄 수 없는 편의성으로 스며들고 침잠하여 함께 있는지도 모르는 존재가 되어 버려 이미 인간이 한 행위인지 도구가 한 행위인지 뇌에서조차 기억이 지워진다.

세렌디피티는 완전한 우연으로부터 중대한 발견이나 발명이 이루어지는 것을 말하며, 특히 과학연구의 분야에서 실험 도중에 실패해서 얻은 결과에서 중대한 발견 또는 발명을 하는 것을 이르는 외래어이다. 인공지능 예술의 탄생은 인공지능 기술의 발전 중에서 나타난 예술사의 세렌디피티이다.

21세기 예술사를 정리하는 많은 사람들이 최근 딜레마에 빠진다. 인공지능 예술도 하나의 사조가 될 수 있는가?

이는 원천적인 질문부터 시작한다. 예술이 많은 세상은 좋은 세상인가. 직접적인 소통이 잘되지 않아 아름다움으로 표상된 세계로 회피하여 소통해야 하는 예술의 세상이 확장되는 것이 사람이 살기 좋은 세상이라는 뜻일까. 예술은 내면의 고통을 통해 그대로 직접 소통할 수 없는 것을 은유하여, 내면의 세계를 표현하는 방법인데, 예술의 세상이 확장되었다는 것은 그만큼 소통이 잘되지 않고 많은 사람들이 고통을 받고 있다는 또 다른 외침은 아닌가.

아름다운 예술가의 삶에는 고통이 필연적으로 따랐고, 전쟁이나 사회 격변기에 눈부신 통찰력의 예술 작품이 쏟아졌다는 것은 누구나 아는 사실이다.

2차 세계대전 종식 이후 18억 인구는 81억이 넘어섰지만 21세기를 무늬화할 수 있는 다양한 표현과 예술의 세상은 뉴미디어아트나 극사실주의 이후 보이지 않는다.

그런 인류에게 인공지능 예술은 어떻게 해석되어야 하는가. 비인간 인공지능 예술과 인간 인공지능 예술가는 서로 어떻게 얽힌 실타래를 풀어 가며 입력되고 출력되고 있는가.

통제권까지 넘어간 문화예술은 인간의 꿈을 실현시켜 주는 새로운 돌파구인가. 인공지능 기술을 근거로 하여 예술공간의 확대를 빠르게 가져와 인간이 범죄로 나아가지 않고 정화된 표현인 예술을 향해 제대로 존재할 수 있게 해 주어야 하는가?

창작의 의미는 자신이 과거에 겪었던 것을 내면화하고 이것을 어떻게 표현할 것인지, 작가가 이 작품을 접근할 사람과 의도하든 의도하지 않든 상호작용을 가져오게 하는 표현에 있다.

이를 통해 인간의 상처는 범죄로 돌발되지 않고 성찰을 통해 공진화한다. 인공지능 예술의 탄생 과정에 대해 미국, 유럽 등 최근 들어 그 도입 시기를 두고 논의가 크고 법학에서 인공지능 기술은 인간의 도구일 뿐이라고 어떠한 권리도 인정해 주지 않는 가운데 또 하나의 예술의 사조로 받아들여야 한다는 강력한 기조가 예술계에서는 이미 자리 잡아 가고 있지만 인공지능 예술이 결코 인간의 창작성을 위협하는 위기라는 생각은 들지 않는다.

EU AI Act에서 인공지능 기술이 사용된 경우 정보제공 의무를 강조하고 있고 고위험 분야에서의 사용은 등록과 관리를 받도록 규정하고 있으나 인공지능 예술의 평가는 오직 소비자의 판단으로 결정될 것이기에 보다 냉혹하고 명확할 것이다.

인공지능 예술이 탄생한 이유가 인간이 기계만큼 부족한 숙련성에 대한 불신 때문인지, 증가하는 예술적 표현 규모에 있어서 공동저작물이 불러온 법적 분쟁에서 회피하고 싶었던 욕망 때문이었는지 알 수는 없다.

그러나 인간은 원하는 것을 눈으로 좇고 소비하며 바라는 것을 귀로 듣고 그것을 듣기 위해 가기 때문에 결국 인공지능 예술이 비인간의 예술이라고 하지만 얼마나 인간을 위로하는지와 인간들이 원하는지에 따라 독약인지, 예술 사조에 있어서 뜻밖의 세렌디피티일지 여부가 달려 있을 것이다.

뉴스핌, 2025. 1. 21.

AI 교과서 도입, 급할수록 돌아가라

교과서는 한 나라의 국민이 추구하는 이념과 이상을 제시한 교수·학습 수단이다. 한 나라의 미래를 결정하는 표준적 지식과 경험의 길잡이기도 하다.

AI 디지털 교과서 도입을 두고 학부모와 학생, 교사까지 상당히 혼란스러운 가운데 영국 런던에서 열린 세계 최대 에듀테크 박람회 '벳쇼(Bett Show) 2025'에서는 여전히 AI의 부정적 요소인 다섯 가지 문제에 대해 우려를 나타낸 바 있어 일부 국가가 도입을 검토하지만 일부 과목에서 실험적인 도입을 통하고자 하고 있다.

그 부정적 요소 중 첫 번째는 윤리적 문제로 AI 디지털 교과서가 오류를 생성하거나 편향된 데이터만 학습자에게 학습시킬 수 있다는 것이다.

둘째, 다양성 문제로 많은 AI 디지털 교과서가 특정 문화나 배경에 치우쳐 원래 교육의 목적인 다양한 관점의 토론을 할 수 없으므로 다양한 관점을 접하기는 어려울 수 있다.

셋째, 프라이버시 문제로 AI 디지털 교과서가 학습자의 학습기록데이터를 수집하고 분석하는 과정에서 어떻게 답하는지와 학습한 시간과 위치 등 다양한 프라이버시를 침해할 수 있다.

넷째, 교사의 역할에 대한 근본적인 질문이 생겨날 수 있는데 AI 디지털 교과서의 보편화로 교사는 학교에서 어떤 역할을 하는 자인지 의문이 생겨나며 정서적인 학습은 포기하는 것인지에 대한 우려가 크다고 할 수 있다.

다섯째, 책상의 크기나 부피가 확대되어야 하고 인터넷의 속도가 증가할 필요가 있으며(AI 교과서 본격 도입을 위해서는 10Gbps급 초고속 인터넷망이 필요하다고 분석했는데 현재 해당 속도 인터넷망이 깔린 곳은 없는 것으로 조사됐다). AI 디지털 교과서의 기술적 문제나 버그가 있는 경우 학생들에게 올바른 교육이 제공되지 못할 수 있다.

최근 AI 디지털교과서가 교육 자료로 지위가 격하되는 「초·중등교육법」 개정안이 2024년 12월 국회를 통과하자, 2025년 1월 21일, 최상목 대통령 권한대행은 재의 요구권(거부권)을 행사하여 다시 검정도서의 지위를 회복하여 AI 디지털교과서는 교과서 지위를 회복했다.

2024년 교육부는 이미 관련 공문을 각 교육청에 배포하고 각 교육청은 다시 학교에 배포하여 학교는 AI 디지털교과서를 교과서로 이미 선정하고 있는 곳들이 있었다. 현재 일선 학교들은 AI 디지털교과서를 교과서의 부수자료인 교육자료로만 사용할 것인지 아니면 주 자료로 도입해도 되는 것인지 국회와 정부의 첨예한 의견 대립 앞에 세금이라는 예산으로 집행해야 하는 교과서 비용을 두고 고민에 빠져 있다.

2025년 2월 현재 교육부는 올해까지는 AI 디지털교과서를 의무 선택이 아니라 자율적으로 각 학교의 선택에 맡긴다고 하였기에 각 학교들의 고민은 어차피 도입할 것이라면 빨리 도입하자는 분위기와 부작용을 좀 더 살펴보고 나중에 도입하자는 분위기로 교무회의가 살얼음판이라고 한다.

교과용 도서에 관한 규정에 따르면 교과서 선정은 국정도서가 있으면 국정도서를, 국정도서가 없으면 검정도서를, 둘 다 있으면 둘 중 하나를 선택할 수 있다. 현재로서는 서책형 교과서와 AI 디지털 교과서 둘 다 검정도서의 지위를 가지고 있으니 둘 중 하나를 학교는 선택할 수 있다.

교사들은 AI 디지털교과서를 2024년 11월 말에 처음 보게 되었고, 아직 AI 디지털교과서에 익숙하지 못하다고 주장한다. 그렇다고 AI 디지털교과서 연수를 받은 교사들은 해당 교육을 재교육받는 것은 무의미하다고 입을 모으고 있으며, 실제 걱정되는 것은 AI 디지털교과서의 품질이라고 한다. 서책형 교과서도 상당한 시간을 검정에 쏟는데 AI 디지털교과서는 다양한 사용에 대해 검정을 제대로 하지 못한 채 학생들에게 상용화하는 것에 대해 심히 우려가 된다는 것이다.

특히 AI 디지털교과서 개발업자들은 오직 이윤만을 걱정하며 오류 등에 대한 지적을 하면 AI이기 때문에 학생들이 학업에 대해 흥미를 잃지 않도록 설계된 것이므로 틀린 답이더라도 계속 학습을 유도하기 위한 것이라고 설명하고 디지털 리터러시의 부족 등으로 해석하는데 이 같은 대응은 상당히 곤란하다는 것이 교사들의 공통된 의견이다.

설 연휴가 끝나고 학교들은 본격적인 새 학기 준비에 들어가고 있다. 2023년, 2024년 정부가 세수 예측에 실패하면서 교육부가 예산을 제대로 집행하지 못하여 교육청은 현재 마련해 두었던 모든 기금들을 소진하고 있는 실정인데 AI 디지털교과서 도입은 교과서 비용과 전기요금, 인터넷 비용 등 상당한 재정적 부담이 들 예정이다.

또한 AI 디지털 교과서로 인해 공교육에 대한 불신과 교사들의 역할 축소에 대한 학부모와 학생들의 불만도 커질 수 있어 이에 대해 공교육은 신뢰할 수 있는 청사진을 보여 주어야 한다. 교육은 한 인간의 생애 설계에 있어 가장 기초역량이 되는 문제이자 국가의 존립 이유이기 때문이다.

뉴스핌, 2025. 2. 4.

영화감독에게 공정하고 상식적인 보상 입법을 촉구하며

아리스토텔레스는 『니코마코스 윤리학』에서 정의를 두 가지로 나누었는데, 교정적 정의와 분배적 정의로 나누었다. 그중 사적 거래에서 '정의'의 기반은 분배적 정의로 공동체의 자원이나 이익을 각 개인에게 공정하게 배분해야 한다는 의미이다.

21대 국회에서 발의되었던 유정주, 성일종, 이용호 의원의 「저작권법」일부개정안은 영화감독들도 음악창작자인 작곡가, 작사가와 마찬가지로 「저작권법」 내에서 창작자로 인정되어 그동안 실연자로 잘못 해석되어 오던 것을 억지하고 보상을 받을 수 있도록 하는 법안이었다.

그러나 안타깝게도 이에 대해 충분히 논의되지 못한 채 21대 국회의 임기만료로 폐기된 이후 22대 국회가 1년이 되었음에도 해당 「저작권법」일부개정안은 다시 발의되지 못하고 있어 상당히 안타깝다.

「저작권법」은 창작자주의에 입각하고 있지만, 「저작권법」 제100조는 영화의 경우 영화 창작자가 저작인접권자인 영상제작자와 계약을 함에 있어 별도의 특약인 의사표시가 없으면 영상저작물의 이용을 위하여 필요한 권리를 영상제작자에게 양도한 것으로 추정하는 규정이다.

이 규정은 1987년 「저작권법」에서는 추정이 아닌 간주 규정이었는데, 2003년 「저작권법」부터는 추정 규정으로 개정되면서 그 강도가 약해졌다고는 하나 이미 16년이라는 시간은 창작의 기회가 절실한 영화감독과

시나리오 작가와 같은 영화 창작자들과 영상제작자 사이에 존재하는 협상력의 불균형이 이미 자리를 잡은 후였다.

그리하여 특약이라고 하는 것은 특출한 감독이 아닌 한 쉽게 영상제작자에게 꺼낼 수 있는 상황이 아니고 영화라는 판매수익 예측에 대한 불확실성 강한 무형자산의 성격과 시장의 배급 및 활용 등 정보이해력의 비대칭성은 결국 연출 계약이나 감독 계약 체결 당시 자기 의견을 내기는 어려운 상황을 간과한 것이었다.

설상가상으로 영화인들이 의지하는 문화체육관광부의 표준계약서마저 특약이라는 의사 고려 없이 영화 관련 노무 종사자가 영상제작자에게 양도하는 일체의 권리는 극장 상영 및 재상영, 홈비디오에서 도서출판과 캐릭터 사용, 속편 제작 및 리메이크권까지 직간접적 모든 재산을 남김없이 빼앗기는 것으로서(제18조) 영화창작자는 수익을 주장할 수 있는 권리를 단 하나도 남김없이 영상제작자에게 제공해야만 창작의 기회를 얻을 수 있다.

그리하여 우리나라에서 영화창작자가 된다는 것은 영화 외 다른 직업으로 생계를 운영해야 하는 것을 의미하거나 스스로 영상제작자가 되지 않는 한 자신의 영화에 대해 어떤 권리도 가질 수 없는 것이다. 이는 단순히 창작자 보상 부족이라는 개개인의 문제가 아니라 좋은 작품을 사회와 국가가 만날 수 있는 더 많은 기회를 빼앗은 것으로 이어질 수 있다.

많은 사람이 연출료를 받았는데 추후 저작료를 보상받는 것은 이중지급이 아니냐고 반박한다. 이는 회사가 영화를 작 만들어 달라고 주는 노동료와 추후 이용자들이 많이 이용해서 내는 이용료를 재분배해 주는 돈은 노동료와 저작권사용료로 전혀 별개임으로 이중지급이 아니다.

즉, 「저작권법」 제100조의 특약은 영상제작자가 영화감독에게 더 좋은 연출의 동기를 위해 특약을 하여 영상제작자와 영상제작회사가 얻게 되는 수익에서 나누어 주는 것이고, 영화감독이 영화창작자로서 당당하게 이용자들이 많이 사용해 주어서 자신의 콘텐츠 사용료를 받게 되는 것은 공정한 보상으로 그들이 당연히 받아야 하는 수익이기 때문이다.

이는 출판사가 기획할 때 저술료를 계약금으로 지급하지만 작가가 추후 저작료를 받는 것과 같으며, 음반제작자가 기획하여 곡비계약으로 곡비를 주고 어떤 실연자가 가장 먼저 가창할 수 있는지 권한을 음악창작자에게 준 뒤, 추후 저작료를 받는 것과도 같다.

「민법」이라는 계약의 반석 위에 「저작권법」이 별도로 강행규정으로 존립하는 이유는 창작자들의 창작 환경에 어려움을 해소하기 위한 것이었다.

부디 22대 국회에서 조속히 「저작권법」 개정안을 다시 발의하여 영화감독에게 영화창작자의 지위를 되돌려주고 그에 따른 응당한 보상을 받을 수 있도록 입법의 제 역할을 하게 되길 바란다. 이미 국회는 많은 세미나에서 영화감독에게 이 권리를 돌려주겠다고 약속했던 바 있다. 약속은 지켜져야 한다(Pacta sunt servanda).

뉴스핌, 2025. 2. 11.

AI 디지털 교과서, 2차적 저작물 저작권 문제 대두

 2025년 교육부 예산안에 따르면 '디지털교육혁신 특별교부금'으로 약 5,608억 원가량이 책정되었으며, 이 예산은 교원 인공지능 기반 교수학습 역량 강화 사업 등 디지털 기반 교육혁신을 위한 재정 지원에 사용될 예정이라고 한다.

 AI 디지털 교과서의 구독료와 관련된 비용은 아직 개발 업체들과의 협상이 완료되지 않아 정확한 금액이 확정되지 않았다. 교육부는 AI 디지털 교과서의 구독료를 시도교육청이 지방교육재정에서 지출하게 될 것이라고 밝힌 바 있다.

 현재 교과용 도서 보상금 법령인 문화체육관광부 고시 제2023-0002호 「2023년도 교과용 도서의 저작물 이용 보상금」 기준에 따르면 교과용 도서 보상금과 수업 목적 저작물 이용 보상금 제도에 따라 발행 부수와 전송 대상자 기준으로 정부는 보상금을 지급한다. AI 디지털 교과서는 일반 디지털 교과서와 달리 학습자가 어떤 질문을 하느냐에 따라 다양한 2차적 저작물로 저작물을 저작하여 제공한다.

 현재 고시의 경우 원저작물을 번역·변형·각색 등의 방법으로 작성한 2차적 저작물을 게재한 경우에는 다음과 같이 보상한다. 원 저작권자와 2차적 저작물 저작권자가 사전에 협의한 경우에는 그 비율로 보상하는데 협의가 이루어지지 않을 경우에는 원 저작권자와 2차적 저작물 저작권자에게 각 50/100씩 지급하고, 음악 저작물을 편곡한 경우 원 저작권자에게 70/100, 편곡자에게 30/100을 각각 지급한다. 다만 컴퓨터 화면 캡처의 경우에는 해당 화면을 구성하는 각 저작물에 대하여 보상기준에 따라 각각 지급할 수 있다.

2007년 개정 「저작권법」에 명시되었지만 제도 정착에 난항을 겪었던 '수업 목적 저작물 이용 보상금 제도'는 2014년도 본격 도입돼 저작권 침해에 대한 우려 없이 대학 수업 등에서 자유롭게 저작물의 이용이 가능하게 해 주었던 조항이다.

하지만 실제 한국복사전송권협회(현재는 한국문학예술저작권협회가 지급)에서 본조에 근거한 저작료는 많이 지급되지 못했는데 AI 디지털 교과서 도입으로 학습자의 질문과 이용기록이 남게 됨에 따라 2차적 저작물 저작권자에게 지급이 가능해진 것이 아니냐는 평가가 나오고 있다.

더불어민주당 이경아 박사(교육전문위원)는 "당초, 이주호 장관은 AIDT가 교과서로의 지위를 갖기 때문에 서책형과 병행 사용한다."라고 하였다. 병행의 의미는 서책형과 AIDT의 무조건적 구매(서책형과 다른 출판사, 독립형 선택 가능)였다.

국회에서도 23년 정책 발표 당시, 당연히 둘 중 하나를 선택하면 된다고 이해했었다. 근데 24년에 이르러 장관이 두 가지 교과서를 모두 필수로 선택해야 한다고 해서 더불어민주당 교육위원회 고민정 의원이 AIDT를 교육 자료로 규정하는 법안을 발의하게 되었던 것이다.

하지만 국회와 정부 사이에 교과서 지위와 AIDT 정책 추진 속도, 현장 준비도, 그리고 효과성 등에 대한 갑론을박이 이어지자 장관이 1월이 되어서야 "25년 한 해만, 교과서 지위를 유지하되, 자율선택"으로 추진하겠다는 뜻을 보여서 올해만 학교 현장에서 AIDT를 자율선택하게 된 것이다. 현재 AIDT의 법적 지위는 최상목 권한대행의 거부권 행사로 여전히 논쟁이 벌어지고 있는 중이다.

정부는 AIDT가 자율선택이 아니라 무조건적 구매가 된다면 이 경우 수업 목적 저작물 이용 보상금 제도를 지급해야 한다. 이에 2025년 3월부터 인공지능 디지털 교과서(AIDT)를 초등학교 3~4학년, 중학교 1학년, 고등학교 1학년의 수학, 영어, 정보 교과에서 도입하므로 AIDT에 개발에 참여하여 데이터셋을 제공한 천재교육, YBM, 아이 헤이트 플라잉 버그스, 에누마, 구름, 네이버 클라우드, LG CNS 등 여러 국내 기업들이 교과용 도서 게재에 대한 보상금 청구권 포기 동의서를 이른 시일 내에 저작권자에게 받도록 독려하는 것이 필요하다.

만일 그렇지 않은 경우 국제규범인 「저작권법」을 교육부가 위반할 가능성이 높아지는데 그마저도 우리나라 교육 목적 보상금인 교과용 도서 보상금과 수업 목적 보상금은 국제적으로 매우 저렴한 수준임을 잊어서는 안 되겠다.

예를 들어 미국, 일본만을 보더라도 미국의 대학에서 수업에 활용하기 위해 책 1쪽을 복사하는 데 내는 저작권료가 1장당 11달러 정도 되며, 일본에서는 교과서에 저작물을 게재할 때, 「저작권법」 제33조 제1항에 따라 학교 교육 목적상 필요하다고 인정되는 범위 내에서 지급하는 저작료를 살피건대 정액제 아닌 비율제로 지급하고 있어 우리나라 저작권자가 받는 비용은 상당히 저렴한 것이 사실이다.

최근 교육부는 AI 디지털 교과서 내용을 이번 주 검토 중이다. AI 디지털 교과서 도입 속도 조절도 검토하고 있을 뿐 아니라 일부 과목과 학년에 대한 도입 일정이 조정될 수 있음을 시사하고 있다. 하지만 예산, 교사, 학생과 학부모, 사교육 시장과 학습지 시장까지 모두 혼돈 그 자체로 결정을 기다리고 있다.

특히 AI 기술 자체의 편향성이 주는 학습자 눈치를 보는 할루시네이션의 한계, 퍼실리테이터로서 교사의 역할 변화에 못 미치는 교사 교육과 기술 종속성의 우려, 물적 인프라에 대한 학교 간 격차 해소에 대한 부족한 대비, 교육 내용 표준화의 한계와 새로운 사교육의 등장화 우려, 디지털 리터러시 교육 준비의 부족과 학습자 이력에 대한 프라이버시권 우려, 교육의 궁극적 목적과 시민 소양 패러다임에 대한 사회적 합의의 부족 등에 대한 중차대한 문제를 고려할 때 AIDT를 활용한 교육을 디지털 교과서 도입과 동일하게 접근해서는 안 되는 신중함이 요구된다.

뉴스핌, 2025. 2. 18.

수도권 위협하는 北 오물풍선, 우리의 대응은?

작년 5월 말부터 북한에서 날려 보낸 오물 풍선으로 인해 수도권에서 약 1억 원 이상의 재산 피해가 발생했고, 일부 풍선에는 기폭장치가 포함되어 있어 시민들의 안전이 위협받고 있다.

테러는 정치적·사회적 목적을 위해 공포를 유발하는 폭력 행위를 포함한다. 북한의 오물 풍선은 '소프트 테러'로 분류될 수 있으며, 점차 폭발물 등을 포함하여 심각한 위협으로 발전하고 있어 적극적 국가의 대응이 요구되는 시점이다.

국제협약상 테러 대응에 대한 합의로는 시카고 협약(항공 안전과 영공 주권을 보장), 도쿄·헤이그 협약(항공기 내 범죄 및 납치 방지), 몬트리올 협약(항공기 안전 위협 행위를 규제) 등이 있어 이미 존재하는 국제 협약을 통해 해결하고자 한다면 오물 풍선 문제는 허가받지 않은 항공기 안전 위협으로 다룰 수 있다.

그럼에도 불구하고 우리나라 현행 법률은 한계가 보이는데 오물 풍선을 규제할 수 있으나, 2kg 미만의 기구는 규제 대상이 아니므로 「형법」과 「항공안전법」으로 보호하는 데 한계가 존재하고 2016년 제정된 「테러방지법」에 따라 보더라도 북한의 행위가 테러로 간주될 수 있으나, 의도와 목적성 증명이 어려운 실정이다.

미국은 「애국법」, 「반테러법」 등을 통해 테러리스트에 대한 제재와 처벌을 강화하고 있다. 또한 「국토안보법」에 따라 국경 보안 및 테러 대응을 전문적으로 수행하는 전담 조직을 두고 있으며 적법 절차와 권리 보장에 있어 비상사태에도 시민의 권리와 프라이버시를 보호하는 법적 체계를 유지하도록 한다.

이에 우리나라도 「항공안전법」에 모든 무게의 풍선을 초경량비행장치로 포함하여 규제하고 테러 대응 체계를 강화할 수 있는 전담 조직이 필요하며 이에 피해 보상 및 긴급 대응 체계 마련할 필요가 있다.

가장 중요한 것은 외교적 노력으로 남북 간 대화를 통해 적대 행위를 중단 합의할 필요가 있고 방어 시스템을 도입하여 국경 지역에 방어용 네트 설치 및 감지 시스템 구축이 필요하다. 또한 이러한 행위가 있을 때마다 국제사회와의 협력을 통해 북한의 행위를 국제사회에 알리고 외교적 압박을 더욱 강화할 필요가 있다.

오물 풍선 테러는 단순한 심리전을 넘어 시민의 안전을 위협하고 있다. 정부는 신속한 피해 보상과 대응 체계를 마련하고, 국제법 및 외교적 대화를 통해 문제를 해결해야 한다. 장기적으로는 예방 조치를 강화하고, 주민 보호를 위한 대책을 강화해야 할 것이다.

「애국법」(USA PATRIOT Act)은 2001년 9.11 테러 이후 미국에서 테러 방지를 목적으로 2001년 10월에 제정되었으며 테러리즘에 대응하기 위해 정부 기관에 대한 감시, 수사, 정보 수집, 금융 제재 등의 권한을 대폭 강화했다. PATRIOT은 "Uniting and Strengthening America by Providing Appropriate Tools Required to Intercept and Obstruct Terrorism"의 약자로 말 그대로 "테러리즘을 가로채고 방해하는 데 필요한 적절한 도구를 제공하여 미국의 통합과 강화"하고자 하는 법이라고 할 수 있다.

애국법은 FBI와 CIA와 같은 정보기관이 테러리스트 용의자에 대한 통신 도청과 인터넷 감시를 더욱 쉽게 할 수 있도록 권한을 강화했고 수사기관이 테러 혐의자에 대한 도서관 기록, 인터넷 사용 기록 등 개인정보에 대한 접근 권한을 부여받았다.

테러리스트 조직의 자금 세탁과 자금 조달을 추적하고 차단하기 위한 조치를 도입하여 금융 기관은 의심스러운 자금 이동을 감시하고 보고해야 하며, 수사기관 간의 정보 공유를 촉진하여, FBI와 CIA 등이 테러와 관련된 정보를 보다 쉽게 공유할 수 있게 했다.

이로 인해 테러리즘 수사에서 협력이 강화되었다. 테러 용의자에 대한 예비구금 기간을 연장하고, 영장 없이 용의자를 구금할 수 있는 권한을 부여했으며 미국 내 및 외국에서 활동하는 테러리스트를 신속히 체포하고 조사할 수 있도록 한 조치라고 할 수 있다.

「애국법」은 개인 프라이버시 침해와 정부 권한 남용에 대한 우려를 불러일으켰는데 특히, 감시 활동이 개인의 권리를 침해할 수 있다는 지적이 있었으며, 2015년에는 일부 조항이 수정되어 감시 권한이 제한된 USA Freedom Act로 대체되었다.

이 법은 미국의 테러 방지와 안보 강화를 목표로 했으나, 개인 자유와 프라이버시의 침해에 대한 논란이 계속되고 있다. 그러나 「애국법」이 「반테러법」보다 훨씬 효과적으로 테러대응체계를 갖추게 한 법이라는 사실은 아무도 부인하지 못할 것이다.

우리나라의 경우 「형법」, 「항공안전법」, 「경범죄 처벌법」, 「폭력행위 등 처벌에 관한 법률」, 「국민보호와 공공안전을 위한 테러방지법」 등 오물 풍선 테러 위험과 관련한 법령이 산재하고 부처도 흩어져 있다.

그러나 이와 관련하여 테러가 다중에게 대다수로 발생하는 경우 현실적으로 정부 기관의 권한 확대, 정보 공유, 자금 세탁 방지, 보안 강화 등 다양한 테러 방지 관련 의무가 증가하는 기관이 있거나 경제적 제재를 가하는 등 대응 절차가 잘 나와 있지 않고 국정원에게 이러한 전적인 권한도 주고 있지 못하다.

또한 계속적으로 이런 일이 발생하게 되면 이것을 테러로 보고 어떻게 하여야 하는지에 대한 구체적인 절차 규정도 존재하지 않는다. 현재 지난해 5월 말부터 오물 풍선 테러가 시작되었음에도 우리나라는 어떤 대응도 하지 못하였고 이에 대한 뚜렷한 정부 부처 대책도 마련하지 못한 채 피해 구제만을 하였다.

풍선 등을 통한 선전 활동이나 국가 간 긴장을 완화하기 위한 좋은 방법은 외교적 대화와 상호 신뢰 구축을 바탕으로 문제를 해결하는 것으로, 긴장 고조로 인해 군사적 충돌이 발생하기 전에 상호 간의 우려를 대화로 풀 수 있는 방법을 모색해야 할 의무와 법적 근거는 「민방위기본법」이나 「국민보호와 공공안전을 위한 테러방지법」에 포함되어야 한다.

예를 들어, 2018년 남북한은 판문점 선언을 통해 적대 행위 금지에 합의한 바 있다. 분쟁이 심화되는 경우, 제3국이나 국제기구가 중재자로 나서서 갈등을 해결하는 것도 좋은 방법이다. 남북 간 갈등이 심화될 때는 국제 연합(UN)이나 중립적인 국가가 개입해 중재자 역할을 할 수 있다. 이는 신뢰를 구축하고 외교적 해결책을 모색하는 데 도움이 된다.

우리나라는 2020년에 탈북민 단체들이 북한에 삐라를 날리는 것을 규제하는 「대북전단살포금지법」을 통과시켰던 바 있으며 이러한 조치는 갈등을 예방하는 데 기여할 수 있다.

그 밖에 기술적으로 우리 항공영역에 들어오는 순간 드론 관련 법령체계 정비로 안티드론시스템을 활용하는 법적 근거를 마련해 보는 것도 생각해 볼 필요가 있다. 테러는 어디까지나 우리 국민의 존엄과 가치를 위협하는 묵과할 수 없는 범죄이고 국가는 국민을 보호하여야 하기 때문이다. 조속한 시일 내에 북한의 오물테러 대응을 계기로 「반테러법」 입법이 이루어지기를 국회에 촉구한다.

뉴스핌, 2025. 2. 25.

'고령화 시대', 약가 결정제도 도입 필요하다

21대 국회 임기 만료로 폐기된 바 있었으나 뜨거운 감자로 논의되었던 「제약특허 존속기간연장제도를 변경하기 위한 특허법 개정안」(정일영 의원 대표 발의, 의안 번호 제2121189호)은 반드시 지난 국회에서 처리되었어야 할 필수 입법이었다고 생각된다.

특히 최근 졸겐스마와 같은 혁신 신약 사례 앞에서 개발에 대한 기쁨도 잠시일 뿐이고 제약특허 존속기간 연장에 따른 장기간 고가의 신약 가격 앞에 환자와 환자의 가족들은 그림의 떡이나 다름없는 상황에 직면하게 되는 것을 보았다.

이와 같이 제약산업의 특수성을 인정받아 규정되어 온 "제약특허 존속기간 연장제도"가 '생명'이라는 근본적 가치보다 앞설 만한 가치가 있는지 재검토가 필요한 시점이 아닌가 생각된다.

우리나라는 현재 의료보험 누적적자로 개혁이 불가피한 상황에 놓여 있고 2023년 고령화 인구 950만 진입 시대에 국민의 생활과 가장 밀접한 관계를 맺고 있는 의약품의 가격은 특허제도와 무관하지 않으며, "제약특허 존속기간 연장제도"는 의료보험 제도의 국가 부담과 직접적인 인과관계가 있다.

이와 관련하여 연장된 제약특허의 최장 존속기간에 대하여 미국과 중국은 14년, 유럽은 15년을 초과할 수 없다는 최장 한도의 제한 규정을 두고 있지만 우리나라 현행 「특허법」에는 이와 같은 연장된 존속기간의 최장 한도의 제한 규정이 없기 때문에 값싼 제네릭 의약품(바이오시밀러)이 원활하게 공급되지 못한다는 문제점이 있다.

　이러한 문제점을 해결하여 국민 건강의 증진을 촉진하고 우리나라 제약사의 이익도 함께 도모할 수 있는 글로벌 수준의 존속기간 연장제도의 개선이 필요하다.

　특히 고령화 사회와 의료보험 누적적자를 감안하여 국가가 보전할 수 있는 의약 단가가 설정될 수 있도록 캐나다의 의약품 단가 보호제도와 일본의 약가 결정제도에서 시사점을 바탕으로 (i) 연장된 존속기간의 최장 한도제한 규정의 도입, (ii) '식약처장의 승인을 얻어 실시한 임상시험기간'의 전체 기간이 아니라 특정 제한조건하에의 산정(미국과 같이 임상시험기간의 1/2) 기준의 도입, (iii) 존속기간 연장된 특허권의 효력 범위를 미국과 같이 '유효성분'으로 한다는 한정 규정의 도입을 적극 검토할 필요가 있다.

　현재 의료보험 재정이 적자로 전환되었으며, 신약 등의 약값이 이에 큰 부담을 가장 많이 주고 있는 것이 사실이다. 이에 따라 「특허법」 개정을 통해 제약특허 존속기간 연장제도를 합리적으로 조정할 필요가 있다.

　이를 위해서는 첫째, 미국·EU·중국처럼 단일 특허권의 존속기간 연장만 허용하고, 연장된 총 존속기간을 14년을 초과하지 않도록 제한해야 한다.

　둘째, 임상시험기간 전체가 아닌 1/2만을 연장기간에 포함하도록 조정할 필요가 있다. 셋째, 특허권의 효력범위를 '허가받은 물건'이 아닌 '유효성분'으로 한정해야 한다. 넷째, 캐나다처럼 존속기간을 5년에서 2년으로 단축하는 방안도 검토할 필요가 있다.

이와 함께 의약품 가격 결정을 위한 「국민건강보험법」 개정도 필요하다. 신약 가격을 제약사가 결정하는 구조는 의료보험 적자의 주요 원인이 될 수 있으며, 캐나다와 일본처럼 국가가 약가 결정을 조정할 법적 근거를 마련해야 한다.

우리나라 노인 빈곤율이 OECD 국가 중 가장 높은 점을 고려할 때, 의약품 가격 안정과 공공의료 시스템 개선이 시급하다. 동시에, 신약 개발을 위한 연구개발(R&D) 지원과 국제 협력도 지속되어야 한다.

따라서, 국제협약을 준수하면서 의료보험 재정 안정을 위한 법·제도적 개선을 추진해야 하며, 이를 통해 고령화 사회에 대비한 제도적 기반을 마련해야 하므로 「국민건강보험법」에 약가 결정 규정을 적극적으로 검토하여야 한다.

뉴스핌, 2025. 3. 4.

'식탁 혁명', 정보보안 없이 이루어지지 않는다

디지털 혁신은 우리 삶의 모든 영역을 변화시키고 있으며, 식탁 또한 예외가 아니다. 미국 보스턴의 로봇식당 '스파이스'에서는 7대의 로봇이 요리를 제조하며, 단 1시간 만에 200인분의 음식을 완성한다.

또한, 식품의 성분을 분석하는 스캐너 '텔스펙'과 건강한 식습관을 유도하는 스마트포크 '하피포크' 같은 혁신적인 기술이 등장은 우리의 식사 방식을 바꾸어 놓고 있다.

이미 IT에 익숙한 청년들은 자신들의 식품에 대해 칼로리와 영양소 확인을 식사 전 필수적으로 하고 있으며, 이를 데이터화하는 일도 익숙하다.

하지만 이러한 변화가 정보보안 측면에서 새로운 위협을 초래할 수 있다는 점도 간과해서는 안 된다.

스마트 식품 기술은 편리함과 건강을 동시에 제공하지만, 이는 필연적으로 방대한 양의 개인정보와 식습관 데이터를 수집한다. 예를 들어, 텔스펙은 사용자의 식단 정보를 분석하여 건강 상태를 추적할 수 있으며, 하피포크는 개인의 식사 속도와 식습관을 기록한다.

이러한 데이터는 개인의 건강 상태를 비롯한 민감한 정보를 포함할 수 있어 해킹의 주요 표적이 될 가능성이 크다. 만약 이러한 정보가 유출된다면, 건강보험사, 제약회사 또는 광고업체가 이를 악용할 위험은 분명 존재하며, 데이터를 안전하게 보호하기 위한 강력한 보안 체계가 필수적이다.

로봇이 운영하는 식당도 보안 문제에서 자유롭지 않다. 스파이스처럼 자동화된 식당에서는 로봇이 음식 주문을 받아 요리를 완성하는 과정이 모두 네트워크를 통해 이루어진다. 하지만 이러한 시스템이 사이버 공격에 취약할 경우, 해커는 시스템을 얼마든지 조작하여 음식의 조리 과정을 방해하거나, 재료 정보를 변경하여 소비자에게 위험을 초래할 수 있다.

또한, 고객의 결제 정보가 유출될 경우, 금전적 피해로 이어질 가능성도 분명 존재한다. 이를 방지하기 위해서는 암호화된 데이터 전송, 다중 인증 시스템, 그리고 취약성 분석을 자주 하는 보안 점검은 필수적이다.

음식 낭비를 줄이기 위한 공유서비스 역시 정보보안 측면에서 고려해야 할 사항이 많다. 이러한 플랫폼은 사용자 간 음식 공유를 촉진하지만, 사용자 인증 절차가 미흡할 경우 개인정보 유출 및 악성 사용자에 의한 사기가 발생할 위험이 있다.

특히, 사용자가 제공하는 음식의 안전성과 위생을 보장하는 과정에서 가짜 리뷰, 허위 정보 입력 등의 문제가 발생할 수 있는데 대부분의 사용자는 검증되지 못한 정보를 그대로 믿을 확률이 높다. 따라서 신뢰할 수 있는 인증 시스템과 데이터 무결성을 보장하는 기술이 점점 더 필요하다.

식탁혁명은 단순히 맛과 편의성을 넘어 건강과 환경, 그리고 지속가능성까지 고려하는 방향으로 발전하고 있다. 하지만 이러한 혁신이 안전하게 지속되기 위해서는 정보보안이 반드시 수반되어야 한다. 데이터 암호화, 안전한 네트워크 구축, 그리고 인공지능 기반의 보안 시스템 도입을 통해 스마트 푸드 산업이 신뢰할 수 있는 환경에서 발전할 수 있도록 해야 한다.

결국, IT혁명은 음식점, 식탁에서부터 시작되었고, 많은 인간들의 일자리를 대체하여 키오스크와 로봇이 그 자리를 대신하고 있지만 그에 따라 밀려난 인력을 보안인력으로 양성하여 이제는 이를 안전하게 지키는 것이 우리의 과제가 되었다.

우리나라 「개인정보 보호법」은 유럽의 GDPR(General Data Protection Regulation)과 비교해도 강력한 규정을 갖추고 있지만, 스마트 푸드 산업의 특수성을 반영한 세부 규정과 보안 대책은 부족한 실정이다. AI 기반 맞춤형 식단 추천 서비스 및 스마트 레스토랑에서는 소비자의 건강 정보, 식습관, 결제 정보가 저장될 수 있고 스마트 공급망 시스템에서 블록체인 및 IoT 기기를 사용하지만, 해킹을 통해 데이터가 변조될 경우, 식품 원산지 조작, 유통 기한 위조 등의 문제가 발생할 수 있다.

스마트 푸드 시스템은 대부분 클라우드 환경에서 데이터를 저장하고 분석하므로 점차 클라우드 보안은 산업보안에서 가장 중요한 보안으로 자리 잡아 가고 있다. 무엇보다도 IT 환경에 피로감을 느끼는 소비자에게 식탁과 같은 생명과 관련된 분야의 민감정보를 사용자의 동의를 명확히 받지 않고, 다크패턴화하게 된다면 소비자는 이를 알 길이 없으므로 데이터 활용의 투명성을 기업들이 보장할 수 있도록 정부의 대책이 절실하다.

이른 시일 내에 식품 데이터 보호 기준을 마련하고, 식탁 스마트 기술에 있어 IoT 및 AI 보안 정책을 강화하며, 소비자가 데이터 활용을 직접 통제할 수 있는 시스템을 도입하기를 촉구한다.

뉴스핌, 2025. 3. 11.

법적 해석 미룬 AI 미술, 창작과 유통 혼란 초래

과거 예술은 인간의 창의성과 감성을 표현하는 독점적인 영역이었다. 그러나 최근 인공지능(AI)이 미술 창작에 활용되면서, 인간과 기계의 경계를 넘나드는 새로운 예술적 논의가 등장하고 있다.

대표적으로 2018년, AI가 생성한 회화 「Edmond de Belamy」가 경매에서 43만 달러에 판매되면서, 인공지능 미술의 가능성과 한계를 둘러싼 논쟁이 촉발되었다.

AI 미술은 기존 데이터를 학습하여 새로운 이미지를 생성하는 방식으로, 인간의 직관적 창작 과정과는 본질적으로 다르다. 그렇다면 AI 미술과 인간 미술은 어떻게 다를까?

과연 AI 미술과 인간 미술은 공존할 것인가? 인간 미술을 대체할 것인가? AI 미술은 대량의 데이터를 학습하여 패턴을 분석하고 새로운 조합을 만들어 내는 방식을 사용한다. 생성적 적대 신경망(GAN, Generative Adversarial Network) 같은 기술을 이용하면, AI는 다양한 화풍을 학습한 후 이를 기반으로 새로운 이미지를 생성할 수 있다.

예를 들어, AI는 르네상스 화풍을 분석하여 이를 바탕으로 '르네상스 스타일의 새로운 작품'을 창작할 수 있다. 하지만 이러한 창작 과정은 어디까지나 기존 데이터를 조합하는 수준에 머문다.

반면, 인간 미술은 감정, 경험, 철학적 사고를 바탕으로 한다. 고흐의

「별이 빛나는 밤」은 그의 감정과 정신 상태를 반영한 작품이다. 인간의 창작은 외부 데이터를 단순히 조합하는 것이 아니라, 개인의 내면과 사회적 맥락을 반영하며 독창적인 메시지를 담는다.

즉, AI 미술은 데이터에 불과하지만 인간의 미술은 의도를 가지고 왜 그러한 작품이 나오는가를 설명할 수 있는 것으로 큐레이션 분야가 점점 더 중요해질 것으로 보인다.

창의성이란 기존에 없던 새로운 개념을 만들어 내는 능력을 의미한다. AI와 인간 미술의 가장 큰 차이점은 "완전히 새로운 개념을 만들어 낼 수 있는가?"라고 볼 수 있다. AI는 학습한 데이터에서 패턴을 찾아내고 이를 변형하는 방식으로 그림을 그린다. 즉, 기존의 화풍을 조합하거나, 특정 스타일을 따라 하는 것은 가능하지만, 전혀 새로운 미술 운동을 창조하는 것은 불가능하다.

AI는 인상주의와 초현실주의를 결합한 작품을 만들 수 있지만, 입체파(Cubism)처럼 완전히 새로운 예술 사조를 창조할 수는 없다.

반면, 인간은 기존 개념을 파괴하고, 새로운 예술적 흐름을 창조할 수 있는 능력을 갖고 있다. 피카소(Picasso)는 입체파를 창조하며 기존의 화풍을 해체하고 전혀 새로운 형태의 미술을 탄생시켰다. 마찬가지로, 마르셀 뒤샹의 「샘」은 기존 예술 개념에 도전하며 현대 미술의 패러다임을 바꾸었다.

예술 작품은 단순히 시각적으로 아름다운 것에 그치지 않는다. 인간이 창작하는 미술은 철학적·사회적 메시지를 담아내며, 감정과 경험을 표현하는 수단이기도 하다. 예를 들어, 고야의 「1808년 5월 3일」은 전쟁의 참혹함을 고발하는 메시지를 담고 있는데 이처럼 인간의 미술은 감정, 철학, 역사적 맥락과 연결되어 있는 반면 AI가 전쟁을 주제로 한 그림을 생성한다고 해도, 그것이 전쟁의 비극을 표현하려는 의도를 가졌다고 해석할 수는 없다.

결국 AI는 산출물을 기계적으로 만들지만, 그 결과물에 담긴 의미를 스스로 해석할 수 있지는 않다. 그럼에도 불구하고 AI는 미술가의 창작을 돕는 도구로 활용될 가능성이 크다. AI 미술은 빠르게 발전하고 있으며, 창작 과정에서 중요한 역할을 할 수 있는 것이 사실이다. 하지만 완전히 새로운 예술 사조를 창출하거나, 예술 작품에 철학적 의미를 부여하는 것은 여전히 인간의 영역이다.

인공지능(AI)이 창작한 미술 작품이 점점 증가하면서, 법적 해석에 대한 논의도 활발해지고 있다. AI는 기존의 데이터를 학습하여 새로운 이미지를 생성할 수 있지만, AI가 만든 작품을 법적으로 저작물로 인정할 수 있는 문제는 아직 논쟁 중이다.

그저 인간의 기여가 약간이라도 있기 전에는 AI 산출물에 불과하여 어떤 법적 지위도 줄 수 없다는 것이 기존의 입장이다. 그럼에도 불구하고 AI 미술 플랫폼이 우후죽순 생겨나고 프롬프트를 복제하여 같은 AI 미술을 복제하는 행위가 위법인지에 대한 해석은 빠른 시일 내에 마련해야 할 필요가 있다.

더 나아가 AI 출처 표시를 해야 한다는 이야기가 업계에 들리면서 만화, 웹소설 등에서 가독성이 떨어질 정도로 AI 출처 표시를 하는데 이를 UI 환경에 이렇게 적극적으로 보이는 것이 좋은지 여부도 고민해 볼 필요가 있다.

사진저작물은 다른 음악저작물이나 문학저작물보다 쉽게 저작권을 인정하지 않지만 창작성이 인정되는 표현이 있다면 저작물로 본다. AI를 이용하여 만드는 저작물도 이에 다를 바 없다.

결국 도구를 목적화하는 우를 범하는 경우 우리는 기술(AI산업)도 새로운 예술품 시장도 모두 놓칠 수 있음을 잊어서는 안 되겠다.

카메라가 처음 나왔을 때 카메라로 사진을 찍으면 인간의 영혼이 파괴된다는 우려처럼 AI로 저작하는 미술에 대한 막연한 두려움으로 인해 AI 산출물 중 경제적 가치가 있는 작품들이 무단으로 활용되지 않도록 하는 유통 질서가 빠르게 필요하다.

뉴스핌, 2025. 3. 18.

NPE 등록제 도입, 중소기업 기술 보호의 열쇠

최근 글로벌 특허 생태계에서 표준필수특허(SEP)와 특허소송 남용이 중소기업의 기술개발과 경영에 심각한 장애로 작용하고 있다. 그 중심에 바로 비실시기관(NPE: Non-Practicing Entity), 일명 '특허괴물'(Patent Troll)이 있다. 이들은 직접 제품이나 서비스를 생산하지 않으면서, 특허권만을 무기로 무차별적인 소송과 과도한 로열티 요구로 기업들의 기술 활동을 위축시키고 있다. 이에 따라 우리나라에서도 NPE 등록제를 시급히 도입할 필요성이 커지고 있다. NPE 등록제는 특허를 직접 실시하지 않으면서도 소송이나 라이선스를 통해 수익을 창출하는 기업들을 대상으로 그 실체를 등록하고 공개하는 제도다. 이 제도를 통해 누가 특허를 보유하고 있는지, 어떤 경로로 특허를 취득했는지, 소송이나 라이선스를 통해 어떤 행위를 했는지를 파악할 수 있게 된다. 마치 산탄총을 쏘듯 무차별적으로 소송을 제기하는 '샷건 소송'(Shotgun Litigation)을 방지하고, 특허 시장의 투명성과 책임성을 확보하는 데 기여할 수 있다. 현재 미국, EU 등 주요국에서도 NPE 규제와 투명화 요구가 확산되고 있다. EU는 2023년 표준필수특허 규제 개편안을 통해 NPE와 SEP 보유자에 대한 등록, 정보 공개, 로열티 기준 설정 등을 포함시켰고, 미국도 소송 남용 방지를 위한 정보공개 의무를 강화하고 있다.

반면, 우리나라는 아직 공식적인 NPE 등록제는 존재하지 않는다. 특허청과 과학기술정보통신부, 공정거래위원회 등에서 도입 필요성을 검토 중이며, 국회에서도 관련 입법이 논의되고 있으나 아직 구체적 제도는 마련되지 않았다. 우리나라에서도 이미 중소기업을 대상으로 한 해외 NPE의 공격적 특허 소송 사례가 증가하고 있다.

특히 특허권의 실제 보유자나 자금출처를 알 수 없는 구조로 인해 기업들이 협상에서 불리한 위치에 놓이고 있으며, 불필요한 법적 분쟁과 과도한 로열티 부담을 감수해야 하는 현실이다. 이로 인해 기술개발을 주력으로 하는 중소기업일수록 혁신을 포기하거나 사업 확장을 꺼리는 악순환이 발생하고 있다. 따라서 다음과 같은 방향으로 NPE 등록제를 도입할 필요가 있다. 첫째, 일정 규모 이상의 특허 보유 및 소송 활동을 하는 NPE에게 등록 의무를 부과하고, 실제 운영 주체와 특허의 이전 경로, 자금 출처 등을 공개하게 해야 한다. 둘째, 특허 양도·양수 시 일정 금액 이상일 경우 거래 내용을 신고하게 하여 투명성을 확보해야 한다. 셋째, 허위 등록이나 등록 회피 시 과태료 및 소송상 불이익을 부여하는 실효성 있는 제재 수단도 병행되어야 한다. 이는 단순히 특정 기업을 규제하기 위한 제도가 아니라, 정당한 기술보호와 불공정한 소송 남용을 구별해 기술 생태계를 건강하게 유지하기 위한 최소한의 장치다. 특히 중소기업 보호라는 공익적 가치를 실현하고, 기술개발 기반을 강화하며, 나아가 국가경쟁력을 확보하기 위해서도 반드시 필요한 제도라 할 수 있다.

이제는 더 이상 늦출 수 없다. NPE 등록제를 조속히 도입하여 우리 기술 산업 생태계가 공정하고 지속 가능한 방향으로 나아갈 수 있도록 제도적 기반을 마련해야 할 시점이다.

뉴스핌, 2025. 3. 25.

우주발사체 기술유출…「연구보안법」시급성 대두

항공우주연구원의 최근 기술 유출은 최초 사고가 아니었다. 혐의를 받는 연구원 중 1명은 수사 시작 직후 퇴사해 민간 발사체 기업으로 이직한 것으로 알려졌다. 이것은 모든 연구를 최고 수위의 연구보안을 적용하자는 것은 아니지만 가장 시급한 것은 보안과제와 일반 연구과제를 구별하는 체계를 마련하는 것이다. 연구보안에 있어 일반과제와 보안이 고도로 필요한 연구과제를 구별해야 하는 이유는 첫째, 모든 연구에 동일한 수준의 보안조치를 적용하면 불필요한 행정 부담과 비용이 발생하기 때문이다. 반대로 보안이 민감한 연구에 일반 수준의 보안을 적용하면 정보 유출, 기술 탈취 등 국가적 피해가 발생할 수 있다.

특정 연구과제는 국방, 우주, 첨단 반도체, AI, 양자기술 등 국가 전략 기술과 밀접한 연관이 있으며, 해외 유출 시 국가안보에 중대한 위협이 될 수 있다. 이러한 기술은 외국의 경제적·군사적 목표 대상이 되기 쉬워, 보다 엄격한 보안 조치와 통제가 필요하다.

따라서 정부는 연구의 특성과 보안 위험도를 구분하여 맞춤형 보안 조치를 적용하는 것이 필수적이고 이에 대한 의견 조율이 필요하다면 연구과제를 하고 있는 정부부처가 모여 기본 협의체를 마련하여야 한다.

둘째, 모든 연구에 지나치게 엄격한 보안 기준을 적용하면, 연구자들의 자유로운 협업과 아이디어 교류를 저해할 수 있다.

실제 학문의 자유는 많은 정보를 수렴함으로써 보다 사회의 진보와 개인의 기본권에 도움을 주는 자유이다. 그러므로 일반과제에 대해 과도한 보안 조치를 강제하지 않음으로써, 기초연구와 창의적 탐구 환경을 보장할 수 있다. 국가마다 연구보안 관련 법제(예: 미국의 CFIUS, CHIPS and Science Act, 일본의 외환법 등)는 민감 기술에 한해 특정 규제와 통제를 요구하나 우리나라의 연구보안 관련 법령인 「국가연구개발혁신법」과 국내외 유출을 대응하는 「산업기술보호법」 등에 이러한 내용은 보완이 필요하다. 즉, 기술의 종류에 따라 개별법에서 기술 분야에 따라 별도 보호조치를 요구하는데 이는 연구과정에서도 마찬가지로 적용되므로 동일하게 연구보안을 요구할 수는 없는 일이다.

셋째, 보안민감 과제는 해외 연구기관이나 기업과의 협력 시, 정보공유나 접근 제한의 대상이 될 수 있다. 체계적인 분류와 보안조치를 마련하지 않고 모든 것을 사적 판단에만 맡긴다면 국제 연구 파트너로부터 신뢰를 얻기 어려우며, 협력 기회가 제한될 수 있다. 특히 최근 들어서는 연구개발에 있어 국제적인 공동연구개발계약이 많이 이루어지고 있으므로 위험기반 접근(Risk-Based Approach)의 실현을 위해 보안 정책은 모든 위험에 동일한 대응을 하기보다, 위험 수준에 따라 차등적 대응하는 것이 가장 효과적이다. 그러므로 연구보안에서도 과제의 위험도(정보 민감성, 활용 가능성, 유출 시 영향 등)를 평가해 대응 수준을 달리할 필요가 있다.

연구자가 신고 없이 기술을 외부로 유출하는 경우 처벌 수위를 강화하는 것도 방법이 될 수 있다. 실제로 국가 R&D 성과 및 기술의 무단 유출에 대해 형사처벌이나 제재 수위가 낮은 경우, 내부 통제와 경각심 유발에 한계가 있다. 특히 항우연과 같이 최근 정부출연연구기관(출연연)에서 기술이 유출되었을 때, 형식적인 내부 징계나 사법 절차의 어려움으로 인해 실효성이 떨어진다는 지적이 지속되고 있다.

해당 기술을 가진 연구자가 적어 민간 기업 이직하면 그만이라는 생각이 팽배하다. 그리하여 2023년, 항우연의 전 원장을 포함한 연구원 10여 명이 민간기업으로의 이직을 추진하였으며, 이 과정에서 기술 유출 우려가 제기되었음에도 2025년 동일한 사건이 발생하게 된 것이다. 적발되더라도 경고, 정직 등으로 끝나는 경우가 다수이다. 기관 간 재취업 사례도 존재한다는 것은 매우 심각한 문제가 아닐 수 없다.

「산업기술의 유출방지 및 보호에 관한 법률」(산업기술보호법)의 경우 출연연에서 개발한 기술이 국가핵심기술로 미지정되었을 경우 동법의 적용에 어려움이 있으므로 국가 R&D 기술 중 일정 요건을 갖춘 기술도 보호 대상으로 포함하여 사전신고 없이 외국과 공동연구를 추진한 경우 형사처벌 조항 신설이 필요하다. 또한 출연연 포함 공공기관에서의 기술 유출에 대한 별도 가중처벌 규정 마련이 필요하다. 연구보안과 관련된 기본법은 「국가연구개발혁신법」이나 과기부 중심의 법인 데다가 기술을 유출하여 피해가 없는 경우 처벌조항이 없고 과제관리 위주로 접근하고 있어 산출물에 대한 보호가 미흡하다.

그러므로 국가연구개발성과의 무단 제공, 이전, 유출 그 자체를 형사처벌 대상으로 명시하고 연구책임자와 기관장의 보안관리 책임 위반 시 양별 규정 등을 두는 제재 근거를 마련하며 성과 유출 시 연구비를 환수하거나 연구자격을 제한하는 등의 다른 강력한 행정 제재 수단 강화가 없다면 연구자들의 보안 해이에 대해서 또는 중요한 연구산출물의 유출에 대해서 대응하기 어려워 보인다. 끝으로 「형법」 및 「부패방지권익위법」 등 출연연이 공공기관이므로, 공무원 유사 지위로 적용 가능한 범죄로 의제하여 업무상비밀누설죄 등 일반 형법 조항 적용을 확장하는 것도 생각해 볼 수 있겠지만 실무상 검사가 이를 입증하기는 쉽지 않을 것으로 보인다.

그러므로 별도의 「국가 R&D 기술유출 방지 특별법」 제정, 연구보안의 기본법을 제정하여 의심되는 금융의 흐름이 국내뿐 아니라 외국 등에서 흘러오는 연구자들을 단속하고 정확히 유출된 기술과 정보가 무엇인지 알지 못하더라도 보안절차를 위반하는 경우 이를 제지하는 노력이 필요하다.

뉴스핌, 2025. 3. 26.

특허 괴물 전략 변화… 법적 대응 필요성 대두

특허 트롤(Patent troll: 특허괴물)이 기존 법적 규제를 우회하는 새로운 전략을 개발하면서, 이에 맞춘 지속적인 법적 대응이 필요하다. 현재 「특허법」 및 「공정거래법」에서도 특허권 남용을 일부 규제하고 있지만, 보다 강력한 대응을 위해 입법 개정이 필요하다. 이에 대한 구체적인 개정 방안을 제안한다.

첫째는 특허청(KIPO)에서 신속한 특허 무효화 심사를 진행하도록 개정하는 것이다. 현재 「특허법」에는 무효심판 및 직권 무효 심사 제도가 존재하지만, 특허 트롤이 소송을 제기하는 동안 무효 심사가 지연될 가능성이 있다. 특허 무효 여부를 신속하게 판단할 수 있도록 "신속 특허 무효 심사 제도"를 도입하여 소송 제기 전이라도 선제적으로 특허를 무효화할 수 있도록 개정이 필요하다. "무분별한 특허 소송에 대한 무효 심사 우선 처리 조항" 신설, 특허 무효 심사의 기간을 단축(예: 6개월 이내 결정), 특허 심사 과정에서 AI 기반 데이터 검토 도입(중복된 특허를 쉽게 발견하도록 지원) 등이 요구된다.

둘째는 특허 소송 남용에 대해 현재보다 더 강력한 처벌 조항을 규정하는 것이다. 특허 트롤이 무차별적 소송을 제기할 경우, 강력한 페널티

부과가 필요한데, 미국의 SHIELD Act처럼 근거 없는 특허 소송을 제기한 특허권자에게 소송 비용을 전액 부담시키는 법 조항을 신설하고 현재 특허 소송에서는 소송 비용 부담 규정이 상대적으로 약하여, 특허 트롤이 일단 소송을 제기한 후 상대 기업이 비용 부담을 이유로 합의하는 전략을 활용할 수 있다. 그러므로 패소한 특허 트롤이 상대방의 소송 비용을 전액 부담하도록 법을 개정하고 소송 남용 기업(특허 트롤)이 반복적으로 소송을 제기할 경우, 과징금 부과 조항 추가할 필요가 있다. 특허권자가 악의적으로 무효 가능성이 높은 특허로 소송을 남발할 경우, 특허권 제한 또는 취소 가능하도록 법을 개정하고 특허 라이선스 계약의 투명성을 강화할 필요가 있다.

셋째는 「공정거래법」 개정을 통한 FRAND 원칙을 준수하지 않은 특허권자를 제재하는 것이다. 표준필수특허(SEP) 보유 기업이 FRAND 원칙(Fair, Reasonable, and Non-Discriminatory)을 위반하는 경우, 공정거래위원회(FTC)에서 불공정 거래로 규제할 수 있도록 「공정거래법」을 보다 강하게 개정할 필요가 있다. 특허 트롤이 라이선스를 불공정하게 요구하는 경우, 「공정거래법」 적용이 어렵기 때문에 이를 명확히 하는 개정안이 필요하다. 이때 특허 라이선스 계약을 공정거래위원회에서 검토할 수 있도록 법을 개정하고 불공정한 특허 라이선스를 요구하는 행위를 「공정거래법」상 '불공정거래행위'로 명시할 필요가 있다. 특허 트롤이 비합리적인 라이선스 비용을 요구할 경우, 과징금 부과 가능하도록 조항 신설할 필요가 존재한다.

넷째는 다중 피고 소송 제한 및 샷건 소송 방지법을 「민사소송법」을 통해 개정하는 것이다. 특허 트롤이 다수의 기업을 한꺼번에 소송하는 것을 제한할 필요가 있다. 미국「AIA 법」처럼 다중 피고 소송을 제한하는 조항을 신설하여, 특허 트롤이 무작위로 다수의 기업을 소송하지 못하도록 규제하는 것이다. 현재 우리나라에서는 샷건 소송(Shotgun Litigation)에 대한 명확한 규제 조항이 없다. 즉, 다중 피고를 한꺼번에 소송하는 것을 금지하고, 개별 심사 후 허용 여부를 판단하고 특허 침해 소송을 제기할 때, 소송의 근거를 명확히 제시해야 하며, 근거 부족 시 소송을 기각하여야 한다. 다중 피고 소송 시, 법원이 무작위 소송 여부를 판단하여 필요시 선별적으로 소송을 병합 처리하도록 조항을 신설하여야 한다.

다섯 번째는 NPE(Non-Practicing Entity, 특허 트롤) 등록제를 도입하여「특허법」상 투명하게 특허권자들을 구별할 수 있도록 하는 것이다. 특허 트롤(NPE)을 정부 기관에 등록하도록 의무화할 필요가 있는데 특허 트롤이 시장을 장악하기 위해 특허를 매입한 후 대규모 소송을 제기하는 문제를 방지하기 위해, NPE 등록제를 도입하여야 한다. 기업이 특허 라이선스를 요청할 때, NPE의 실체적 정보를 공개하도록 의무화할 필요가 있다. 특허 트롤(NPE)은 특허청에 공식 등록하도록 법을 개정하고 NPE의 특허 소송 남용을 막기 위해, 라이선스 계약을 투명하게 공개하도록 법을 개정하여야 한다. 또한 NPE가 기업에 특허 소송을 제기할 경우, 소송 제기 이유 및 근거를 사전에 제출하도록 법을 개정하여야 한다.

여섯 번째는 정부 차원의 특허 방어 펀드(Defensive Patent Fund) 조성하여 중소기업 및 스타트업을 보호하기 위한 특허 방어 기금을 설립하는 것이다. 특허 트롤은 대기업보다는 법적 대응력이 부족한 중소기업 및 스타트업을 주로 공격하는 경향이 있는데 이에 대응하기 위해 정부 차원의 "특허 방어 펀드"를 설립하여, 중소기업이 특허 소송을 방어할 수 있도록 지원한다. 중소기업이 특허 트롤과 소송할 경우, 정부가 소송 비용 일부를 지원하고 특허 무효 심사 시, 정부 또는 공공기관이 개입하여 방어 지원이 가능하다. 정부 주도의 NPE 활동 감시 및 기업 피해 신고센터를 운영할 필요가 있다. 특허 트롤 문제는 지속적으로 변화하고 있으며, 한국에서도 이에 대응하기 위한 법 개정이 필요하다. "특허 소송 남용 억제", "특허 라이선스 투명성 강화", "특허 트롤 등록제 도입" 등의 법적 조치를 통해 특허 트롤을 효과적으로 방지할 수 있다. 우선 특허 무효 심사 강화로 특허 트롤이 남용하는 특허를 신속 무효화, 둘째, 특허 소송 남용 방지 방식, 패소한 특허 트롤이 소송 비용 전액 부담, 셋째, FRAND 원칙 준수, 불공정 특허 라이선스 금지, 넷째, 샷건 소송 제한, 다중 피고 소송 제한이 있다. 다섯째 NPE 등록제 도입, 특허 트롤 등록 및 라이선스 공개 의무화할 필요가 있다. 여섯째, 특허 방어 펀드 조성, 중소기업 소송 지원이다. 이러한 제도적 개혁을 통해 한국도 특허 트롤 문제를 효과적으로 방지하고, 혁신적인 기업 환경을 조성할 수 있을 것이다.

뉴스핌, 2025. 4. 1.

코로나19 재유행, 백신 민족주의의 역사적 교훈

다시 코로나19가 유행하고 있다. 그런데 이미 코로나19에 대한 경각심은 사라진 지 오래고 그러한 위기 이후 우리나라의 백신지원정책은 그 자리를 답보하고 있는 것으로 보인다. 코로나19로 인해 전 세계는 백신 민족주의를 똑똑이 목격했다. 이는 자국 국민에게 백신을 우선 공급하고 타국에는 제한적으로만 제공하려는 국가 중심적 태도를 말하는데 코로나19 팬데믹 동안 뚜렷하게 드러난 현상이다. 백신 민족주의는 한 국가가 백신의 개발, 구매, 유통, 접종에 있어서 자국의 이익을 우선시하고, 다른 나라의 접근성을 고려하지 않는 정책 또는 관행으로 선진국 중심의 사재기가 뚜렷이 나타났다.

백신이 개발되자 일부 부유한 국가는 자국민을 위해 과도하게 선구매했는데 예를 들어 미국, 영국, EU 등은 인구수의 몇 배에 달하는 백신을 확보하였다. 개발 도상국과 저소득 국가는 백신 확보에 어려움을 겪으며 접종률이 극히 낮아졌다. 이에 COVAX가 등장하였으나(공평한 백신 배분을 위한 국제 협력체) 한계도 명확했다.

백신 민족주의의 문제점은 첫째, 세계적 집단면역이 심각하게 지연되었다. 특정 국가에만 백신이 집중되면 다른 지역의 확산이 지속되었던 것이다. 둘째, 변이 바이러스 확산 가능성이 증가하였다. 백신 미접종 지역에서 지속적으로 변이가 발생해 전 세계로 확산될 수 있었다. 셋째, 국제적 불신이 증가하여 백신의 정치화로 국제 협력이 약화되고 외교적 갈등이 심화되었다.

또한 심각할 정도로 윤리적·정치적 논쟁이 가속화되었는데 백신을 공공재로 볼 것인가 민족 우선주의로 볼 것인가에 대한 심각한 논의가 존재하였다. 즉, 백신을 전 인류의 공공재(Global Public Goods)로 볼 것인지, 아니면 국가가 자국민을 우선 보호해야 할 주권의 문제로 볼 것인지에 대한 갈등이 존재한다.

예를 들어 미국은 'Operation Warp Speed'를 내세워 트럼프 행정부가 자국 제약사에 대규모 투자하여 백신 개발을 촉진하고, 자국민 우선 공급 원칙을 고수하였는데 화이자·모더나 등과 사전 구매 계약을 체결해 두어 수억 회분을 우선적으로 확보하였다. 유럽연합(EU)은 각국이 개별적으로 백신을 구매하는 것을 막고 공동 구매 체계를 구축했지만, 공급 속도와 형평성 문제로 비판받은 바 있다.

캐나다는 인구 대비 세계 최고 수준의 백신을 확보하는 능력을 보였는데 인구의 5~6배에 해당하는 분량을 계약하는 힘을 보여 주었다. 결과적으로 저소득국가에 배분될 물량을 선점했다는 비판을 받았다. 이스라엘 역시 화이자와 데이터 공유 협약 체결하는 방식으로 보건 데이터 제공 대가로 조기 백신 공급을 받았다. 그러나 국경 내 팔레스타인 지역(서안지구, 가자지구)에는 충분히 공급하지 않아 국제적으로 비판을 가져오기도 했다. 「국제보건법」 및 「인권법」 관점에서 볼 때 WHO 헌장 제1조, 제2조 "모든 인간은 최고 수준의 건강을 누릴 권리가 있다."로서 보편적 접근 보장이 필요하다. 「국제인권법」(ICESCR)제12조는 건강권에 대한 접근은 차별 없이 보장되어야 하며. 백신은 이를 위한 핵심 수단이라고 하였다.

TRIPS 협정 제31조와 도하선언은 지적재산권 보호와 공중보건의 균형으로서 강제실시 등 활용이 가능하다. COVAX의 국제적 지위 조약은 아니라고 할 수 있는데 WHO, GAVI, CEPI가 공동으로 추진한 자발적 협력 프로그램으로 구속력은 존재하지 않는다. 결국 국가의 국민 보호 의무와 글로벌 형평성 사이의 균형 문제가 생겨나면서 백신을 글로벌 공공재로 간주하고, 국제법상 공정한 분배 메커니즘을 제도화할 필요성이 제기되었다. 백신 민족주의는 단순히 이기심의 문제가 아니라 국제정치·경제구조, 제도적 한계, 법적 공백의 결과이기도 한데 팬데믹은 국경을 넘는 연대 없이는 통제될 수 없다는 사실을 드러냈고, 이에 따라 "백신 접근권"을 국제법상 보편적 권리로 제도화해야 한다는 논의가 진행 중이다. 그러나 COVAX(COVID-19 Vaccines Global Access)는 코로나19 백신의 공평한 접근과 분배를 목표로 한 국제 이니셔티브에 불과, WHO(세계보건기구), GAVI(백신연합), CEPI(감염병예방혁신연합)이 전 세계 인구의 20%까지 백신 공급 보장(1단계 목표) 고소득국과 저소득국 모두가 동시에 백신 접종을 시작할 수 있도록 보장하기 위한 목표로 구성되었다.

그러나 참여국을 고소득국(HIC)과 저소득국(LIC, LMIC)으로 구분하고 기여 방식을 고소득국은 자발적으로 기여하며, (선구매 방식) 저소득국은 GAVI를 통한 보조금을 지원하고 WHO의 백신 배분 기준에 따라 각국 인구 대비 일정 비율을 우선 배정하는 방식으로 아스트라제네카, 화이자, 노바백스 등과 계약하였다. 그러나 공급 부족과 지연으로 백신 생산 지연과 수출 규제로 목표는 미달하였고, 선진국의 이중참여 문제가 매우 심각했다. 즉, COVAX에 참여하면서도 별도로 대량 계약 체결해 공급 불균형 심화되었고 Serum Institute가 인도 정부 요청으로 COVAX 수출 중단하면서 저소득국은 큰 타격을 받았다. WTO의 TRIPS(무역 관련 지적재산권에 관한 협정, 1995), 제약사 특허권 보호가 핵심이었으나 2020년 10월 남아공과 인도가 WTO에 TRIPS 협정 일시 유예 제안하여 팬데믹 기간 동안 백신, 치료제, 진단기술 등에 대한 특허 보호를 중단하면서 생산 확대를 꾀하였으나 양 당사자의 주요 쟁점은 뚜렷하였다.

인도, 남아공, WHO, 케냐 등 100개국 이상이 인류 생명을 위해 특허 유예는 정당하며 기술공유 필요를 주장하였으나 EU, 스위스, 일본, 영국은 특허 유예가 혁신에 해가 되며, 공급 문제는 생산·물류의 문제라고 반대하였다. 미국은 초기 반대 입장을 펼쳤으나 바이든 정부는 부분적 지지를 표명하였는데 2021년에는 백신에 한정된 특허 유예 제안을 검토하고자 하였다.

2022 WTO 합의는 한계적 유예로서 백신에 대한 특허 유예에만 합의, 치료제·진단기술은 제외하였는데 기간을 5년간만 한시적으로 유예하였다. 또한 개도국 중심(중진국 제외 우려 존재)으로 사실상 정치적 합의였으나 실효적 영향은 제한적이라는 평가를 받았는데 기술 이전에 대한 강제 장치는 없었기 때문이다.

이에 중국은 백신을 "공공재"로 선언하며 외교 수단으로 활용하는 전략을 펼쳤는데 시노팜(Sinopharm), 시노백(Sinovac), 캔시노(CanSino) 등의 백신을 라틴아메리카, 동남아시아, 아프리카, 중동 등 80여 개국에 무상 기증 + 유상 판매 + 현지 생산 협약을 체결하여 국제적 이미지 제고에 효과를 가져왔다.

그러나 백신의 효능이 논란되었으며 이후 mRNA 백신과 경쟁력 격차가 드러나 자신의 속살을 보여 주었다는 평가를 받았다. 러시아는 스푸트니크 V 백신 조기 승인으로 과학기술 우위를 강조하였는데 동유럽, 남미, 아시아, 아프리카 등 70개국 이상에 기술이전 계약 + 직접 공급을 통해 백신외교를 펼쳤으나 생산 능력 부족, 서방국의 승인 지연, 우크라이나 전쟁 이후 신뢰도가 하락하는 모습을 보였다. COVAX는 형평성과 연대의 상징이었지만, 구조적 한계로 완전한 목표 달성은 어려웠다.

TRIPS 유예 논의는 지식재산권과 인류 건강권 간의 갈등을 부각시켰고, 이후 감염병 대응 체계 개혁 논의로 이어졌다. 중국과 러시아는 백신을 통해 국제적 영향력 확대 도구로 활용했지만, 신뢰성과 투명성 부족이 장기적으로 한계를 드러낸 바 있다. 초중등학교를 중심으로 돌고 있는 코로나19의 새로운 유행은 결코 가벼운 문제가 아니다. 우리나라도 「감염병 예방법」에 근거하여 이와 관련한 백신의 기술이전계약과 직접 생산 능력을 빠르게 갖출 수 있는 체계 마련이 시급하다.

국가	주요 정책	백신 민족주의 여부	국제 협력 참여
미국	Operation Warp Speed로 대량 확보	강함(초기)	COVAX 미가입 → 바이든 정부 이후 기여
EU	공동 구매 체계 → 회원국 간 분배	중간(내부 형평성 문제 있음)	COVAX에 기여
중국	초기에는 자국 우선, 이후 백신 외교 전개	낮음(전략적 백신 외교)	COVAX 기여, 개도국 지원
러시아	스푸트니크V 백신 조기 승인 → 수출 중심	낮음	COVAX와 별도로 백신 외교
인도	Serum Institute 통해 대량 생산, 개도국 지원	중간 → 자국 내 파동 이후 수출 제한	COVAX 최대 생산국 중 하나
이스라엘	조기 확보 성공, 팔레스타인 문제로 논란	강함	제한적 기여

뉴스핌, 2025. 4. 8.

보안비용만 커진 대한민국, 중심은 없다

"사이버 전쟁은 이미 시작됐다." 이 문장은 더 이상 과장이 아니다. 랜섬웨어 공격, 정보 유출, 국가 기반시설 마비 등 사이버 위협은 더욱 치명적이고, 더 빈번하게 발생하고 있다. 기업은 해마다 보안 예산을 늘리고 있으며, 공공 부문도 예외가 아니다. 그러나 정작 무엇을, 어떻게 지켜야 하는지는 여전히 불투명하다. 우리는 지금 무엇을 지키고 있는가? 현장을 들여다보면, 대부분의 보안 예산은 기술적 방어에 집중되어 있다.

방화벽, 백신, 침입탐지 시스템, 보안관제 인력 등이다. 하지만 실제 사이버 공격의 90% 이상은 사람의 실수, 내부 통제 실패, 협력기관과의 취약 연결 지점 등 '비기술적' 영역에서 발생한다. 즉, 보안의 대상과 방식 모두 잘못 설정되어 있는 셈이다.

문제는 제도적 기반에도 있다.

국내 사이버 보안 관련 법은 과도하게 분산되어 있다. 기술 보호와 보안 개념이 혼재된 채로 「첨단전략기술보호법」, 「산업기술보호법」, 「방위기술보호법」, 「대외무역법」, 「부정경쟁방지법」 등으로 분법화돼 있어 일관된 대응이 어렵다.

미국의 사례는 시사하는 바가 크다. 2014년 소니픽처스 해킹 사건, 2015년 OPM(미국 인사관리처) 해킹 사건은 사이버 위협이 국가안보를 직접적으로 위협할 수 있다는 점을 전 세계에 각인시켰다. 소니 해킹 사건은 북한 연계 해커 조직 'Lazarus Group'이 코미디 영화 「The Interview」 상영에 반발해 감행한 공격이었다. 대규모 정보 유출과 기업 명예 실추, 국가 외교 문제로까지 비화되었다. OPM 해킹 사건은 그보다 더 치명적이었다. 2,200만 명의 민감 정보가 유출되었고, 정보기관 요원의 신원이 노출될 위기에 놓였다.

이 사건 이후 미국은 사이버 보안 개혁을 본격 추진하며, 「사이버 보안 정보 공유법」(CISA, 2015)을 제정했다. 핵심은 정부와 민간이 위협 정보를 실시간 공유하고, 이를 통해 사이버 보안의 대응 속도와 범위를 강화하는 것이다. 기업이 정보를 공유하면 법적 책임을 면제받는 '면책조항'도 마련됐다.

이후 미국은 DHS(국토안보부)를 사이버 보안의 중앙 컨트롤타워로 지정하고, AIS(자동 위협 정보 공유 시스템), ISAC(정보공유센터) 체계 등 민관협력 시스템을 구축했다. 연방기관은 FISMA 기준에 따라 보안 점검을 의무화하고, 주요 기반시설 보호, 위기 대응 훈련 등을 통해 전체 국가 차원의 보안 역량을 높였다.

2022년에는 CIRCIA(사이버 인시던트 통지법)를 통해 사이버 사고 발생 시 72시간 이내, 랜섬웨어 지불 시 24시간 이내 신고를 의무화했다. 이는 단순한 신고 의무화가 아니라, 사이버 안보의 명확한 리더십과 조정 권한을 정부에 부여하고, 기업과의 신뢰 기반 정보 공유 문화를 제도화한 사례다. 반면 우리나라는 과기정통부, 행안부, 국정원, 경찰청 등 사이버 보안 관할이 지나치게 분산돼 있다.

민간 기업은 사고 정보를 정부에 공유하기를 꺼려 하고, 정부는 사고 이후 통계 정리에 급급하다. 이 같은 파편화는 비싼 보안비용에도 불구하고 효율적인 방어를 하지 못하는 근본 원인이다. 지금 우리에게 필요한 것은 사이버 보안 예산의 확대가 아니라, 보안 지휘체계의 일원화다. 「국가정보원법」을 CISA 법 체계처럼 개정해 국정원이 보안 컨트롤타워로서 민관 협력을 총괄하고, 법무부 산하에 FBI처럼 사이버 수사 전담기구를 설치해 형사사법 기반 대응 체계를 구축해야 한다.

사이버 보안은 단지 기술의 문제가 아니다. 신뢰 기반의 생태계, 정보 공유 문화, 명확한 책임 구조, 전략적 지휘체계가 갖춰질 때 비로소 국가 수준의 보안이 가능하다.

지금 한국의 사이버 보안은 '비용'은 크고, '지휘'는 없다. 이제는 체계를, 철학을, 리더십을 바꿀 때다.

뉴스핌, 2025. 4. 15.

대통령실 위치의 딜레마… 안보와 소통의 균형

　새 대통령 후보들의 첫 번째 질문은 '청와대 시대' 고민부터 시작하여야 한다. 2022년 새 정부 출범과 함께 대통령 집무실이 용산 국방부 청사로 전격 이전되면서, 오랜 세월 '권위의 상징'이었던 청와대는 국민에게 개방되었다. 한때는 시대정신을 반영한 탈권위적 행보로 찬사를 받았지만, 시간이 지나면서 대통령실 이전이 가져온 실익과 비용에 대한 냉정한 재평가가 시작되고 있다.

　특히 최근 반복되는 안보 위기 속에서 용산 대통령실의 보안 취약성과 국가위기관리체계의 불완전성이 도마 위에 오르고 있다. 용산은 군사시설과 민간지역이 혼재된 공간이다. 대통령실은 국방부, 합동참모본부 등 군의 핵심 기관과 가까워 평시에는 군사정책 연계에 효율적인 위치라는 장점이 있다. 그러나 위기 상황을 가정하면 이야기가 달라진다. 용산 대통령실은 지상·공중 위협에 노출될 가능성이 상대적으로 높고, 통합 방호체계가 구조적으로 불완전하다. 청와대 시절에는 북한의 장사정포나 드론에 대비한 방공망, 지하벙커, 전시 지휘통제 시스템이 완비되어 있었으나, 용산은 이런 면에서 기반 시설이 미비하다. 드론 한 대로 대통령실 인근 상공을 침범당했던 사례는 상징적 경고였다. 또한, 대통령실이 위치한 용산은 상업 및 주거 밀집지역으로, 출퇴근 시간 통제나 시위 제한 등으로 주민 불편도 지속되고 있다. 과연 대통령실의 위치가 국가 전체의 안보와 시민의 일상 사이에서 균형을 잘 이루고 있는지 묻지 않을 수 없다.

그렇다면, 청와대로 다시 돌아가는 것이 해답인가? 청와대 복귀는 명분상 간단한 결정은 아니다. 이미 국민에게 개방된 공간을 다시 통제하게 되면, '소통하는 대통령'이라는 상징이 훼손될 수 있고, 과거로의 회귀라는 비판을 받을 수도 있다. 하지만 현실은 상징만으로 국가를 지킬 수 없다는 점을 상기시킨다. 청와대는 천연 방어지형인 백악산 등을 갖춘 군사보호구역이며, 전시 벙커와 위기관리센터가 갖춰진 전략 거점이다. 광화문 이전이 대안으로 논의되는 이유도 행정 중심지와의 접근성과 위기 대응 능력을 동시에 고려하기 때문이다.

물론 단순히 원위치 복귀로 문제를 해결할 수는 없다. 지금 필요한 것은 "국가위기관리 체계의 전면 개편"이다. 복귀 여부를 떠나, 대통령 집무실이 군사적 위협에 효과적으로 대응할 수 있는 위치인지, 그리고 국민의 안전과 민주적 가치를 동시에 보장할 수 있는 구조인지 검토해야 한다.

정치적 상징성과 안보 실효성 사이에서 균형을 모색하려면, 청와대를 위기관리 전용 대통령실로 유지하고, 용산이나 광화문에 국민 소통 중심의 공개형 집무실을 별도로 운영하는 이원화 체제도 고려할 수 있다.

이는 미국 대통령이 백악관 외에도 캠프 데이비드 등에서 집무하고, 프랑스 대통령이 엘리제궁 외에 위기 대응 시설을 활용하는 사례처럼 복수 거점 전략을 활용하는 방식이다.

용산 대통령실의 존치는 단지 장소의 문제가 아니다. 그것은 이 시대가 국가안보를 어떻게 바라보고 있는가에 대한 질문이다. 용산에 머물 것인지, 청와대 또는 다른 대안지로 이동할 것인지는 정치적 선택이 아니라 국가 전체의 전략적 판단이어야 한다.

"대통령이 어디에 있어야 하는가"라는 질문은 결국 "국민이 언제, 어디서, 얼마나 안전할 수 있는가"라는 물음으로 귀결된다. 지금은 그 답을 다시 고민해 봐야 할 때다.

뉴스핌, 2025. 4. 21.